BESTSELLER

M.ª José Bosch conoció a María Jiménez durante el transcurso de una entrevista en la Cope. La cantante se quedó prendada de la sensibilidad con la que esta periodista madrileña iba hilvanando cada uno de los pasajes de su vida con cada una de las canciones de su último álbum. Días después, María le propuso que le escribiera sus memorias. Así fue como M.ª José se enfrentó a su primera experiencia como escritora. Hasta entonces y durante once años, había trabajado en diferentes emisoras de radio como Onda Cero u Onda Rambla. Desde 1995 ha dirigido y presentado programas para la Cope como *La Noche* o *Busco a alguien*, espacio radiofónico en el que ahora está embarcada.

MARÍA JIMÉNEZ

Calla canalla

DEBOLS!LLO

Papel certificado por el Forest Stewardship Council®

MIXTO
Papel | Apoyando la
silvicultura responsable
FSC® C117695
FSC
www.fsc.org

Penguin
Random House
Grupo Editorial

Primera edición con esta presentación: septiembre de 2024

© 2002, María Jiménez
© 2002, 2024, Penguin Random House Grupo Editorial, S. A. U.
Travessera de Gràcia, 47-49. 08021 Barcelona
Diseño de la cubierta: Penguin Random House Grupo Editorial / Laura Jubert
Imagen de la cubierta: © M. Velando / Contacto

Printed in Spain – Impreso en España

ISBN: 978-84-663-7855-0
Depósito legal: B-11.256-2024

Compuesto en Lozano Faisano, S. L.
Impreso en Novoprint
Sant Andreu de la Barca (Barcelona)

P 3 7 8 5 5 0

*Este libro está dedicado a todas las mujeres
que quieren ser libres*

Índice

¿Qué pasó? ¿Por qué pasó?
¡Déjame que viva yo
sin perdón y sin rencores!
Porque por más que me llores,
¡lo nuestro ya se acabó!

MANUEL BENÍTEZ REYES,
«Soleá del amor indiferente»

Nota de María José Bosch

Hacía ya noches que olía a primavera cuando conocí al ciclón Jiménez. Llegó con aire casi infantil: muy delgada, casi se perdía en un amplio jersey de lana rojo, que llevaba con unos pantalones vaqueros y unas botas bajas de color marrón. Había venido como invitada a un programa, que yo en esos momentos presentaba de madrugada en la Cadena Cope. Inquieta y afable, apareció apenas sin maquillar, con el pelo revuelto por las prisas y un teléfono móvil que interrumpía la respiración. Su arrolladora espontaneidad y sus frases chispeantes evitaron los minutos de rigor, necesarios habitualmente para romper el hielo antes de comenzar la entrevista; su palabra díscola, constante desafío a lo políticamente correcto, captó en pocos minutos la atención de todos, mientras, como si la cosa no fuera con ella, se movía con pasos cortos y rápidos por el estudio. Como deja una niña pequeña la cartera sobre el pupitre, este icono de la desinhibición de los años setenta dejó su bolso sobre la mesa del estudio. «¿Qué quieres tomar?» «Un whisky con mucho hielo.» Removió los cubitos con su pequeño dedo índice al tiempo que se iluminaba el piloto rojo del estudio. Comenzábamos. Encendimos el primer cigarrillo de la noche y durante hora y media me dejé llevar, junto a miles de oyentes, por la ternura, el temperamento y el descaro de una mujer de vuelta de todo, a quien, sorprendentemente, nada le deja indiferente. La voz salvaje y desgarrada que calentó la transición política con letras en aquellos años, impensables en otros labios, nos atrapó treinta años después. Con ella recorrimos un camino de miseria y gloria, de éxito y silencio, de pasión y desengaño. Las letras de Sabina en su voz personal y extremadamente erótica, se encargaron del resto. Aquella noche, la niña del barrio que asoma al Guadalquivir, nos dejó, por encima de su imagen provocadora y deslenguada, una lección de vida para poner bajo el cojín de nuestros sueños.

A los pocos días, recibí una llamada de la editorial Plaza y Janés: iban a editar sus memorias y, ante mi sorpresa, María les había pedido que me ofrecieran el proyecto. De pronto recordé la entrevista y, con ella, que nunca había escrito un libro. Sin embargo, con la osadía del que desconoce las dificultades del oficio y sin más garantía que el esfuerzo y la ilusión acepté convertir las memorias de la furia rubia, en el destino de mis vacaciones.

El libro tenía que estar en la calle a fines de noviembre. A mitad de julio, comenzaron las grabaciones en casa de María. Hacía cuatro meses que veintidós años de su vida se habían ido en la maleta del hombre que había decidido abandonarla. Me encontré con una mujer a la que el recuerdo le mortificaba. Si hablar del presente era duro, hacerlo del pasado era aún peor. No ha sido fácil: María a lo largo de estos tres intensos meses, ha mirado hacia atrás mientras peleaba por ir hacia adelante.

Esta es la historia de una mujer según está guardada en su memoria y en algunos recortes de prensa olvidados en sus cajones. No hay puntos de vista de terceras personas, ni recuerdos ajenos. Así es como María Jiménez ha visto su vida.

Bucear en ella ha sido una aventura fascinante. Con ella les dejo.

1

Donde más duele

Siempre en el alma. Allí donde, como dice el bolero, se marcan las cicatrices imposibles de borrar. Sé, desde luego, que es mucho más romántico decir que el corazón está sufriendo, pero cuando el alma padece es cuando realmente se llega al techo del dolor. Sé reconocerlo porque he llegado dos veces en mi vida. La primera y más penosa ocasión, durante el entierro de mi hija, el golpe más duro que nadie puede recibir. Y la segunda, con la herida sangrante que deja el engaño y la traición de alguien con quien he compartido veintidós años de vida.

Sé que cuando se llega a la más profunda de las tristezas, solo quedan dos caminos, morirse o ser feliz, y yo he optado por lo último. No resulta fácil. Hay cosas que son difíciles de aceptar pero que no quedan más narices que reconocer, como no me costó en su día decir que me sentía loca de amor. Por qué esconderlo cuando me parece algo grande y limpio. No todo el mundo tiene desarrollada la capacidad de amar. Quiero decir que los hay que aman a medias, a ratos, según les vaya o les interese. Eso que Antonio Gala llama el amor en calderilla. Yo lo he vivido con delirio, y a veces con tal ansiedad y desesperación que he estado a punto de enfermar. Me casé enamorada tantas veces como lo he hecho con el mismo hombre y viví enamorada y ciega. Incapaz de ver cómo me iba destruyendo poco a poco mientras él me desdeñaba, haciéndome sentir algo inútil, sin valor, perdida en una casa llena de soledad. Jamás he amado a nadie con tanta intensidad y nunca me he entregado en cuerpo, alma y dedicación a nadie durante tantos años. A mi hija, porque la vida no me lo permitió, y a mi hijo Alejandro, porque aún no los ha cumplido. Después de veintidós años, no me resulta difícil entender por qué la primera vez que Pepe me dijo que se marchaba de casa, caí redonda al suelo, me quedé inmóvil, como muerta. Fue en las Navidades de 2001. Ha pasado poco tiempo, pero me parece que han pasado años; todo lo siento muy lejos desde aquel sin vivir que me tenía tan cerca de la locura. Tuve ganas de suicidarme, pero no fui capaz de hacerlo. Sentí que no podía con la presión, el trabajo, la promoción, mi decisión de alejarle de mi vida, mientras él me provocaba con cada una de sus llamadas que me herían como puñales. Era incapaz de comprender por qué si era él quien me había engañado, si era él quien me había abandonado, seguía atormentándome con sus llamadas, que siempre me dejaban fuera de mí, impedida de hacer las cosas que tenía que hacer. Al final he llegado a la conclusión de que la única explicación que existe es que sea un psicópata. Un asesino cobarde que no tuvo huevos para matarme de una vez e intenta hacerlo poco a poco volviéndome loca, haciéndome luz de gas, para que sea yo la que me quite de en medio.

Cuando hace apenas unos meses estaba tan mal, tan enloquecida… creí que odiaba, pero ahora, cuando poco a poco voy recuperando la cabeza, me doy cuenta de que no tengo capacidad para ello. Puede que mis palabras sean fuertes, pero no las digo desde el odio. Solo me atrevo a decir lo que desde hace mucho tiempo escondía o quizá ni yo misma sabía. Yo no quiero odiar; no quiero ser como el que me maltrata, que me mira malamente y me odia. Yo lo que deseo es querer. Querer a todo el mundo y compartirlo todo con todos. Puedo asegurar que en soledad no se saborea nada. Le decía, hace pocos días a mi productor de toda la vida, Gonzalo

García Pelayo, que si somos capaces de traducirlo todo a pan y comernos el pan fresco, perfecto, pero que si se nos queda duro, rallado no vale nada. Así es como siempre he pensado y he actuado. En mi matrimonio luché porque nunca se quedara el pan duro. Pero una pareja son dos y la convivencia es difícil, sobre todo cuando se mantiene con alguien que exige mucho y da poco. A los amigos y a las parejas no hay que pedirles nada, hay que dar, no exigir. Y cuando te cansas de esperar que algún día te den algo que llevas pidiendo hace años te plantas y dices: «¡Que me dejes!». Entonces, cuando se cae la venda de los ojos, te das cuenta de que es una putada que se pasen la vida exigiendo obligaciones sin dar satisfacciones.

He amado hasta el tuétano, pero ahora he vuelto a recuperar la cabeza. Solo con el corazón no se puede pensar. A mí, eso de que en la mujer manda más el corazón que la cabeza y en el hombre al contrario, me parece un tópico absurdo. Algunas mujeres se organizan con la cabeza porque se lo impusieron de esa manera y a otros les dijeron que se pasaran por la piedra a las que pudieran. Nada más. A los hombres les cuesta mucho más trabajo decir no a una oportunidad.

En mi caso, como en el de muchas mujeres, he tenido propuestas desde los quince años, en que empecé a trabajar en un tablao. Cuando bajábamos a las mesas a dar un poco de conversación y a ganarnos un sobresueldo con propinas, escuchaba los deseos de algunos hombres que pretendían de mí algo más que escucharme cantar, pero para eso creo que he tenido siempre mucha mano izquierda; vamos, que yo me he ido a la cama con quien he querido y eso, a pesar de haber puesto caliente a media España en los años setenta, es algo que no ha ocurrido muchas veces.

En mi vida ha habido muy pocos hombres, quizá porque para mí el sexo es amor y solo entonces cabe todo, nada es sucio y la fantasía no tiene límites. He querido a muy pocos hombres; quizá por eso no les he dado muchas posibilidades de que me hicieran daño, y enamorada, lo que se dice enamorada, solo lo he estado de un único hombre en toda mi vida, con el que me he casado tres veces convencida de que terminaría mis días a su lado; es que la vida no es siempre como una se la imagina o desea. A veces es muy distinta. Pero son ciclos. No hay que perder el tiempo en arrepentirse: todo está bien. Todo, porque no vale darle vueltas; si un hombre busca una mujer en la calle, es que no le sirve la que tiene en casa. Cuando las cosas están tan claras, hay que pasar capítulo por mucho que cueste. Es absurdo quedarse dando vueltas durante años sobre lo mismo. Hay que saber rendirse ante la evidencia. Cuando el hombre tira al suelo veintidós años metiendo a otra mujer en la casa de su propia familia hay que tener entereza y admitirlo. Nadie puede obligar a nadie a querer, pero me parece que sí a respetar. El asunto no está en el qué, a fin de cuentas cada uno es muy libre de sentir o dejar de sentir, sino en el cómo. En la honestidad con la que se hacen las cosas. Algo muy simple, aunque a algunos al parecer les cuesta entenderlo. Yo creo que hay que ser un poco más honesto con uno mismo y, cuando no se está a gusto con una persona, hay que poner los cojones encima de la mesa y decir: la polla contigo no se me pone dura y voy a buscar otro coño fuera de aquí. Ya está.

La fidelidad no es algo que se pueda imponer. Cuando se ama de verdad, ser fiel no es un sacrificio. Desde luego, para mí no lo ha sido. Soy mujer de un solo hombre. Por lo menos he sido hasta el momento en el que me di cuenta de que en mi matrimonio, la que realmente había querido y amado era yo, que no le he fallado nunca. Lo fui simplemente hasta que un día vi la realidad: él y su egoísmo, él por encima de todo, su vida por encima de las de todos. De pronto me di cuenta de que no quería perderse nada, quería tenerlo todo sin renunciar a nada. Pero a mí que me fueran dando por el culo, me iba abandonando mientras hacía que yo sintiera que no valía nada. Él era el único que tenía valor. Ahí dejé de ser mujer de un solo hombre para serlo de ninguno.

Estos años de soledad y tiranía me han quitado poco a poco las ganas de vivir, me han hecho encerrarme en mi casa cada vez más, hasta quedarme aislada. No dormía, no comía. Era horrible, los nervios y la dejadez me fueron hinchando como un balón sin que yo pudiera hacer nada. Cuando me di cuenta, quedaba poco de mí; por amor había hecho tantas cosas que apenas me reconocía. Por amor he sido una mujer sumisa en mi matrimonio, como los hombres quieren que sean las mujeres. Por amor siempre me he esforzado en hacerlo mejor, en intentar comprender y no olvidar que él me ha enseñado casi todo lo que sé. Me ha enseñado lo que de niña no tuve tiempo de aprender. Dejé el colegio a los once años para fregar suelos mientras cantaba por Marifé de Triana. ¡Le echaba tanta alma que se caían los cuadros!

Ahora resulta difícil de entender, pero cuando yo era pequeña no había tiempo para los libros. Si acaso, a las niñas nos especializaban en fregar y guisar para cuando nos casáramos. Al menos es lo que yo conocí. No era la única niña del vecindario que dejaba el colegio cuando aún estaba estudiando la tabla de multiplicar. De todas formas, para mí no fue ningún trauma. Estudiar me gustaba más bien poco. Yo lo único que quería era cantar. Mi único sueño, ser artista, aunque no sé de dónde me podía venir a mí la vocación, porque en mi casa nunca hubo cante hasta que yo empecé, aunque el vecindario, eso sí, era de lo más flamenco. Recuerdo cuando le decía a mi vecina Elvira, que era cantaora:

—Elvira, si me escuchas una canción, te friego el suelo.

Era bonito todo aquello, como cuando mi abuela me subía en la tabla de lavar y yo me arrancaba a cantar. Ese fue mi primer escenario.

A pesar de las estrecheces, me recuerdo como una niña feliz, con mucho hambre, pero eso ni lo notaba. El hambre lo suplía la música y la fantasía. Quizá aprendí que la música no lo llenaba todo cuando a mis quince años trabajaba en un tablao llamado Las Brujas y una madrugada, a eso de las cinco, en el mismo patio miré al cielo y pregunté al de arriba, al del ático:

—Pero tú, ¿para qué me has mandado venir aquí? Para ser cocinera, para cantar, para bailar, planchar, limpiar suelos… Aclárame las ideas, porque todo el mundo hace discos menos yo.

Llevaba bastantes meses en el tablao cuando en 1971 entraron a cantar Las Grecas —entonces, totalmente desconocidas— e hicieron un disco. Luego, llegó un grupo llamado Arena Caliente e hizo otro disco. Sentía que nadie se fijaba en mí y empecé a perder la paciencia. La vida, al final, me ha enseñado que no hay que tener prisa pero tampoco arrojar la toalla; el truco está en saber resistir. El tiempo siempre termina demostrando que, si eres capaz de continuar adelante cuando no te quedan fuerzas, siempre terminas encontrando lo que buscas. Si se es capaz de resistir, puedo asegurar que siempre se tiene recompensa.

Pocos años después llegó lo que durante tanto tiempo había esperado: las galas y las televisiones, en aquellos años setenta en los que mi productor Gonzalo García Pelayo, me propuso grabar el primer disco de mi vida. Un momento importante, aunque el disco no tuvo ningún éxito. Aquello lo remonté con la ilusión de una segunda oportunidad y entre deseos y trabajo, poco a poco, fui descubriendo sin ser muy consciente de ello, otra forma de hacer flamenco que sorprendió a muchos y que hasta el día de hoy no tiene sucesora. Antes contaba más mi imagen que mi música, el público se quedaba con la parte erótica y tengo la sensación de que no entendía el mensaje. Según los expertos, ahora canto mejor. Yo eso no lo sé, afortunadamente. Solo sé que soy una persona que está aquí para currar y para intentar hacer feliz a la gente. Quizá ahora canto con un sentimiento y una madurez que antes no tenía. Mis circunstancias personales, las letras de Sabina y las melodías hacen que me haya dejado llevar por la voz. Me he soltado. Ahora ser salvaje es para mí lo más natural, ser erótica es algo más sofisticado. Mi imagen en aquellos años setenta, en los que más que una cantante era un símbolo, era la de la libertad hecha mujer. Y como siempre me he considerado una mujer auténtica, no trataba de hacerlo solo a través de canciones como «Se acabó» o «Me muero, me muero». El hecho de ser madre soltera en la década de los sesenta y hacerlo a plena luz del día, nada de a escondidas, fue la mejor prueba de mi sentido de la libertad.

Triunfé con veintisiete años, después de estar intentándolo desde los quince. Diez años después me quedé en mi casa, aunque no fue una decisión que yo tomara. De pronto me quedé sin trabajo. Fue un mal momento. Algo injusto, pero daño hace el que puede, no el que quiere. Asumí que no podía luchar contra corriente sola; no tenía trabajo, de modo que sí, María Jiménez se quedó en su casa, y no me arrepiento ni de uno de esos días porque aquello, aunque fue una injusta y absurda situación que yo no busqué, me dio una libertad y un tiempo que he dedicado a cuidar de mi hijo, verle crecer, cosa que tristemente no pude hacer con mi hija.

Durante muchos años no he grabado ni un solo disco, pero me he desarrollado en otras materias: he aprendido a pintar, a cocinar, a observar la naturaleza. Además, conociéndome, creo que lo que realmente me hizo rendirme una vez en mi carrera no fueron los obstáculos que me pusieron, sino que no había meta, al menos yo no la veía. Con la muerte de mi hija a hombros, me resultó fácil refugiarme en mi casa con los míos. Se empieza pensando que es cuestión de un par de meses y cuando una se da cuenta han pasado un montón de años. Pero un día me dicen que van a sacar una antología con mis mejores canciones y después recibo diferentes ofertas que rechazo sin saber muy bien por qué. Hasta que me llaman los de La Cabra Mecánica, un grupo desconocido para mí, para pedirme que cantara con ellos. Les dije que sí sin conocerlos, solo porque oí una canción suya que decía: «Que te follen, que te follen» y pensé: «Con estos grabo, fijo». Aunque soy muy mal hablada, en esto parece que me ganaron. Quién sabe… y en el fondo, ¿qué importa? Lo único importante es que yo tenía que grabar con aquellos chicos que no conocía después de estar doce años fuera de la industria discográfica. Mi intuición, por raro que parezca, me decía que sí. Después, todo fue una sorpresa para todos. «La lista de la compra» se convirtió en un éxito de la noche a la mañana y, como en los cuentos, la cenicienta a la que solo se la tenía en cuenta para saber si había gazpacho en la nevera, se convirtió en alguien a quien corean. Un cambio demasiado fuerte para alguien que, como yo, tenía la autoestima hecha pedazos. Hice lo que tenía que hacer, le dije que sí a La Cabra Mecánica solo porque es lo que me decía la intuición, que me ha guiado a lo largo de toda mi vida. El día que no sea así, estoy segura de que moriré. Cuando alguna vez no he querido hacerle caso y me he guiado por el coco, siempre me he equivocado. Así que al final las decisiones las tomo escuchando lo que me dicen las tripas.

Creo ciegamente en la intuición. Por eso regresé cuando tenía que hacerlo, no antes. A pesar de la insistencia de muchos amigos para que volviera a grabar, siempre sentía que no era el momento. No quise forzar nada y ahora estoy convencida de que si me hubiera empeñado en volver antes a los escenarios, este sueño nunca hubiera sido real. He sido una tía paciente, rendida ante las circunstancias, y consciente de que cuando le toca a una es cuando hay que demostrar lo que vale. Y yo he estado ahí, aprovechando las vueltas de la vida. He sabido esperar pero he regresado a lo grande. Vuelvo más canalla y guerrera que nunca porque ahora, con cincuenta y dos años, soy consciente de que vivo mi propia resurrección. Me siento un ave fénix en el cuerpo de una loca maravillosa, dueña de su vida y lejos ya del sometimiento. Es como empezar de cero pero con muchas lecciones aprendidas. Con la misma capacidad de sorprenderme y con la misma facilidad para ilusionarme como lo hice la primera vez. Por eso sé que estaba de Dios que yo grabara con Sabina *Donde más duele*, un disco al que yo tanto debo y que fue un proyecto del propio Sabina. Me lo propuso tres años antes de grabar, pero yo no tenía discográfica y aunque él tuvo un gesto precioso al ofrecerse a pagar el trabajo, yo preferí esperar. Y por esas cosas que pasan, cuando conseguí la discográfica, no había forma de localizarle. Hasta que un día en el programa *Sabor a ti* de Ana Rosa Quintana, me quedé mirando a cámara dije:

—Sabina, coño. Llámame, que vamos a hacer el disco.

Curiosamente me llamó la misma noche en que le ingresaron en el hospital. Desde luego no fue la mejor noche que pudo elegir el destino, pero a partir de ese momento todo se puso en marcha y la magia comenzó. Me regaló un tema inédito, «Con dos camas vacías». Creo que me ha dado su mejor canción y la letra encajó desde un principio con la situación que estaba viviendo. Me enamoró, caí rendida ante aquella letra con tanta fuerza, con esa garra que me cogió de las entrañas la primera vez que la puse en mis labios. Sus canciones me salen de muy dentro, las canto desde el alma y con el coño, aunque suene un poco fuerte. Algunos me dicen que soy vulgar por expresarme así, pero es que no encuentro una palabra que lo defina mejor. Cuando digo que canto con el coño sé perfectamente lo que estoy diciendo y no me parece una vulgaridad, sino una verdad como un templo. Hay gente que no hace nada con el coño. Yo por lo menos canto con él. Soy salvaje y visceral, tanto viviendo como cantando.

Este último disco, que ha vivido todo el trauma familiar, ha sido para mí una válvula de escape. No quiero imaginar qué hubiera sido de mí de no haber estado trabajado en él. Ha coincidido y, supongo que no por casualidad, con el desastre de mi vida. Llegó justo en el momento en el que más necesitaba medir mis fuerzas para enfrentarme a algo tan difícil para un artista como es volver a grabar después de doce años, estaba hasta las seis de la mañana gritando y peleándome con

Pepe. Cada día llegaba a los estudios *reventá*, afónica. Grababa con el alma hecha jirones y los ojos hinchados de llorar y no dormir, pero dispuesta a cantar y con enormes ganas de hacerlo. Eso se percibe en canciones como «Ruido» o «Noches de bodas»; las grabé rota de dolor. Quizá por eso este disco está lleno de fuerza, de desgarro y de sentimiento. No llegó en el mejor momento, pero una vez más, llegó cuando tenía que hacerlo; quizá sin aquel sufrimiento, por el que no quiero volver a pasar, el disco no hubiera sido el mismo. El momento, como las grandes cosas de la vida, no lo elegimos nosotros. Puede que los últimos meses no hayan sido los mejores desde el punto de vista personal, pero me han enseñado que cuando una puerta se cierra, se abren veinte ventanas. Aunque a mí el amor, de momento, me ha dejado un mal sabor de boca, un sabor muy amargo, que es al final a lo que sabe el desamor. Aún estoy levantándome del golpe pero ¡qué desagradable sería no haberlo conocido! Me gusta saber que soy una mujer que lo ha vivido en toda su intensidad y con todas sus consecuencias. Aceptando todo, incluso esa tijera que me ha cortado la venda de la fe en el amor.

Siempre he encontrado el mejor bálsamo en el propio dolor. Con el tiempo he aprendido a sacarle partido y, como Dios mueve los hilos de forma fantástica, en esta ocasión, a cambio de la separación, de mi dolor, de mi decepción, que es lo peor que puede dejar el amor, me ha dado un disco y con él, un renacer, un volver a vivir.

He disfrutado mucho cogiendo nuevamente el micrófono. Después de tanto tiempo y estando tan jodida, tan dolorida, no veía el momento de poder cantar todas las cosas desagradables que llevaba dentro. Pero los grandes momentos llegan cuando quiere el destino y no cuando quiere una. Siempre, desde muy niña, he sido consciente de que todo está en la voluntad de Dios. Soy muy creyente y siento profunda devoción por la Virgen del Rocío y su Hijo. Siempre digo que hay que pedirle a la Madre porque el Hijo está muy ocupado. Y no debo de andar muy equivocada porque han sido diferentes las veces que le he pedido una señal a la Virgen y la he tenido. La fe me ha ayudado a superar momentos terribles. Puede que fuera un efecto óptico, pero vi llorar a la Virgen y casi estoy segura de haberla visto sonreír. Las dos veces tuvieron que ver con mi hija Rocío: una cuando nació y otra cuando Dios decidió llevársela. Siempre he sentido lástima por aquellos que no creen en nada, porque vivir sin fe, sin la esperanza de un milagro, la vida tiene que ser terrible. Yo creo haber asistido a varios en la mía.

Quizá por eso estoy segura de que todo lo que me ha pasado en los últimos dos años, tanto lo bueno como lo malo, ha ocurrido para algo. Nada es casualidad. Mi vida se ha dado la vuelta en todos los sentidos sin apenas haber tenido tiempo para pensar, algo que puedo permitirme ahora durante algunas horas, que empleo en recordar mi vida para poder contarla. En momentos como este me doy cuenta de que, en el fondo, he llevado mi vida en la dirección que quería, la realidad ha superado a la ficción. Mi punto de partida, como el de muchos que vivieron aquellos difíciles años, no fue fácil. Empecé a vivir sin preparación alguna para ello. No tengo más universidad que la calle, el escenario y lo que poco a poco he ido aprendiendo. A estas alturas puedo decir que estoy licenciada en las lecciones más duras de la vida. A veces me parece imposible que todo lo que he vivido pertenezca a una misma vida. He probado tantos y tan distintos sabores… Sé lo que son los días de caviar pero también soy de las que saben que la necesidad aprieta. Con seis años me hacía ropa con papel de seda de colores y una masa de harina y agua y durante los primeros quince años de mi vida mi dieta no era otra que huevos de pava y pan con manteca o achicoria. Fueron tiempos duros, una niñez de necesidades y una adolescencia con embarazo. En aquellos años parir a un hijo sin estar casada era razón suficiente para que te llamaran puta. Yo tuve que escucharlo en más de una ocasión. En esa época, cualquier mujer que tenía la valentía y, sobre todo, el amor suficiente para traer al mundo a su hijo sin necesidad de tener ningún señor al lado, era directamente una puta y, sin embargo, ya ven, ni ella está aquí. Desgraciadamente la vida es así.

Mi hija Rocío me ayuda mucho desde donde esté. Exactamente siete años después de su muerte, me devolvió a mí la vida en el mismo lugar donde ella dejó la suya aquel siete de enero de 1985. Yo iba conduciendo y el coche se paró en el mismo kilómetro 115 de la carretera nacional Madrid-Cádiz. Recuerdo que arranqué a llorar lo que no había llorado en siete años. A partir de ese momento empecé a vivir.

¡Todo está de Dios!, porque después de lo que he pasado en los tres últimos años de mi vida, es como si Dios hubiera dicho: «Bueno, María, ya no te voy a tener más aletargada». Me ha sacado a puñetazos y patadas, pero ¡ya lo creo que me ha sacado! Ahora vivo un momento profesional como no tenía hace tiempo. ¡Qué digo yo como hace tiempo! ¡Como nunca! Yo jamás he conseguido en una semana un disco de platino. Es verdad que ha sido necesario tener muchas ganas de no dejar que las circunstancias me llevaran por delante. Cantar recién apuñalada no ha sido fácil. Entender que no era una basura como me habían hecho creer fue tan duro como volver a los escenarios arrastrando el desamor, pero ha merecido la pena. Ahora siento que soy una mujer que puede con todo. Me considero fuerte, auténtica, no tengo doble verdad, puedo ser muy coherente, estar muy loca, ser muy sensible, muy racional, muy pasional, muy espiritual... soy muchas cosas y creo que eso se nota. Además soy muy clara hablando, no me corto nada, aunque algunos me critiquen por ello. En realidad no me resulta difícil, porque a mí no me importan mucho las consecuencias de las cosas; para mí lo importante es que me atraigan, que me diviertan o que me enamoren. Lo que después puedan pensar los otros es algo que, la verdad, no me importa mucho; respeto a la gente, pero no dejo que su opinión influya en mi vida. Así actué hace años cuando decidí debutar en la sala Cleofás de Madrid con un conjunto negro de gasa trasparente sobre un cuerpo que exhibía totalmente desnudo. Aquello fue una provocación, como lo ha sido muchos años más tarde la portada de mi último disco. Me soñé vestida de pavo real; después me propusieron aparecer en las fotografías llorando, con un canuto en una mano y un vaso de whisky en la otra. Se trataba de interpretar una borrachera de risas y a mí me pareció una idea estupenda con la que me entusiasmé desde el principio. Un artista siempre tiene que provocar algo; admiración, desprecio, lo que sea, pero siempre algo. Yo he sido así toda la vida: descarada, clara, muy transparente.

El que tiene problemas conmigo es porque quiere tenerlos, porque a mí se me ve llegar. Siempre he tenido la buena o mala costumbre de contar todo como me sale del alma, sin perder el tiempo buscando la palabra más apropiada. Puede que mi manera de ser me haya dado muchos disgustos, pero no me arrepiento y la demostración es que regreso más clara que nunca, más descarada y más libre, incluso, de mí misma. Vuelvo sabiendo que soy una superviviente, un animal en el escenario y en la vida. Dispuesta a mirar siempre hacia delante. Para atrás miro nada más que para tirar de archivo. Vivo el presente, no el futuro. El futuro siempre es hoy.

2

Barrio de Triana

Yo no soy de Sevilla, yo soy de Triana, Sevilla nació más tarde. La mía era la calle Betis, que es la calle más fea de Sevilla, pero con las vistas más hermosas que unos ojos pueden ver. Desde mi calle siempre se puede asistir a un espectáculo que yo descubrí siendo muy pequeña: el amanecer en esa calle Betis que yo he visto tantas veces desde niña cuando me iba a trabajar de noche. Solía levantarme sobre las seis de la mañana, ya fuera verano o invierno. Y cuando salía de mi casa, Sevilla estaba amaneciendo. Más que amanecer, es como si Sevilla empezara a despertarse, a desperezarse. He visto ese sol saliendo majestuoso por detrás de la Giralda; solo con recordarlo en estos momentos, me pongo mala, «eso» es demasiado. Allí estaba la Giralda y el sol, por detrás, abrazándola con sus rayos como si fueran brazos…

Es una experiencia y, como tal, difícil de explicar. Solo puedo decir que aquel era un espectáculo para los ojos: la Giralda, la Torre del Oro, la plaza de toros y el río por medio; ese Guadalquivir que se mezcla con la sangre de mis venas y esa calle, la de más arte de España, puesta por una mano divina en el corazón de Triana, en aquella ciudad dentro de otra. Las dos alegres, las dos bulliciosas. Las dos partes de mi vida, las dos partes de mi alma.

Sevilla me ha dado momentos de profunda tristeza y también me ha hecho sentirme una auténtica reina. Yo siempre prefiero quedarme con lo segundo sin pensar en lo primero. Lo que pasó, pasó y de todo ha habido en la ciudad a la que vuelvo siempre que puedo. En todas las ocasiones en las que no he sabido o no he querido vivir, Sevilla ha sido y es el mejor bálsamo para mis heridas. Supongo que eso tiene que ver con la agradable sensación de saber que existe un lugar al que regresar. Un lugar conocido en el que la ternura está presente en los recuerdos perdidos de la infancia y, como en mi vida la he necesitado en tantos y tan diferentes momentos, allí he vuelto con el alma hecha pedazos.

Triana de mi vida, de mi niñez y de mi primera juventud. Triana es el lugar de mis sueños o, al menos, el lugar en el que soñaba una niña de ojos serenos y un poco tristes, que siempre estaba llena de alegría. Triana, ese lugar nunca descubierto del todo. Triana de mi gente, de mi colegio de San Jacinto, del cine Rocío, de mi pandilla del «siete de oros», de mis esquinas, de una parte imborrable de mi vida. A veces me sorprendo con la realidad, recuerdo aquellos días y casi me asusto cuando me parece que aquel olor fue de ayer, y aquel sabor de hace un par de días y que aquello otro sucedió la semana pasada. Todo lo recuerdo como si acabara de ocurrir, pero ha pasado más de medio siglo. Yo vine al mundo el 3 de febrero de 1950.

La calle Betis sigue llamándose igual. A mí me gusta que sea así. Me gusta que mi calle siga con el mismo nombre que tenía cuando yo cantaba en ella la alegría que llevaba dentro. Triana era entonces como otra ciudad, como otro mundo. Podría decir que aquella calle era otro planeta. Al menos para mí, nada existía fuera de aquel mundo pequeño que a nosotros nos parecía tan grande, tan inmenso. Allí estaba todo lo que necesitábamos, o mejor dicho, todo lo que podíamos tener en aquellos años de necesidad. Por eso, porque aquella época de la posguerra la veo en blanco y negro, mi Triana permanece en mi recuerdo llena de colores, los de las bombillas de las fiestas, los de las cadenetas que hacíamos entre todos los vecinos, y otro, importantísimo en nuestra vida, aquel azul verdoso del río Guadalquivir. Todavía entorno los ojos y puedo escuchar el rumor sordo del río atravesando Triana. La recuerdo llena de luces, de alegría, siempre llena de gente y yo entre ella. Todos cantando a una alegría que solo existía de puertas para afuera, porque dentro de las casas no había mucho tiempo para la juerga. Entonces todo era trabajar para ganar cuatro duros y aprender a vivir con dos para cuando no hubiera trabajo. En mi casa sabíamos mucho de eso porque mi padre, aunque era un hombre trabajador, cayó enfermo en muchas ocasiones y, aunque mi madre enseguida se hacía cargo de la situación, lanzándose a fregar más suelos de los habituales, el dinero no llegaba en aquella Sevilla de los años cincuenta. Siempre me he sentido tan unida a mi tierra que me parece imposible que yo hubiera podido nacer en otro lugar. Y el caso es que yo no nací malagueña por casualidad. Resulta que mi padre, que se ganó la vida como pudo y donde le dejaron, era un buen hombre, pero mujeriego y enamoradizo, como casi todos. Cuando mis padres se casaron después de la guerra, se fueron a Málaga a trabajar, mi madre a seguir fregando y mi padre de maestro jabonero. Se ve que mi madre le pilló una noche con alguna y con lo que ella era no se le ocurrió otra cosa que plantarse al día siguiente en la fábrica y decirle al encargado que mi padre había robado; no era cierto, pero ella pensó que de esta forma le echarían y podría llevárselo a Sevilla. Lo consiguió, pero, no contenta con eso, cuando mi padre llegó aquel día del trabajo sin entender por qué le habían despedido, se encontró a mi madre tirando todos los muebles por la ventana, ¡menuda era María! Ella estaba dispuesta a llevárselo a Sevilla, aunque fuera sin trabajo. En aquellos tiempos y con lo difícil que era conseguir llevar un jornal a casa era algo realmente valiente, sobre todo teniendo en cuenta que yo ya estaba en camino. Así que, de no ser por los escarceos de mi padre, yo hubiera nacido allí. Pero estaba escrito, estaba de Dios, que yo creo mucho en esas cosas, que María Jiménez tenía que nacer en Sevilla y en Triana, porque era lo escrito por la mano invisible del destino.

Y así fue. En un hogar humilde. Una casa que era una sola habitación en la que llegamos a vivir cinco personas, ahí lo hacíamos todo: dormíamos, teníamos la cocina, menos cocinar e ir al váter, que era común para todos los vecinos. Era una habitación que mi madre, con mucho arte, partió por la mitad. Recuerdo que yo la llamaba «el carromato de Manolita Chen». Con una cortina de hule blanco con lunares rojos hizo de la habitación, dos. Menudo ingenio. A un lado de la cortina estaban las camas: la del matrimonio a la derecha y la de los niños al lado, todas muy juntas, claro; en el otro, una cama mueble de esas supletorias, la máquina de coser, un aparador, la mesa del comedor y la fresquera. Por la noche, cuando el hambre no me dejaba dormir, si mi padre había comprado caballa y boquerones, el efecto fluorescente del pescado en la ventana me hacía soñar; imaginaba que aquel resplandor eran los focos de un escenario o los ángeles que venían a verme, o qué sé yo.

Era una casa como tantas otras de aquella época, en la que se pasaba un tipo de hambre al que te acostumbrabas sin darte cuenta, quizá porque la gran mayoría de mi generación, desde que nacíamos, no vivimos otra cosa, era lo normal. Aquel era un hambre muy especial; no era un hambre canina, era un hambre de engañar al estómago, ahora te doy, ahora no te doy. Eran los tiempos en los que seguían las restricciones de la larga y dura posguerra, que nos pilló también a todos los que habíamos nacido más de trece años después. En aquellas casas siempre faltaban cosas y en las mesas siempre había lo mismo. Yo nunca me saciaba; no quemaba mi hambre y por eso puedo decir que hoy he conseguido no quemar mi vida. Siempre hay hambre de cosas y yo creo que no puedes saciarla, no debes hacerlo. Siempre es necesario quedarse con algo, aunque sea con un poco de apetito. Lo aprendí en aquellos años, cuando el día que había pan con aceite era una fiesta. Aún recuerdo su olor: ¡qué rico! Eran años de pan con algo y, a veces, de pan con nada, que me trae recuerdos de aquella Escarlata O'Hara de *Lo que el viento se llevó*, cuando lloraba y, levantando los ojos hacia un cielo lleno de nubes negras, gritaba a la noche: «¡Juro por Dios que no volveré a pasar hambre! ¡A Dios pongo por testigo de lo que quiero!». Cuántas veces he repetido esas frases. Cuántas...

A pesar de ello, a pesar de aquella necesidad, de aquel recuerdo de pan duro con el café sopado por las noches, yo me sentía muchas veces soñando, como *Alicia en el país de las maravillas*. Era, posiblemente, una forma de crear mi propio mundo porque aquel en el que vivía no me gustaba mucho. Así fui creando ese inmenso mundo interior que tenía cuando era pequeña y que, en tantos momentos, he luchado por recuperar. Entonces yo no lo sabía, pero ahora sé que con un mundo grande y generoso por dentro se puede hacer frente al pequeño y mezquino mundo con el que nos encontramos. Yo lo viví, yo sé que por muy difíciles que se pongan las cosas, solo hay que meterse en el mundo interior como yo hacía en aquellos tiempos del Pelargón, una leche en polvo para lactantes que se anunciaba en las revistas y aseguraba a las madres que su hijo estaría protegido de las infecciones. En mi casa no lo recuerdo, pero sé que fue muy famoso en la época.

Mi infancia, como la del poeta, son recuerdos de un patio de Sevilla. El patio de vecinos de aquella galería en la que convivíamos muchas familias, como si fuéramos una sola. Trece años después de que mis padres se casaran, allí nací yo, y el asunto no deja de ser curioso.

Se conoce que en el año cuarenta y ocho trajeron a la Virgen de Fátima a España. Después de estar expuesta en diferentes ciudades, llegó a Sevilla y una vecina de mi madre le dijo que fuera a ver a la Virgen, que aprovechara que iba a ser expuesta en Sevilla para pedirle lo que mis padres llevaban tanto tiempo deseando: un hijo. Y mi madre, como era atea, le contestó:

—Que yo no voy a ningún lado, que yo no creo en esas cosas.

Bueno, mi madre más que atea, era protestante. En mi casa había una Biblia protestante muy grande, grandísima, que yo estaba acostumbrada a ver desde que tenía uso de razón. El asunto es que mi madre, por esas cosas de la esperanza, que estaba perdiendo, al final se fue a ver a la Virgen de Fátima, pero no se puso de rodillas frente a ella, como hubiera hecho cualquiera. Mi madre fue a la iglesia con aquel paso erguido, tan característico suyo, se plantó delante de la imagen y le dijo:

—¿Tú eres la que haces milagros? A ver si es verdad lo que cuentan de ti, échale cojones y mándame un hijo.

Eso es lo que mi madre le dijo, nada menos.

Total que esa noche a mi madre la tuvieron que ingresar en el hospital con un dolor tremendo. La metieron en el quirófano casi a vida o muerte y cuando el médico salió a hablar con mi padre, que esperaba desesperado alguna noticia, le dijo que se tranquilizara, que todo había salido bien. Mi madre tenía el apéndice clavado en el ovario derecho, la operó y a los seis meses se queda embarazada de mí. Si eso no es un milagro, que venga Dios y lo vea. Desde muy pequeña, en mi casa siempre he escuchado esta historia. Durante toda mi infancia escuché a las vecinas decir que yo era un milagro de la Virgen de Fátima.

Después, cuando yo tenía tres años, llegó mi hermano Gabriel. Con él nacieron dos niñas más, pero murieron. Las niñas se asfixiaron con la placenta, con el velo, que decían entonces. A mi hermano al parecer no le pilló y por eso fue el único que consiguió echar a vivir.

Es algo que recuerdo perfectamente. Hasta creo oír las voces de las vecinas. Estábamos todos en la galería. A mí, al ser tan pequeña, me habían sacado de la habitación. Como era habitual en aquellos tiempos cuando los patios de vecindad eran como una prolongación de la familia, una vecina se hizo cargo de mí y me llevó a su casa en la que estaban otras vecinas, me imagino que para que no me enterara de nada. Pero como los niños no son tontos y yo siempre me he acordado de todo, no me es difícil recordar el comentario de una vecina a otra:

—Hay que ver, con lo que le costó a María quedarse embarazada y ahora, tiene tres de golpe, pero las niñas han nacido con el velo y se han muerto, el chico es el único que se ha salvado.

Yo me estaba enterando de todo, pero lógicamente no lo relacionaba, no comprendía. No sabía lo que estaba pasando, ni lo que quería decir todo aquello. Incluso vi a las dos niñas encima de la cama, vestidas. Recuerdo que las miré, pero ni se me pasó por la imaginación que estuvieran muertas. Las vi en la cama grande de aquella habitación que era mi casa de Sevilla.

Me acuerdo de todo perfectamente, aunque solo tuviera tres años, hasta cuando mi hermano nació. En aquella época daban premios por tener hijos, quiero decir chicos, porque si eran niñas no había *na de na*, pero como mi hermano nació el 24 de diciembre y ese es el día de Dios, no le dieron el premio a mi madre. De dos meses más tarde, en febrero, tengo uno de los mejores recuerdos de aquellos años. Cayó una nevada de aquellas de antología, era increíble, yo en mis cuatro años de vida, que acaba de cumplir aquel mismo mes, no había visto nada igual. Me acuerdo que estaba con mi madre, que tenía a mi hermano, un niño de teta, en brazos, las dos alucinadas con lo que estábamos viendo: todos los tejados estaban blancos. Veo la nieve y la tengo retratada perfectamente. Claro que el espectáculo duró poco, a las doce de la mañana ya no había nieve en Sevilla. Me quedé como embobada viendo cómo la nieve iba desapareciendo de los tejados del barrio. Allí, desde la ventana de aquella habitación en la que vivíamos, con aquellas paredes desconchadas, de aquellas que se notaba que se ha pintado mil veces. Lo hacía mi madre y, claro, la mujer no se iba a poner a poner a raspar: desconchón que veía, brochazo que le pegaba.

Recuerdo que por la noche, en verano, cuando teníamos las puertas abiertas y entraba la claridad de la luna llena, me ponía a mirar las paredes, como soñando, y veía caras en los desconchados; eran de todo tipo, pero nunca me asustaba. Eso era de noche porque, de día, en lo que me fijaba era en las estampas de santos que había por toda la habitación. Creo que estaban todos en general y ninguno en particular. Me acuerdo de los ojos de mi madre, clavados en cada uno de ellos. Cuando era pequeña y la veía quieta, delante de una de las estampas, pensaba: «¿Estará rezando?». El caso es que nunca vi que moviera los labios. Con el tiempo me he dado cuenta de que para rezar no es necesario mover los labios, sino algo mucho más importante: sentirlo. A mi padre, la verdad, no le vi mirar mucho las estampas pero creer, creía más que ella.

¡Qué distintos eran!, no se parecían en nada; mi padre era castaño, mi madre morena, mi padre bajito, mi madre alta. En mi padre todo era hacia fuera y en mi madre todo, siempre, hacia dentro. Los dos toda la vida juntos sin tener mucho que ver. Así exactamente los recuerdo: en una mesa camilla cubierta por un mantel de plástico, un hule que decíamos entonces, que le había costado quince pesetas a mi madre. Cubría una mesa camilla alrededor de la cual hacíamos nuestra vida; mucho más en invierno, con las faldas de la camilla cubriéndonos las piernas.

Si cierro los ojos, aún puedo sentir el calor de las piernas en el brasero. Era tan intenso, que a veces nos salían «cabrillas», pero entonces no había otra posibilidad. Aunque se nos quedaran las pantorrillas tostadas, si queríamos combatir el frío, no había más remedio. Pero para nosotros era algo normal, lógico, que esperábamos que ocurriera cada invierno. Como ya nos lo sabíamos, teníamos nuestros propios recursos: cuando se nos quedaba la piel quemada, nos poníamos unos calcetines muy largos, que ya teníamos preparados, hasta que llegaba la época de las medias. Y así todos y cada uno de los años de mi niñez; me imagino que, como en la infancia de muchos que como yo vivieron esa triste parte de nuestra historia, a pesar de su dureza y fealdad, al final siempre encontrábamos algo bonito y divertido en las cosas más pequeñas. A mí me encantaba ver las chispas de la lumbre, me entretenía con eso. Podía pasarme horas mirando intensamente, como si pudiera meterme en el fuego. A veces he pensado que lo mucho que siempre me ha gustado ver cómo saltan las chispas en cualquier fuego, tiene que ver con aquellos días. En invierno, cuando enciendo la chimenea, hay veces que me quedo mirando fijamente la leña encendida, ni parpadeo mientras saltan las chispas. Creo que termino hipnotizada. Siempre me ha gustado ver saltar y brillar el fuego. Siempre me ha gustado el calor, el de mi tierra y aquel otro ardiente y familiar en el que veo a mi padre, que murió como si la vida decidiera cambiármelo por mi hijo Alejandro, en una de esas jugadas del destino que una nunca entiende. Ahora que pienso especialmente en él, casi puedo sentirlo.

Gabriel Jiménez Ramírez era un hombre muy guapo, el típico hombre andaluz, moreno, con pelo ondulado, siempre capaz de seducir. No era muy alto, algo más bajo que mi madre, pero tenía unos hermosos ojos grisáceos, como mi abuela. Con ese mágico toque de Sevilla. Un buen padre, pero como hombre que era, un cazador furtivo que llevó a mi madre de cabeza. Era muy sevillano, aunque hubiera nacido en Nerva, Huelva. Un hombre sencillo y limpio, como su nombre, que era de arcángel. Mi padre era una de esas pocas personas que te decían las cosas claras y a la cara, daba igual que fuera bueno o malo; la verdad siempre por delante. Él me enseñó a no tener miedo a las consecuencias, al efecto que pudiera tener mi claridad. Yo sí creo que la «verdad nos hará libres», aunque él, ahora que lo pienso, no sé si fue muy libre. En aquella época, a mí me parece que todos éramos esclavos de algo. No sé, en el fondo nunca he sabido las cosas que andaban por la cabeza de mi padre. Era muy reservado, a pesar de que parecía un hombre lleno de ventanas a la calle. Es posible que de ahí me venga esta gran timidez mía, tan difícil de entender para algunos. Soy tímida como lo era mi padre aunque, en mi caso, me haya pasado la vida gritándole al mundo lo contrario. Quizá es ahora, muchos años después, cuando he dejado de serlo, pero mi padre se murió con ella. Lo era hasta para escribir, no le gustaba hacerlo y mucho menos sobre sus sentimientos. Excepto la correspondencia que mantuvo con mi madre cuando eran novios, que yo sepa, no le gustaba dejar rastros de sus sentimientos escritos en papel.

En mi caso, y en eso no me parezco a mi padre, pueden más mis sentimientos que el temor de dejar huellas. Escribo mucho sobre lo que me pasa, sobre todo después de la muerte de mi hija Rocío. Fue a partir de ese momento cuando adquirí la costumbre de escribirle una carta diaria.

El padre de mi padre, mi abuelo Baltasar, era gitano, cosa que no supe hasta el día que murió mi padre, aunque no era necesario, porque sin saberlo, lo sentía en mis venas. Tengo un cuarterón de sangre gitana. Mi padre era «cuchichi», esto es, medio gitano por parte de padre, y yo, por tanto, tengo cuarta parte de sangre viva y brillante de la que, no solo no me avergüenzo, sino que me vanaglorio y que corre dentro de mí, a veces como un río de fuego. Yo la noto. Noto mi cuarterón de cromosomas de bronce y lo siento, sobre todo, en el ramalazo de mi trashumancia, esa poca pereza que siempre he tenido para echarme al camino y empezar de nuevo desde otro sitio. Lo siento en mis arranques, en lo visceral de mis reacciones, en una especie de viento que tengo dentro y hasta, yo diría, en la forma de reaccionar, tanto en el éxito como en el fracaso.

Pero mi padre renegó toda su vida de mi abuelo porque el gitano Baltasar se había jugado a mi abuela en una partida de cartas y la perdió. Yo nunca le conocí, pero desde que tenía dieciséis años, los gitanos de Extremadura y Andalucía me jalean en el escenario como si fuera una prima suya, de la familia, de la misma sangre. Muchas veces me han dicho al terminar de cantar o bailar:

—Con ese arte, chiquilla, a mí no me cuadra que seas paya. Por fuerza tú eres gitana de origen.

—Ea, pues sí lo soy —contestaba.

Es la misma sangre, la que corría por nuestras venas y él repudiaba, la que me hace recordarle tantas veces. Volver a vivir momentos perdidos, como aquel en el que era yo tan pequeña que apenas levantaba dos palmos del suelo y veía a aquel hombre chaparrito al contraluz de la ventana con unos libros de Edgar Allan Poe. Él solía sentarse a leer cuando regresaba del trabajo. Entonces mi padre era maestro jabonero en la fábrica de aceites de los Luca de Tena de Sevilla. Un jabonero de aquellos de barreño antiguo. ¡Qué rico olía aquel jabón que hacíamos a mano con el mismo amor que el pan! Era mi padre un hombre echado hacia delante que además gustaba mucho a las mujeres. Y como mi madre andaba siempre con la mosca detrás de la oreja, y sus razones tenía, aquella casa partida en dos por un hule de lunares se convertía en muchas ocasiones en un campo de batalla y, claro, como no había intimidad, nos enterábamos todos, pero mi madre, ahí estaba, fuerte, valiente y peleona, decidida a conservar a su marido, aunque fuera sin trabajo, como cuando se lo trajo a rastras desde Málaga. En eso me parezco a mi madre. Si me mosqueo, es porque de verdad hay razones para hacerlo y la vida, una vez más, me ha dado la razón; mi intuición no me falla nunca. Una mujer, al menos yo, sabe reconocer un engaño en los ojos de su hombre. Las mujeres podemos callar lo que sabemos, no porque seamos idiotas o porque no nos demos cuenta. ¡Que no, que no es por eso! Eso es lo que los hombres han creído, incluyendo a mi padre, y tristemente lo siguen creyendo. Si callamos y nos hacemos las locas o las tontas, qué más da, es porque no queremos líos y en muchas ocasiones porque no queremos darnos cuenta, que es diferente a pensar que ellos lo han hecho perfectamente. Los hombres cuando se encoñan son bastantes patosos y van dejando huellas por todos los sitios. Hasta que un día dices: «¡Ya no me callo!». Y ahí se lía. Pero para eso también hay que tener valor. A veces resulta más fácil callar, pero no me parece que sea lo inteligente. Ahí, como en otras circunstancias de la vida, hay que echarle cojones y mi madre los echaba. ¡Ya lo creo que los echaba!

Entró en el corazón de mi padre cuando él era muy joven; era una mujer fuerte, severa y resuelta. María Gallego Gómez, mi madre, era una joven rebelde que iba siempre a por todas, una mujer alta, gruesa, con el cabello negro y los ojos castaños, tan diferentes de los de mi padre y un caminar muy tieso, muy derecho. Sobre todo, lo que mi madre tenía eran muchos cojones.

Yo de pequeña la recuerdo inflexible, excesivamente dura, sobre todo con mi padre, pero claro, eso es lo que yo creía ver cuando era niña. Ahora que analizo las cosas, lógicamente desde otro punto de vista, pienso que mi padre tenía a su familia, a la que atendía, pero no le faltaban también queridas y amantes. Y claro, mi madre que sí lo veía, tenía continuamente broncas con él. A mí aquello me asustaba, yo veía que mi madre le insultaba y le gritaba y no me gustaba que lo hiciera porque yo adoraba a mi padre. Esas escenas son de los peores recuerdos de mi infancia. Siempre empezaba de la misma manera, con los gritos de mi madre y terminaba con los golpes de mi padre. Yo me asustaba, me escondía detrás de las cortinas cuando veía a mi padre pegar a mi madre. Siempre hacía lo mismo cuando había gritos, cuando había bronca. Durante toda mi vida lo he hecho porque nunca me ha gustado el mal ambiente. No quería que rompieran la armonía que yo siempre tenía en mi mundo interior. Nunca supe cómo se conocieron, pero a pesar de lo que viví y he contado, sé que se quisieron a su manera, que estuvieron juntos y llegaron al final de su historia el uno apoyándose en el otro, conociéndose y supongo yo que queriéndose. Ahora sé que es algo muy difícil de conseguir.

Ellos no eran especialmente cariñosos entre sí, supongo que no estaban los tiempos para carantoñas. En cambio, cuando era pequeña, escuché algo sobre unas cartas que mi padre le enviaba a mi madre siendo aún solteros. Entonces, mi madre servía en la casa de unos primos nuestros que estaban en buena posición y mi padre le escribía cartas de amor desde el frente. Cartas hermosas y sin una falta de ortografía, porque mi padre era un hombre culto. En cambio mi madre había aprendido a leer, pero no a escribir, así que cuando las cartas llegaban, ella podía leerlas pero no podía contestarlas. Y demasiado, porque se pasó toda la vida fregando suelos de otros, hasta que yo un día pude decirle:

—A partir de ahora tú no quitas más mierda que la del culo de mi hija.

Pero eso fue muchos años mas tarde; hasta entonces, mi madre fue toda su vida una criada. Sé que ahora se dice empleada del hogar, pero en aquel tiempo del que yo hablo se llamaban criadas, sin más. Yo misma, como contaré más adelante, serví en varias casas; fui en varias ocasiones criada y nunca he ocultado las veces que me he tirado al suelo para darle a la bayeta, porque antes no había fregona: de rodillas en el suelo con el cubo de latón al lado y venga a retorcer la bayeta para quitarle el jabón al suelo. No fue una vergüenza ni tampoco tiempo perdido. De cada grieta que se me hacía en las manos, aprendí cosas que entendí en el momento y otras que el paso del tiempo me ha ido recordando. A mí me gusta la palabra criada por dura que sea. Mi madre lo fue desde pequeña, cuando empezó a servir en una casa de Sevilla. Lo hizo hasta que se casó y aún más tarde, para sacar adelante la casa, porque en aquellos tiempos un jornal era muy poco. Años más tarde, lógicamente, no fue una sorpresa para mí, María Jiménez Gallego, servidora, echarme al suelo a fregar pasillos; lo llevaba en la sangre y muy pronto supe que no hay oficio innoble cuando el pan de la casa está en juego. Eso lo aprendí de mi madre; de ella saqué las agallas, ese saber tirar hacia delante con fuerza, ese no desfallecer aunque parezca que ya nada podrá levantarte. Hacia adelante, siempre hacia adelante, lo mamé y no me ha sido difícil ponerlo en práctica cuando la vida me ha obligado. No sé dónde lo leí, pero me gustó: «Lo importante no es caerse siete veces, sino mantenerse de pie la octava». Sí, yo sé que es cierto. La vida me lo ha demostrado. Supongo que mi madre también se cayó muchas veces, pero lo que yo veía era la energía con la que siempre se levantaba. Era una mujer severa a la que mi hermano llamaba «María de los Civiles».

3

Los niños del Guadalquivir

El Guadalquivir siempre ha sido algo muy especial para mí. Lo siento como una especie de vena de agua en mi cuerpo. Aquel río, de las dos orillas y el puente rociero, tan presente en mi infancia, era mucho más que parte de un paisaje. Para mí y para el resto de los niños de aquel lugar y aquella época, el Guadalquivir era parte de nuestra vida y, en ocasiones, también parte de nuestra muerte: en él se quedaron amigos y familiares de mucha gente del barrio.

El Guadalquivir estaba siempre vivo, presente y cercano; recuerdo que con cuatro o cinco años, una de las cosas que más me gustaba era bañarme en él. Solíamos ir a Coria del Río, un pueblo a las afueras de Sevilla, a las playas del «mar de la Trifulca», que eso es el Guadalquivir, donde nos achicharrábamos bajo ese sol de justicia de Sevilla. Me imagino que le pusieron ese nombre por las trifulcas que habría para conseguir hacer esa playa en aquella época. Éramos todos tan chicos… Ese Guadalquivir ha dado mucho de sí en los recuerdos de mi infancia. Como si estuviera pasando ahora mismo, me recuerdo siendo muy pequeña, saliendo de mi casa en piragua cuando llegaban esos días en los que al río se desbordaba. Me encantaba ponerme unas botas altas de agua y salir corriendo a su encuentro. Con aquellas botazas de pocero yo, una niña tan chica, parecía el gato con botas. Era divertido ese río, fue uno de los entretenimientos de mi infancia. El río siempre tenía sus consignas: cuando salía de mi casa y veía que a la fuente de la cabeza del león le salía agua por la boca es que el río había llegado al límite y se «arriaba». Cuando eso ocurría, se inundaban las casas y toda la calle. Los vecinos teníamos que salir en piragua de la casa. Puedo asegurar que aquello era un espectáculo auténtico. Lo de la fuente era un control: cuando el río subía por la lluvia, por la boca del león salía agua. Era el aviso de que había que prepararse, porque nos «arriábamos» todos.

Aunque a los mayores no les hiciera ninguna gracia, a nosotros los niños nos encantaba. Me gustaba ver las alcantarillas desbordadas, era un espectáculo alucinante y, sobre todo, muy nuestro, muy de mi gente, muy de mi barrio. Pero el río no siempre traía diversión: a veces su imagen era triste y desoladora. Ahora me parece algo increíble, pero cuando éramos pequeños era habitual ver a niños flotando río abajo. Eran niños muertos. Bebés recién nacidos fruto de alguna historia de amor aguas arriba…, qué sé yo. Nosotros lo veíamos con naturalidad; siempre habíamos visto otro niño antes. Con la misma naturalidad, a veces, cuando nos sentábamos a su vera para hablar de nuestras cosas, veíamos descender por él vacas, burros, muebles de hogares sencillos y lejanos flotando cuando tenían lugar las riadas. Es una imagen impresionante, muy fuerte e imborrable.

El Guadalquivir tiene momentos especialmente dramáticos de mi vida. No solo por el espectáculo que a veces representaba, sino porque pasó tan cerca de mi familia, que se llevó a uno de los míos. Fue en una de las riadas; era ya casi de noche cuando uno de los buceadores entró en mi casa buscando a mi padre:

—¡Gabriel! ¡Gabriel!

Recuerdo el salto que pegó mi padre de la silla cuando escuchó aquellos gritos.

—¿Qué pasa? ¿Qué ocurre?

—Gabriel, que se ha ahogado su hijo.

Detrás venía otro hombre con un niño ahogado en los brazos. Se llamaba igual que mi hermano, Gabriel, y tenía los mismos años, cuatro. Todos nos dimos cuenta inmediatamente de que no era mi hermano, sino mi primo. Ese río me trajo mi primer contacto con el color de la muerte. La palidez de aquel niño se me quedó grabada, creo que para siempre. Recuerdo lo difícil que fue para mi padre explicarme que el niño se había ahogado en el río. Supongo que no es fácil contarle a alguien tan pequeño, algo tan duro e inexplicable como la muerte. Aquella noche ninguno de los niños queríamos ir al Guadalquivir, ya no queríamos jugar en sus orillas. Pero como en aquella época no teníamos mucho con lo que divertirnos, cualquier cosa se convertía en un juego, por duro que fuera, y ya lo creo que volvimos al Guadalquivir; como cada día de nuestra infancia. A los niños, por suerte, se les quitan los disgustos enseguida. Y es que a aquel río podíamos necesitarlo, había que tenerle cariño, pero sobre todo respeto.

Mi padre, cuando llegaba el tiempo de las riadas, siempre me advertía del peligro que podían tener nuestros juegos. Yo le escuchaba sin decir nada, con los ojos fijos en sus palabras. Mi padre era mi vida, mi pasión. Siempre, desde muy pequeña y aun después de que nacieran mis hermanos, he sabido que he sido la niña de sus ojos. Con mi madre la relación era diferente; a ella la recuerdo siempre fuerte y severa, muy peleona, una mujer impresionante pero fría, mucho más fría que mi padre. Ella era un tigre, un animal salvaje defendiendo el pan de sus hijos. La recuerdo en aquella cocina con dos hornillos que estaba al final de la galería, en el patio de vecinos en el que cada día compartíamos, por fuerza, el tiempo de guisar, algo muy íntimo y personal que termina uniendo a la gente. Por eso, la vecindad era como la familia.

De aquella casa de vecindad tengo muchas imágenes grabadas y una de ellas es la de Elvira, una vecina que lavaba la ropa de los pescadores gallegos cuando llegaban, después de días, hasta Sevilla en sus barcos. Ella les dejaba como un San Luis y, a cambio, los pescadores agradecidos, le daban unas hermosas merluzas del Cantábrico. Merluzas lustrosas y grandes como no las habíamos visto nunca. A mí aquella merluza que llegaba desde tan lejos hasta la casa de mi vecina, me parecía una ballena, ¡qué cosa más grande! Me gustaba. Me quedaba mirándola a los ojos, fijamente y me encantaba pasar la mano por aquel lomo de escamas. Me quedaba en su casa toda la mañana para ver cómo la limpiaba y la hervía: me gustaba aquel fuerte olor a mar que dejaba en toda la casa, en la suya y la del resto de vecinos. Ella, como era muy apañada y en aquellos tiempos no se tiraba nada, hacía cosas riquísimas con las sobras. Recuerdo una ensaladilla rusa de muerte que hacía con las agallas de la cabeza, el tuétano y las raspas. ¡Para chuparse los dedos, de verdad! También recuerdo en las manos de aquella mujer un saladillo de lujo con los desperdicios de las agallas y las colas, lo más rico, las cocochas, aunque eso lo descubrí algunos años más tarde; en realidad, bastantes. Entonces, lo que era para mí un verdadero festín, era sorber el tuétano de la cabeza de la merluza, ¡qué cosa más rica! Creo que mi afición al pescado la he heredado de mi padre, él era más gato, más pescadero que carnívoro, aunque en mi casa cuando se decía que íbamos a comer pescado, no comíamos otra cosa que no fuera caballa o boquerones.

Recuerdo que si había conejo en casa, mi padre me daba la lengua como si se tratara del mayor manjar. Aquellos platos, aquella forma de cocinar de mi casa era igual que la de mi vecina, estaban hechos siempre con la misma furia, con idéntica angustia y talento y, sobre todo, con el mismo cariño e imaginación; sin este último detalle, era imposible poder dar de comer a la familia con lo poco que había aquellos días. Y la verdad es que tenía arte, porque a mi madre ni le ha gustado ni le ha interesado la cocina en su vida. A mí, sin embargo, me han tirado los fogones desde chica.

Yo me recuerdo entre ollas desde muy pequeña. Tendría unos siete años cuando cociné mi primer plato. Mi madre me dejó en casa al cargo de mis hermanos Gabriel, que tenía cuatro años, e Isabel, de dos. No me acuerdo por qué sería, pero mi madre me dijo:

—María, hoy tienes que hacer tú la comida.

Me dejó unas patatas, un tomate, un pimiento, ajos y un par de cebollas.

—María, cuando esté la patata tierna, entonces echas los huevos.

Puse una perola enorme con agua hasta arriba, pelé las patatas y las partí en rodajas, eché el pimiento entero, un tomate, las cebollas y el ajo; como me había dicho que el huevo lo echara cuando la patata estuviera tierna yo me pasé la mañana pinchándola cada cinco minutos. El caso, es que allí sobraba agua por todos los sitios, un desastre. Mi madre a punto de venir, la hora de comer encima y aquello estaba para tirarlo. De pronto me acordé del pan rayado. Empecé a echarle pan hasta que se quedó esponjoso, le puse un chorretón grande de aceite, con su poquito de azafrán y aquello cogió un doradito guapo, guapo, y un aroma de muerte. ¡Increíbles las papas a lo pobre que hice! Para chuparse los dedos, ¡gloria bendita! Aquel día comimos como los papas de Roma, yo creo que de entonces me viene a mí la manía por la comida simple. Me gusta la comida auténtica: la de pueblo, la de casa, la de toda la vida. Así me empezó a gustar guisar y desde entonces y, a pesar de ser tan pequeña, empecé a hacerlo para toda la familia. Con siete años guisaba ya como una mujercita.

Tendría más o menos esa edad cuando fui por primer vez a un teatro; me llevó mi padre. Una tarde me cogió de la mano y me dijo:

—Mariquita, arréglate que te voy a llevar a un sitio que te va a gustar mucho. Más de lo que te imaginas.

—¿Al cine?

—No.

—A la Blanca Paloma.

—No, eso es en mayo.

—¿Dónde vamos?

—Al teatro, Mariquita, al teatro.

Cuando entré no podía creer lo que veía: un teatro, algo que jamás hubiera podido soñar hasta entonces. Yo iba al cine, pero eso era otra cosa, el teatro era lo vivo, lo de «los artistas de verdad». Además, la obra que había en cartel era una historia de amor en la que lloraba hasta la taquillera que daba las entradas: *Ama Rosa*. Para mi corazón romántico y mi cabeza imaginativa fue una tarde llena de emociones. Cuando regresábamos a casa no dejaba de hablar. Le repetí a mi padre mil veces lo que habíamos visto en el escenario; él me miraba como interesado en lo que decía, pero decir, la verdad es que no decía nada. Mi padre me apoyaba en lo que podía, el hombre. A veces conseguía que me diera unos reales y yo misma me hacía los vestidos. Con siete años ya tenía bastante dominio. Como me gustaban tanto los vestidos, yo me los imaginaba y desde los cinco años, en cuanto caía en mis manos alguna moneda me iba corriendo a la papelería para comprarme papeles de colores. Llegaba a mi casa, me iba al cacharro de la costura —que por cierto lo odiaba; solo verlo me daba calambre porque mi madre me hacía liar los ovillos en los carretes de madera— y cosía los papeles, pero, claro, se me rompían enseguida. Hasta que un día, que estabamos preparando la cruz de mayo en una casa de vecinos, la primera cruz de mayo que yo recuerdo, escuché a mi madre decirle a unas vecinas que había que hacer engrudo para pegar las cadenetas y yo automáticamente pensé:

—Pues si pega las cadenetas, tiene que pegar mi vestido.

Me fui donde mi madre y le dije:

—Mamá, mamá, ¿cómo se hace eso?

Y mi madre me dio harina y agua.

—Toma, niña, hierves el agua con la harina y lo remueves bien.

Me pasé un buen rato revolviendo aquella pasta y con el engrudo me empecé a hacer la ropa. Menuda imaginación, qué fantasía tenía. Se nota en las fotografías... de pequeña se me ven los ojos muy brillantes y muy relajados, muy despierta e imaginativa. Me veo los ojos muy tranquilos, muy metida en mi mundo interior. En ese por el que ahora lucho; volver a recuperar ese mundo grande que tenía dentro de mí y que por circunstancias de la vida he tenido que abandonar, pero que, en el fondo, siempre ha estado ahí, creciendo poco a poco. En aquellos años no me daba cuenta, pero ahora sobre todo, ahora que estoy tirando de «archivo», que es para lo único que miro hacia atrás, veo que mi mundo interior era muy grande, muy rico, en aquel panorama de pobres como ratas.

Mi primera comunión fue en mayo del 1957. En Santa Ana. Allí me bautizaron, me confirmaron. Allí cristiané a mi hija Rocío, y allí hizo su primera comunión. En la iglesia de Santa Ana me he casado y bueno... hay un dicho que asegura que «el que se casa en Santa Ana, no se separa nunca».

Siete añitos tenía, la edad que los tenían todas las niñas de Sevilla cuando tomaban la primera comunión; no sé, a mí siempre me ha parecido que éramos demasiado niñas, pero bueno, esa era la tradición. La tradición de un día grande para todas nosotras, porque era el día que nos vestíamos de largo, para qué voy a mentir. Lo de comulgar era importante, pero ser princesas por un día en aquel mundo de cenicientas, era algo muy grande para nuestras ilusiones de niñas. Aunque para algunas, como para mí, la ilusión se hubiera vuelto decepción de no ser por mi madre. Al ver que la mayoría de mis amigas contaban cosas de sus vestidos y yo no había visto en mi casa ninguno, un día en aquella mesa camilla, mientras mi madre estaba cosiendo no sé qué, yo empecé a hablar de la comunión, de las niñas, del traje. Diciéndolo, pero de alguna manera sin decirlo; entonces mi madre fijó sus grandes ojos en mí y me dijo:

—Tendrás traje de primera comunión.

—¿Como las demás?

—Lo tendrás, Mariquita, tranquila.

Cuando terminó de planchar se colocó el pelo mirándose en la luna rota del comedor, cogió su bolso y se fue a casa de Manolita, una prima suya que tenía mucho más dinero que nosotros y que desde hacía tiempo había cogido a mi madre para trabajar en su casa. Sin darle muchas vueltas, directa como era ella, le pidió prestado un traje de comunión que sabía que tenía y que incluso había prestado ya en otra ocasión. Volvió a casa con él y lo lavó y planchó a conciencia. Cuando lo colgó, me dejó entusiasmada. Estaba deslumbrada por aquello que yo me iba a poner tan blanco, tan largo, tan bonito. Al final, me vestí de comunión como Dios manda. Recuerdo mi imagen frente a aquella media luna rota en la que me miraba una y otra vez, por delante, por detrás, de costado. Yo qué sé, estaba tan entusiasmada que no podía dejar de mirarme y tocar palmas. No me importaba, de hecho lo había olvidado, que nada de lo que llevaba era mío; hasta el misal y el rosario eran prestados. Recuerdo aquel rosario blanco de nácar falso; no sería verdadero, pero era precioso. Nada era mío, pero me fui a la comunión hecha una princesa, toda vestida de blanco, caminando con mis padres y todos los de la casa de vecinos. Todos a la iglesia de Santa Ana. Calle arriba, cuando el día estaba clareando, porque en aquella época la comunión se hacía a primera hora y, claro, como no podías tener nada en el estómago porque íbamos a comulgar, ese día no se esperaba el café con leche y algo de pan del desayuno. En ayunas, llegué a la iglesia de Santa Ana. De todos los recuerdos de aquel día, el que me caló muy hondo fue la imagen de mi padre en una esquina de la iglesia, emocionado por verme comulgar. Era la primera vez. Jamás había visto llorar a mi padre, nunca. Aquel día no solamente le vi, sino que le oí llorar. A mí esa imagen de mi padre me impresionó. Es algo que se me ha quedado muy fijo, grabado para siempre.

Al final, aquel día y aquel vestido fue lo que tenía que ser, como una azucena de tan limpio que estaba. Blanco y muy plisadito por delante. Lo que llegué a soñar aquel día vestida así… A mí, como a todas las niñas, me gustaban las faldas largas, que arrastraban incluso por el suelo, porque me parecía que me hacían mayor, y aquel día era una oportunidad que yo estaba dispuesta a aprovechar. Sabía que el vestido era prestado y que todo aquello, como en el cuento, desaparecería. Lo que no imaginaba es que fuera tan rápido. Al salir de la iglesia, yo que me vi con un traje largo, me puse a bailar y en la misma puerta se me rompió la enagua. Yo no he visto un traje menos tiempo puesto que el mío, porque a mi madre, que eso de coger una aguja le ha dado siempre mucha pereza, en lugar de arreglarlo con una goma y dos puntadas lo que hizo fue quitarme el traje directamente. Pero bueno, el tiempo que lo había llevado puesto fue maravilloso. Me dio tiempo a tomar un chocolate con un bollito de leche en el bar que había enfrente de la iglesia. Fue el desayuno que mi padre pudo preparar para nosotros, los cuatro vecinos íntimos y los padrinos de mi hermana. Fue una cosa rápida y luego, a mi casa a quitarme el traje.

Ya sin vestido, puse cuatro flores frescas en una maceta, me la coloqué en la cadera y me fui a llamar puerta por puerta de la casa de vecinos dispuesta a conseguir unas pesetas. Entre unos y otros llegué a reunir doscientas cincuenta pesetas, que entonces era todo un capital: ¡Cincuenta duros! Lo más hermoso era que venían de los bolsillos modestos de la gente de mi casa, que en su mayoría, por no decir todos, me habían visto nacer y crecer. Fueron muy generosos, porque aunque allí no le sobraba nada a nadie, me dieron seguramente no lo que les sobraba, sino lo que les hacía falta. ¡Qué buena gente era aquella! Cuando reuní toda la cantidad me fui corriendo a mi casa para buscar una caja de zapatos que tenía de cuando era muy niña. En ella metía los lentos gusanos de seda con los que jugaba cuando tendría cinco años o así. Recuerdo que iba con mi padre a buscar morera para darles de comer. Después, los dos nos quedábamos mirando cómo se la comían vorazmente. En aquella caja de recuerdos metí aquel dinero como si fuera un auténtico tesoro. A partir de ese momento a ahorrar, porque por aquel tiempo, aunque acabara de hacer la comunión, ya me sentía mayor y con responsabilidades. Me fui a la cama cansada; desde allí vi a mi madre volver a planchar a conciencia el traje de comunión después de haberlo lavado; lo dejó colgado en una percha a la vista y por la mañana bien temprano, se lo llevó en mano a su prima Manolita. Cuando vi salir aquel vestido de mi casa, y otras veces tiempo después, he pensado sobre algo que nunca he entendido muy bien. Es verdad que en aquella España de miseria en la que vivíamos muchas familias no podían comprarle el vestido a la niña o el traje al niño. No fui la única que hice la comunión de prestado; pero, en cambio de más niña, cuando tenía tres o cuatro años tuve un traje de flamenca para ir a la Feria de Sevilla. No lo entendía.

Fue más o menos entonces, por esa época de la primera comunión, cuando tuve que ponerme gafas. Desde hacía tiempo siempre me dolía la cabeza, me recuerdo muchas veces sentada en el pupitre con la cabeza sobre las piernas. No me acuerdo si fui yo quien se lo dije a mi madre o fue la profesora quien al verme se lo dijo. El caso es que mi madre me llevó al médico. El oculista me puso en los ojos unas gotas que me dilataron la pupila y me mandó para casa. Cuando cruzábamos el puente de Triana, le pregunté a mi madre, mientras iba bien cogida de su brazo, por qué no veía ni torta.

—Si hasta ayer yo hacía de lazarillo de la Primitiva, si era yo la que veía, ¿cómo es que hoy, madre, soy yo la que no veo?

Primitiva era una prima de mi madre, que era ciega y vendía cupones en el Altozano; yo por las tardes le hacía de lazarillo. Y, claro, no entendía por qué en ese momento era yo quien necesitaba guía. A los pocos días me plantaron unas gafas feísimas con las que yo me encontraba fatal. Además, me dolía la nariz, me dolían las orejas, me dolía todo… Era horroroso, y lo peor es que veía igual que sin gafas, así que me las quité. A los tres días las tiré al Guadalquivir: ¡no podía con ellas! Yo no tenía nada en los ojos. Si no veía, era de hambre o de lo que fuera, pero no porque fuera corta de vista ni miope. A mí me dolía la cabeza de hambre, no de la vista, era de debilidad, de no comer.

En esos años yo ya tenía la amiga de toda la vida. Se llamaba Angelita y tenía ocho años, uno más que yo. Vivía en el piso que estaba justo debajo del mío y siempre estábamos juntas, yo en su casa o ella en la mía. Entonces en los barrios las puertas estaban siempre abiertas y no lo digo como una forma de hablar, lo digo porque allí que yo recuerde, la llave, se echaba muy pocas veces. En las casas la gente entraba y salía por cualquier motivo. Angelita y yo compartíamos todo: desde los zapatos a las babuchas. Compartíamos hasta lo que no teníamos. Angelita… hace tiempo que no sé de ella. La última vez que hablamos vivía en Suiza y se había casado con un italiano. Desde entonces ha pasado tiempo, pero la recuerdo como si la hubiera visto hace dos días. Ella fue muy importante en mi vida de niña.

Además estaba la pandilla, con la que jugábamos en la calle o en el patio y los domingos íbamos al cine. En aquella Triana de 1957 había dos cines: el Trilla, que era de verano, y el Rocío, en la calle del mismo nombre que hoy, y desde hace ya mucho tiempo, tiene un significado muy grande para mí. Aquello era una ruina: un local muy grande con una pantalla enorme, techo de caña y sillas de madera, donde nos poníamos morados de pipas porque no había otra cosa.

Más que de películas, me acuerdo de Antonio Machín y de Antonio Molina cantando. Siempre ponían algún musical antes de la película; yo me quedaba al segundo pase para ver a los cantantes otra vez y, claro, llegaba siempre tarde a mi casa. Me acuerdo que cuando tenía ocho o nueve años siempre volvía del cine pidiéndole a la Virgen del Rocío:

—Que mi madre no esté despierta, virgencita, que no esté despierta.

Llegaba muy despacito por la galería y entraba a gatas con mis hermanos chicos de la mano. Sin hacer ruido retrasaba la manilla del reloj que había en la pared del comedor y lo ponía más temprano. Mi madre, que estaba dormida cuando llegábamos, pero que siempre se terminaba despertando, decía:

—Niña, ¿qué hora es?

—No sé qué hora es, madre. Míralo tú.

Y mi madre veía las diez de la noche, se daba la vuelta y se quedaba dormida. Entonces, yo cogía otra vez la manilla y la ponía en la hora de verdad.

El cine era algo muy grande para nosotros. La chavalería del barrio esperábamos los domingos como algo especial. El cine Rocío no estaba lejos de mi casa. Bueno, en Triana nada está lejos de nada. A veces iba a las tres de la tarde a la sesión infantil; me gustaban mucho las películas de indios, Robert Mitchum me encantaba. Allí nos juntábamos los niños del barrio. Éramos una pandilla de siete niños de entonces, de aquellos que iban juntos a todas partes. Siete. Nuevamente el siete en mi vida, el número que más me gusta, el número mágico aunque sea el mismo que puso fecha a la noche más dramática de mi vida. Siete. Son muchas las coincidencias de ese número y mi vida: siete son los días de la semana, siete los colores del arco iris, siete las casas en las que he vivido, incluso es curioso, a los siete niños, si era verano, nos daban al entrar en el cine una tarjeta, pequeña, como una carta en miniatura para que nos la pusiéramos en la solapa. Era el siete de oros, qué casualidad. Aquello era la contraseña que nos ponían los del cine para controlar las entradas y salidas a la calle durante el descanso.

Parecía que íbamos de uniforme, todos con sandalias de

plexiglás, de aquellas de entonces, o de goma, esa goma negra que te dejaba una marca marrón en los tobillos que luego había que limpiar restregando con jabón y un estropajo hasta casi levantarte la piel. Entonces no había esponjas o, por lo menos, yo no las tenía. Jabón sí. Mucho jabón de aquel hecho en los lebrillos, un jabón de color verde y un olor fortísimo a sosa. Mil veces vi a mi padre hacerlo en casa. Primero, aquello era una pieza grande y él, con un cuchillo enorme, iba partiéndolos en cuadraditos pequeños. No tendría yo más de cinco años cuando comencé a ayudarle. Me acuerdo que yo era la encargada de ponerles un número y grabar un lagarto; había jabones que tenían, hechos por mi mano, lagartos con dos o tres cabezas. Recuerdo haber encontrado alguno hace muchos años en las viejas droguerías de Sevilla. A mí me servía cualquier cosa para estar con mi padre, ayudándole con el jabón, curándole las ampollas que traía en la espalda de descargar sacos en el muelle, con lo que fuera. Lo que más me gustaba era estar al lado de mi padre. Le quería y le respetaba muchísimo. Uno de los mayores disgustos de mi vida de niña me lo llevé, quizá por eso. Por ese respeto que antes era miedo.

Aún recuerdo una de esas tardes en la que yo, aprovechando el descanso del cine, tenía que comprar una sandía y llevarla a casa, algo que de ninguna manera podía fallar un domingo. Como cada semana, cuando mi padre llegara a casa después de descargar el barco de sal en el puerto tenía que tener la sandía preparada. Recuerdo que aquella tarde ponían una película de Robert Mitchum en la que salía una india muy bonita, chiquitina, con una trenza negra y aceitosa, que era su novia… ¡y él sin enterarse!

El caso es que me quedé hablando de la película con otras niñas de la pandilla en vez de ir a comprar la sandía a un puesto de melones que había en la esquina de mi casa, pero, cosas de niñas, preferí quedarme allí aunque me jugara una paliza. Cuando me di cuenta de lo que se me venía encima, recordé que me sobraban unas monedas del cine y decidí comprar la sandía más grande, la más gorda que hubiera en el puesto, con la intención, claro, de compensar el retraso. No recuerdo cuánto pesaba, pero debía de ser cómico verme tan pequeña con aquella bola del mundo que me tapaba la cara.

—Así —pensé— seguro que me perdonan la tardanza.

Estaba segura de que cuando me vieran aparecer en mi casa con una sandía tan enorme, se les pasaría el enfado. La compré y cuando la tuve en mis manos, todo se me venía encima, el mundo, la sandía, todo; el final de la película había sido feliz, había merecido la pena, pero algo me decía que la llegada a mi casa no iba a ser tan feliz. En cuanto pisé el portal se me puso como un nudo, una especie de vacío en el estómago: el miedo. Con la sandía en las manos eché a correr escaleras arriba. De pronto, pisé mal, resbalé y me vine al suelo del descansillo: la sandía por un lado y yo por otro. La sandía se rompió en mil pedazos y yo me quedé entera de milagro, ¡menudo golpe! Allí despachurrada contra el suelo pude comprobar lo buena que era, tan roja, con sus pipas negras chorreando azúcar, allí estaba, reventada en la galería. Con más miedo que otra cosa, entre los mocos y las lágrimas, empecé a llamar a mi madre a gritos desde el suelo:

—¡María! ¡María!

Parece que la estoy viendo asomándose con su delantal puesto y sus ojos grandes y espantados al ver lo que estaba contemplando. No solamente había llegado tarde, sino que además llegaba con chichones. Ella mirando y yo allí tirada, levantando la cabeza como podía, no supe decir otra cosa que:

—¿Está mi padre?

Sí, ya lo creo que estaba. A mi madre no le dio tiempo a contestar cuando ya asomaba él su cabeza tras el hombro de ella. Apareció como de repente, con su camiseta de tirantes blancos, siempre limpia como los chorros del oro. Le miré a los ojos y, como si estuviéramos los dos solos en el mundo, le dije:

—Padre…, ¿quieres probar la sandía? Está tan rica…

La imagen de la sandía y yo estampadas contra el suelo provocaron, yo supe verlo, la ira en los ojos de mi madre y el amor en los de mi padre. A él le recuerdo pasando por delante de mi madre, despacio sin dejar de mirarme; empezó a bajar las escaleras, lentamente hasta donde yo estaba, para sentarse a mi lado y coger un pedazo de sandía. Ahí estaba él, probando aquel fruto conmigo en el pasillo. Los dos, en medio del desastre ante la mirada inmóvil de mi madre. Me recuerdo en el rellano, a su lado, bien pegadita a él, con el pedazo más grande de la bola roja en las manos y los ojos llenos de lágrimas, preguntándole:

—¿Te gusta, papá?

—Lo más rico del mundo, hija. La sandía más buena que he comido hasta ahora en toda mi vida.

Qué tranquilidad más grande sentí al escucharle, cuántas ganas de abrazarle y de quedarme allí sin soltarle. Con el tiempo he visto que aquella fue una bonita manera de comernos juntos el motivo de aquel desastre. Gracias a ese final, lo que para mí había sido una tragedia unos minutos antes, se convirtió en un baño de cariño. Después, cuando pude reaccionar, cuando me di cuenta de que la sangre no llegaba al río, me puse en pie limpiándome el dulce y el llanto de los ojos y mi padre dio por concluido el incidente. Aunque aquel día nos esperaba otra sorpresa bastante más dramática; cuando era casi de noche, mi padre regresó de la taberna de la calle Pureza, a la que a mí me llevaba a veces, con una cara triste, como descompuesto: uno de los niños de la pandilla se había ahogado. Era el hijo del sastre donde mi padre y mi madre se hacían los trajes.

Aquello fue un lío que nunca se aclaró. Pasó como accidente, aunque yo escuché decir a un niño que estaba con ellos aquella tarde que un chico de la pandilla le había empujado al río y cuando vio que el niño se hundía se fue corriendo a su casa, muerto de miedo.

Jugando o lo que sea, el caso es que aquel niño, al que yo conocía como conocía al que le empujó, estaba muerto. Ya no vendría al cine los domingos, ni quedaría con la chavalería del barrio. Aquello me impresionó mucho, le di muchas vueltas y no era capaz de entenderlo. Era un «nunca más» que en mi cabeza de niña no encontraba explicación. ¿Cómo era posible que no fuera a verle jamás? Esa sensación de pérdida, hasta entonces desconocida, me llenó por una parte de tristeza y, por otra, de rencor hacia el niño que no cayó al agua. En mi cabeza de niña entraba que estuvieran jugando, incluso que a alguno se le hubiera ido la mano, pero lo que no pude entender era que, en lugar de avisar a alguien, volviera corriendo a su casa, dejando que el otro niño se ahogara sin remedio. Durante aquellos días pensé mucho en la muerte y todo lo que veía se relacionaba con lo que había pasado en el río. Quizá, no lo sé seguro, fue la primera vez en mi vida que aparecieron en mi mente la bondad y la maldad. Todo lo mezclaba. Incluso cuando iba al cine, siempre me preguntaba por qué el malo de la película era el que se salvaba y el bueno era el que moría.

Creo que fue entonces cuando empezó a dolerme la vida. Apareció ese primer dolor, esas ganas de gritar lo que sentía, pero me lo tragaba porque, en aquellos días, muchas cosas eran tabú y no se podía hablar de ellas; de la muerte no se hablaba. Los niños no podíamos hablar de esas cosas y mucho menos esperar una explicación de los mayores. Cuando no se conoce otra cosa, se convierte en una costumbre que se vive con normalidad. Aprendí pronto. Después, en la vida, he tenido que callar mucho, que aguantar mucho, a veces sin preguntar nada, como aquella tarde que nos reunimos toda la pandilla, un día después de la tragedia, y no pregunté nada sobre el otro niño de la pandilla, el que quedó vivo. No pregunté. Nadie preguntó. Aquella tarde no jugamos, pero ninguno decía por qué no lo hacíamos. Todos lo sabíamos pero nadie se atrevía a hablar de ello. Yo le guardé en mi memoria y, como en la vida es recomendable dejar que el tiempo dé sus respuestas, un día me enteré de que el niño, el que me contaron que había tirado al otro al Guadalquivir, ya no estaba en Sevilla. Había dejado el colegio y se lo habían llevado a un correccional. Hablé con mis padres de ello, aunque tímidamente, en unos de esos paseos que solíamos dar por el barrio.

Salíamos a pasear los tres juntos, con mis hermanos; calle arriba, calle abajo, parándonos a cada diez pasos porque a mis padres les saludaban continuamente. Yo me sentía orgullosa, ¡veinte saludos en una calle de cien metros! Era gente muy querida en el barrio y eso que ellos no eran muy de salir, si acaso a la taberna de la calle Pureza o a dar una vuelta. Al cine, por ejemplo, no iban nunca. Mi padre, porque era hombre, tenía más vida fuera de la familia, pero a mi madre siempre la recuerdo metida en la casa. Recuerdo su imagen; era limpia, oliendo a fresco, a jabón y a una colonia que había muy fresquita, de limón. Cuando salía llevaba un traje de chaqueta de aquellos de entonces y la única camisa de seda natural que tenía, una de color beige, que todavía reconocería. Nunca me pareció especialmente guapa. Alta sí, más que mi padre, pero el que realmente era guapo era él. Más guapo y más coqueto. He visto más veces a mi padre mirándose en el espejo de la galería, uno pequeño en la pared, de aquellos con el reborde de madera que utilizaban los hombres para afeitarse, que a mi madre en el único espejo que tenía la casa: la luna de un armario que se había roto cuando yo era muy pequeña y que allí seguía. Recuerdo a mi padre afeitándose; de pie, con la camiseta de tirantes por fuera de los pantalones y el mango de la navaja asomando por un lado de su cara; con tiento, despacio. Después, cogía la palangana que estaba debajo, una de aquellas de porcelana, se inclinaba y el agua salpicaba sus desconchones amargos.

4

Si me escuchas cantar, te friego los suelos

Uno de los lugares importantes de mi vida del que tengo un buen número de recuerdos, buenos y malos, que de todo hubo, fue el colegio San Jacinto. Estaba en Triana, claro. Estaba, y aún continúa estando, en el mismo sitio, haciendo esquina con la iglesia de Santa Ana. A un lado la calle de San Jacinto y al otro la calle Pagés del Corro, un lugar muy importante en mi vida. Por allí estaban las Cavas: desde la iglesia hacia el colegio, vivían los vecinos, los gitanos, y en la acera de enfrente estaba el cuartel de la Guardia Civil. Por eso las llamaban la Cava de los Gitanos y la Cava de los Civiles.

Me imagino que todos terminamos, con el tiempo, sintiendo algo especial por esos lugares en los que pasamos horas de nuestra infancia, aunque en mi caso fueron muy pocas. Entré en el colegio cuando tenía cinco años. En aquellos tiempos los niños íbamos muy tarde y, como en mi caso, no estábamos mucho tiempo.

Ese colegio y sus alrededores forma parte del paisaje de mi vida de niña. De aquel colegio recuerdo muchas cosas: las clases en las que me aburría como una ostra, los rosarios que rezábamos, y que nunca conseguía terminar, en la galería grande donde se celebraban las fiestas, las letras de molde, los desayunos de pan con leche… pero sobre todas ellas recuerdo las ganas que tenía de entrar en el coro. Aunque ya llevaba tiempo cantando en la galería de mi casa, soñaba con cambiar de escenario: de la tabla de lavar de mi abuela, que había sido el primer escenario de mi vida, a uno casi de verdad que tenía el colegio. Para mí, subir con todas la niñas allí arriba y cantar era algo importante, como un paso adelante. Cantar en el coro del colegio San Jacinto no era cualquier cosa.

Recuerdo a todas las profesoras del colegio; como a la mayoría de los personajes de mi niñez podría reconocerlos en un casting a todos y cada uno de ellos. A quien más cariño le tenía era a doña África, que era la que me enseñaba a bordar y fue la que habló con la directora del coro. Yo le insistía mucho porque lo que realmente quería era cantar. A mí los estudios no me interesaban. Durante el tiempo que estuve allí estudiando, o lo que fuera, me recuerdo muchas veces con ella. Era una mujer alta, muy delgada, con el pelo muy blanco y una impresionante nariz aguileña. Tenía aquella mujer la cara muy pálida, pero con una paz maravillosa en los ojos. Era como un ángel. Recuerdo que se enrollaba mucho conmigo y me animaba:

—Ya verás: si pasas este curso, verás cómo el año que viene yo hablaré con la profesora para que te meta en el coro.

Así me tuvo engañada dos o tres añitos hasta que me metió en el coro; bueno, doña África y la insistencia de mi padre. Ya entonces mi padre me había llevado por el Corpus a la Giralda para escuchar a los seises, que cantaban como los ángeles. Tendría yo unos seis años. Subimos andando los dos, uno delante del otro hasta llegar arriba del todo. Desde allí por una ventanuca mirábamos al patio y allí veíamos a los seises haciendo una rueda, vestidos de blanco y rojo, cantando y bailando. ¡Era un espectáculo grandioso! Recuerdo cómo disfrutaba mi padre. A él todo eso le gustaba tanto como a mí. Lo que pasa es que siempre lo negaba, y lo hizo hasta el último de sus días. Lo ha ocultado porque todo lo que tuviera que ver con cualquier clase de cante o de baile le parecía cosa de gitanos. Y como él no les podía ver por lo de mi abuelo, nunca manifestó aprecio. De esto me he dado cuenta con el paso de los años: su raza gitana la llevaba dentro por mucho que renegara de ella; la sangre es la sangre. Nunca dio muestras de que le gustara un baile, un cante, nada. Pero siempre estuvo dispuesto a compartir conmigo cosas que en el fondo le delataban.

—Vamos, Mariquita, arréglate que te llevo a la catedral.

Mi padre me cogió de la mano y yo disfruté aquella tarde como en pocas ocasiones. Todo para mí era grande. Tenía los ojos abiertos como si no quisiera perderme nada. Y él lo veía; yo, con mi entusiasmo conseguía transmitirle lo que sentía mi corazón, las ganas tan grandes que tenía de aprender. Por eso es lógico que dijera: «María, con tus ganas y la voz que Dios te ha dado, tienes facultades para cantar por lo menos en el coro del colegio. Mañana te acompaño y hablamos con la profesora».

Y mi padre, que cuando decía una cosa la cumplía, se plantó conmigo de la mano frente a la profesora para pedirle que me aceptara en el coro. Doña Sol, que era la responsable del coro, respondió:

—Imposible, el coro está completo, lo siento pero no hay sitio para ella. Este año ya es tarde. Así que si quieren intentarlo, esperen al que viene.

Salimos de allí decepcionados. No sé quién estaba más triste, si mi padre o yo, pero los dos esperamos; nosotros los pobres estamos hechos de mucho aguante. Durante los siguientes meses no hablamos mucho sobre el asunto y yo seguía cantando en cualquier sitio y con cualquier pretexto. Hasta que a principios del curso siguiente mi padre una mañana me dijo:

—Venga, Mariquita, que ya es el nuevo curso. Vamos a hablar con la profesora; ya verás como este año lo conseguimos.

Allí estábamos, el padre y la hija volviendo a la carga. Mi padre, con mi mano entre las suyas, se puso delante de la profesora y con voz enérgica que a mí me llenó de seguridad le dijo:

—Señora, como nos dijo, hemos esperado. La niña sigue con ganas de cantar, esperamos que este año tenga usted vacantes.

Y ese año sí que pudo ser, al parecer las había. La profe, en medio de mi entusiasmo y el de mi padre, que posiblemente era aún más grande que el mío, me dio la oportunidad, pero yo noté, pues entonces ya me funcionaba la intuición, que lo hizo sin mucha gana. La verdad es que a esa profesora yo no le había caído bien. El saberlo, o mejor dicho, el comprobarlo, agravó más mi timidez y el día de la prueba, cuando las niñas empezaron a subir al escenario, yo fui derecha atrás del todo, donde se ponían las más altas, para que no se me viera. Quería esconderme y que nadie me viera, como en un rincón. El caso es que después de conseguir que me aceptaran en el coro y esperar pacientemente todo un año, en el momento de la prueba no abrí la boca. No llegué a cantar porque me acojoné, me quedé paradita… No sé si entonces me pregunté por qué, pero con el paso del tiempo sí lo he hecho, ¿por qué si tenía tantas ganas de cantar no quise hacerlo ese día? Era la prueba; yo sabía que era importante, pero me quedé muda, como si aquello no tuviera que ver conmigo. Cuando terminamos, se acercó doña Sol y me dijo:

—Niña, tu voz no vale para el coro; además has desafinado.

Y yo le dije, casi sin dejarla terminar:

—La que no vale es usted para ser profesora, porque no he abierto la boca.

¡Dios! En esos momentos me dieron ganas de muchas cosas. ¿Cómo podía decir aquello? ¡Cómo podía decir que yo desafinaba, si no había despegado los labios siquiera! Me pareció injusto, aunque lo lógico es que me hubiera puesto a llorar, porque era algo que esperaba desde hacía mucho tiempo: un año. Serían los nervios, pero a mí me dio por reír, sobre todo por dentro. Así que dije adiós y no volví al coro ni a pedir sitio ni oportunidad. Salí de allí muerta de risa y cuando llegué a mi casa y se lo conté a mi padre dijo encogiendo los hombros, sin darle importancia:

—Hija, estaría de Dios.

Pues estaría, porque nunca me subí al pequeño escenario del colegio ni para cantar, ni para hacer teatro, ni para nada. A pesar de lo que pudiera pensar aquella profesora, a la que parecía que yo no le hacía ninguna gracia, llevaba dentro el fuego del arte, sabía lo que quería. Yo llevaba dentro las ganas de hacer cosas y quería subirme a un escenario aunque en mi primera oportunidad no fuera capaz de abrir la boca. Allí, en el colegio, no había cantado, pero de pronto me entraron unas ganas enormes de hacerlo. Así que aquella tarde, con unas perras gordas que llevaba en el bolsillo, compré papeles de colores en la tienda que había cerca de mi casa, una que hacía esquina, y en un momento monté un teatro en el patio de mi casa, donde canté a pelo, entre cadenetas, para mis vecinos. Fue un éxito y los aplausos, la alegría y el cante de mi gente, de mis vecinos, borraron aquella tarde en la que doña Sol intentó desviarme del camino que había elegido desde que nací. Seguramente desde antes, porque yo creo que quise ser artista desde que estaba en el vientre de mi madre. Y cuando esas cosas pasan es que se tienen muy claras.

Continué en el cole durante un tiempo, no mucho. No conseguía ser buena estudiante, me aburría en casi todas las clases. Si me entretenía algo, era en las de dibujo; recuerdo que me llevaba tebeos donde había una muñeca con el pelo muy rubio y muy largo. Cosas de la vida, esa misma melena, más tarde, la he llevado yo. La veía muy bonita y lo que quería dibujar era eso, pero claro, como no sabía, terminaba calcando hasta que me pilló la profesora y le dije:

—¡Es que yo no sé pintar!

Donde sí me llevé algunos premios fue cosiendo y bordando. Ya de chica tenía muy buena mano, más que mi madre. Otra cosa que me gustaba era escribir, sobre todo hacer poesías, aunque la verdad es que no rimaba ni una y estaban llenas de faltas de ortografía. En ese aspecto no he avanzado mucho. Hoy también tengo, una barbaridad… Escribo muy mal, yo lo sé, pero qué más da, lo que escribo lo hago para mí, y con enterarme yo tengo suficiente. Ahora, en el recuerdo, veo aquel plumier de madera que yo llevaba, que me duró todos los cursos que estuve en el colegio: viejo, desgastado, con el borrador, el lápiz y la tinta azul.

Aunque no canté en el coro, siempre quería participar y ayudar. Era, por lo visto, muy buena niña. Yo lo que no quería era estudiar. Quería cantar, bailar, fregar, limpiar y, aunque mis notas eran un desastre, la verdad es que las profesoras me tenían mucho cariño. Siempre me recuerdo dispuesta a hacer cosas, prestaba todo. Si pedían una niña para servir el desayuno o el almuerzo, ahí estaba yo. Servía los desayunos de mis compañeras por las mañanas, ponía la mesa y me quedaba a fregar siempre que se necesitaba una voluntaria. No sé, era esa sensación tan agradable que se te queda cuando sientes que has hecho algo que es necesario. Como a mí siempre me ha dejado muy buen sabor de boca hacer algo por los demás, siempre que alguien me ha llamado he intentado estar ahí. A veces hay que arrimar el hombro por los demás. Dar, lo he comprobado en la vida, es recibir. De aquel colegio recuerdo hasta a la portera, a la que también ayudaba dándole a la bayeta. Se llamaba Amparo y antes, porque ese colegio lleva en Triana toda la vida, la portera fue su suegra.

Tiempo después fui a verla. Allí seguía como si el tiempo no hubiera pasado. Me senté con ella en un cuarto pequeñísimo desde donde se veía a la gente entrar y salir del colegio; en el mismo lugar de siempre, como toda la vida… Allí hablamos mucho de estas mismas cosas que hoy estoy recordando. Ella fue la que se encargó de recordar algo que al parecer tenía olvidado: mis deseos de ser misionera.

Es verdad, yo me imaginaba rodeada de negritos en África. No estuve allí, pero de alguna manera una vez al año yo me sentía misionera. Todas las niñas de aquella época teníamos la oportunidad de hacerlo: el día del Domund. Por las mañanas al llegar al colegio estaban todas las huchas encima de la mesas esperando que nos abalanzáramos a por ellas… Íbamos de dos en dos, aunque a veces cada una tiraba por una calle y luego nos juntábamos en algún sitio. Las dos vestidas con el babi blanco del colegio que a mí me había hecho mi madre. Era de tela de cebolla, de unas piezas de lienzo moreno que mi madre compraba porque era el más barato, para hacer las sábanas. Lo metía en lejía para ponerlo blanco y cuando las sábanas se quedaban viejas, me hacía el babi con ellas. Ahora que lo pienso, muy vieja tenía que estar la sábana para que me hicieran con ella una bata. Vieja, sí, pero blanca como una aparición. Blanca de cuerpo y de alma, pues entonces daba todo por los demás. En eso, gracias a Dios, sigo siendo la misma, a pesar de las decepciones que me ha dado la vida. Sigo encontrándole mucha satisfacción. Y me ha pasado siempre; recuerdo con mucho cariño aquellos días del Domund cuando salía a postular. Iba a recoger dinero por media Sevilla, calle arriba, calle abajo, una y otra vez y una y otra calle, metiéndome en las tiendas y en los bares que había en las dos aceras. Entraba dos veces y tres si era necesario, con la esperanza de que fueran más generosos que en la primera ocasión. La verdad es que comprobé que cuando a alguien no le llegan las cosas a la primera, no vale la pena insistir, es una pérdida de tiempo.

Aunque eran los menos, recordando esos días, me parece que la gente se volcaba, casi todo el mundo te echaba algún céntimo, que producía una alegría tremenda. Cada vez que escuchaba caer las monedas en el fondo de la hucha, lo veía como un triunfo personal. Había una alegría muy grande en mi corazón cuando yo llevaba esa hucha por las calles de Sevilla. Me dolían los pies, sudaba, pero merecía la pena. No me agotaba, era incansable; según iba llenando una hucha, la dejaba en el colegio y así otra y otra. Aquel año gané el premio a la mejor, lo que quería decir que era la que había recogido más dinero para los chinitos. Recuerdo como si fuera hoy el día que me dijeron que podía pedir de premio lo que quisiera. Rápidamente dije que quería lo mismo que había pedido en el día de la Caridad por los infieles porque, al parecer, en esa ocasión, no había podido ser. Lo que yo quería, y recuerdo que lo dije bien alto, eran unos zapatos.

Entonces sí hubo suerte: me regalaron unos mocasines marrones que eran una alegría. Aquellos zapatos no eran un capricho. Aquel premio que me daban era una necesidad para mí, ya que las suelas de los míos, los únicos que tenía, se habían destrozado en las calles de Sevilla de tanto ir y venir con la hucha en la mano.

Cuando recuerdo aquellos días siempre me detengo en algo que ocurrió y que aunque el hecho estuvo lleno de ingenuidad, a mí siempre me ha producido muy mala conciencia. Andaba yo con la hucha por Sevilla, con un sol que abrasaba hasta las piedras. Estaba muerta de calor y sobre todo de sed. Como sentía que no podía continuar y mi compañera estaba en la misma situación, cogí la ramita de un árbol, una que encontré, muy pequeña, puse la hucha boca a bajo y empecé a sacar monedas, hasta tener para un napolitano; un par de reales para tomar un helado de vainilla, ¡qué mal lo pasé! Desde un principio me sentí fatal por hacerlo, aunque, todo hay que decirlo, me consolé algo cuando vi cómo otras niñas también lo hacían con el mismo truco o similar, solo que ellas sacaban muchas más monedas: yo había sacado lo justo, solo lo justo para continuar.

Triana, en aquellos tiempos de los que hablo, eran solo tres calles, tres manzanas de casas: calle Betis, que era la del río, calle Pureza, calle Pelay Correa, calle San Jacinto y calle Rodrigo de Triana. Era entonces un cogollo pequeño, pero muy sabroso. No había muchas de las cosas que hay ahora. Entonces, por no existir, no existía ni los Remedios. En aquella Triana la chavalería tenía campos para correr a sus anchas. Por allí, con mi pandilla, la de «los siete», aun íbamos a los derribos de las casas a buscar plomo viejo o cualquier otra cosa que se pudiera vender para sacarnos unas gordas. Era como ir a la búsqueda del tesoro, aunque para nosotros aquello era necesidad. Cuando conseguíamos encontrar plomo entre aquellas montañas de cascotes nos ganábamos tres pesetas. A veces veinte reales, dependía de la clase de plomo que fuera. Lo que sacábamos de aquellas correrías no lo entregábamos en casa; nos lo quedábamos para ir al cine, para unas bolsas de pipas, o por si queríamos dar una vueltecita. En mi caso, en cuanto pillaba unas monedas, me las gastaba en papeles de colores para hacerme vestidos; así no creábamos problemas en casa y además no teníamos que pedir un céntimo que, por otra parte, siendo ya tan chicos, sabíamos que no nos iban a dar. Ni a nosotros se nos ocurría pedirlo. En aquellos tiempos los niños, sin que nadie nos dijera nada, aprendíamos muy bien las cosas.

Niña con zapatos nuevos y premios del Domund, ¡qué tiempos! Tan lejos y tan cerca de aquella otra niña que fregaba la casa como si hubiera nacido enseñada, cantaba como si hubiera aprendido a hacerlo antes incluso que a hablar y leía fotonovelas donde el amor siempre terminaba ganando la partida a las circunstancias, por duras que fueran. Allí en las fotonovelas todo salía bien; por eso, quizá, me gustaban tanto... Ya entonces era una romántica a la que le fascinaban las historias de amor y me pasaba los domingos en el cine. En aquellos años de mi niñez triunfaban Paquita Rico, Juanito Valderrama, Antonio Molina... Cuando les veía en la pantalla, me quedaba embelesada. No había quien me moviera del cine. De alguna manera, yo me veía reflejada en ellos. Eran como espejos donde yo me miraba divertida y juguetona. El cine era el lugar donde aprendimos muchas cosas. Una vez nos llevaron a ver *Los diez mandamientos*, que protagonizaban Charlton Heston y Yul Brinner en 1959. Me impresionó tanto... De aquel mismo año recuerdo *Río Bravo*, con John Wayne, Dean Martin y Angie Dickinson.

Los niños de mi pandilla siempre querían ser los americanos, todos querían ser John Wayne. Y así, mientras ellos jugaban a ser soldados y nosotras a ser princesas, iban pasando los años. Un día, así de pronto, como pasaban entonces las cosas, dejé el colegio porque había que trabajar. En mi casa no podíamos permitirnos el lujo de que dos manos que habían aprendido mucho en la cocina y en el suelo de mi casa estuvieran dedicadas a adornar los descansillos con cadenetas de papel y a cantar en la galería. Muy bonito, pero muy poco práctico. Así que a los once años tuve mi primer trabajo limpiando en la casa de una vecina. Quizá ahora eso resulte traumático para un niño, pero en aquel momento para mí era algo normal, algo que había visto en otras casas, incluso entre amigas mías. Además, para qué voy a mentir, la verdad es que a mí eso de estudiar no me gustaba mucho, por lo que dejar a los once años el colegio para fregar suelos, no fue para mí una tragedia; al contrario, yo diría que a la larga, aquello fue una liberación.

La casa en la que limpiaba estaba en el número cinco de mi calle; yo vivía en el tres. Y aquello fue empezar y no parar. Pronto, casi sin darme cuenta estaba haciendo doblete en otras casas. En la vecindad siempre se necesitaba una chiquilla que fregara mucho y cobrara poco. Yo siempre estaba dispuesta, siempre tenía ganas de hacer cosas por duras que fueran.

Mi cabeza estaba llena de los juegos de las niñas, de fantasías alimentadas por la radio, que formaba parte de un rumoroso segundo plano de nuestra vida. Aquel aparato de madera siempre estaba encendido. Por allí, de manera mágica, brotaba la voz de Estrellita Castro, Juanita Reina, Concha Piquer y Lolita Sevilla. De aquella caja salía Marifé de Triana, mi ídolo. Ella era para mí algo muy grande: escuchaba sus canciones y me las aprendía para cantarlas mil veces, la admiraba por encima de todas. Lo que yo realmente quería ser era Marifé de Triana. Siempre la escuchaba a ella, aunque escuchaba también todo lo que tuviera que ver con la copla, con el flamenco... En realidad creo que más que querer ser, lo que quería era aprender.

En aquellos días empecé a escuchar a Lola Flores; podíamos decir que la descubrí, aunque ella entonces ya había hecho un montón de películas en América y aquí era ya una estrella. Cuando la veía o la escuchaba me quedaba enganchada; ella era mágica, y su fuerza, que le acompañó hasta la muerte, impresionante. Era diferente a todo, no había nadie como ella. A mí me gustaba verla en el cine. Me quedaba embobada con aquellas películas en blanco y negro. Lola hizo mucho cine, y esto le dio popularidad, pero entonces la radio era muy importante para los artistas. La radio traía alegría y música a casas en las que había cierta tristeza, pero yo me resistía, no la quería tener dentro de mí. Seguramente por eso cantaba y bailaba, aprendiendo a convertir cualquier momento en una fiesta, solo echándole un poquito de arte.

Por las noches daba la última ojeada a las revistas románticas, donde vi la boda de Fabiola con el rey Balduino de Bélgica. Salió en todas las revistas; algunas tenían veinte páginas más de lo habitual. Se organizó un lío grande con aquello, había colas en los quioscos para poder comprarla. Entonces la vida de la gran mayoría era muy gris y los colores de esas revistas nos alegraban el alma. Seguramente por eso la gente era capaz de hacer cola para comprarlas. A mí, por ejemplo, me encantaba irme a dormir con el recuerdo fresco de las fotos que veía en las revistas, de aquella gente tan guapa y con tan buen aspecto; lo que más me gustaba eran las fotografías de aquellas casas que a mí, de no ser porque las estaba viendo, no me cabía en la imaginación que existieran. Así, con el recuerdo fresco y con el cuerpo cansado, me lanzaba a soñar. Sueños que luego he ido cumpliendo a lo largo de mi vida y he podido deletrear como magníficas premoniciones.

Fue en aquellos días cuando comencé a ser mujer. Tenía

trece años recién cumplidos. Había tenido, con once, un amago, pero que se quedó ahí. Recuerdo que cuando ya me vino de verdad mi madre me dio un trozo de trapo y una toalla, que era lo que se usaba entonces. En esa época era lo que había, nada de compresas, que llegaron más tarde. Utilizábamos aquellos trapos y los lavábamos mil veces hasta que los tirábamos. Además de los primeros trapos, mi madre me regaló un conjunto de ropa íntima de aquella que se llamaba de piel de ángel. No fue a comprarla a ningún sitio. Era de ella, de cuando niña, y la había guardado para cuando llegara el gran momento de mi vida.

Supongo que a ella, que ya me veía convertida en mujer, le preocupaba mi futuro. No quería para mí la misma vida que había tenido ella y un día, en la mesa camilla, me dijo:

—María, he visto en la calle un letrero que anuncia, aquí cerca, una academia de taquimecanografía.

—Ah, sí, ahí en la esquina.

—Sí, había pensado que si te hacía ilusión; con lo que ganas en las casas podías quedarte algo y costearte unas clases.

—A mí eso de la máquina… la verdad, madre, es que no me tira mucho.

—Ya, María, pero hay que pensar en el futruro, en el porvenir. Mariquita, si aprendes puedes ser secretaria y eso está muy bien. ¿No te gustaría?

Yo dije que sí porque eso de ser secretaria, como mínimo sería mejor que andar fregando suelos y además en las novelas, en las películas y en los seriales de la radio las secretarias, que siempre eran chicas muy guapas, se terminaban casando con los jefes guapos, solteros y ricos. Sin darme mucho tiempo, no fuera que me arrepintiera, me fui a la academia, di mi nombre y me apuntaron. Allí me planté ante la máquina que me pusieron, con estas manos mías tan pequeñas, en la primera clase. Creo que fue al tercer día cuando, además de darle a la máquina, le empecé a dar al suelo: me enteré de que necesitaban una chica para limpiar, yo hablé con la profesora y me ofrecí. De aquella manera no tenía que gastar en las clases lo que ganaba limpiando otros suelos. Con lo que ganara allí, podía pagarlas y el resto me quedaría limpio.

Pero no estaba ahí mi destino y pronto lo entendí. Di unas cuantas clases y dije adiós. A mí aquella casa, aparte de que lo de las clases tampoco me gustaba, me daba miedo. Tenía un pasillo profundo y oscuro que daba a un patio donde siempre estaba la madre de la profesora, una señora mayor sentada en una silla de ruedas que era como la madre de *Psicosis*, igualita. No se me olvidará en la vida aquel rulo que llevaba en el flequillo... bueno, era como se peinaban las mujeres mayores de entonces. Un rulo en el flequillo, otro detrás, encima de todo aquello un postizo de pelo falso y el moño con la redecilla.

Aquel era un lugar misterioso, siempre en penumbra. De allí la única que me gustaba era la profesora, una pobre mujer que se pasaba la vida entre aquella casa espantosa y la habitación donde tenía cuatro máquinas de escribir para las alumnas. Conmigo fue buena, tanto cuando yo la pagaba a ella como cuando ella me pagaba a mí. Tenía un marido que vendía «coquis» y pasteles en un carrito. Yo no le veía, pero él fue el responsable de que pensara que en aquella casa se me estaba poniendo a prueba. Cada día, cuando regaba el suelo del patio, me encontraba monedas tiradas por cualquier sitio. Yo las recogía y las ponía todas en la mesa de piedra que había en un rincón. Llegué a pensar que las dejaban para ver si yo las devolvía o me las llevaba. Fui una mal pensada, porque la explicación que tenía aquello era que cuando el marido llegaba un poco bebido, o borracho del todo, se le caían las monedas al quitarse la taleguilla.

El caso es que ahí se quedó la máquina de escribir y todo lo que la rodeaba; yo, en el fondo, había ido por la insistencia de mi madre, por lo del futuro y todo eso, pero no me hacía falta pasar por aquella academia para saber que mis pequeñas manos no estaban hechas para darle a las teclas, sino para dar palmas. Para eso estaban hechas mis pequeñas manos.

Con las manos, que ya tenía duras, me fui a trabajar al obrador de La Campana, un lugar que es una institución en Sevilla. Entré a trabajar unas Navidades, porque lógicamente en esas fechas tenían más trabajo y buscaron a cuatro o cinco niñas, entre las que estaba yo. Además, podíamos decir que yo tuve un poco de enchufe porque mi madre llevaba años trabajando allí. Para mí aquel trabajo de obradora era como haber ascendido; ser obradora ya era ser algo. Me parecía un trabajo importante y además estaba rodeada de dulces y golosinas, algo más que un sueño, aunque nunca caí en la tentación. Mi madre, a pesar de lo que pasábamos en casa, nunca se llevó un mal pastel en la talega ni en el mandil; como ella sabía mejor que nadie la tentación que eso podía ser para mí, el primer día que pisé la pastelería me dio un consejo:

—Mira, Mariquita, que si un día comes un pastel caliente, recién salido del horno, te va a sentar como un tiro. Además, si te comes uno así, lo aborrecerás para toda la vida.

Así que yo, obediente, llevaba y traía las bandejas calientes y tan ricas de un sitio para otro, pero nunca jamás caí en la tentación de comer un pastel caliente. Lo cual tenía su mérito, porque allí había cosas que no había visto en mi vida. Y, desde luego, las que conocía eran para días de fiesta y se podían contar con los dedos de las manos las veces que las había comido.

En La Campana empecé liando polvorones y terminé fregando la cacharrería del obrador. Me acuerdo que una vez estuve a punto de romperme la cabeza en el pilón. Como era tan pequeña, me tenía que subir en una caja para llegar al borde; al lado ponía los cacharros sucios de harina y azúcar. Un día al ir a coger uno para meterlo en el agua, me caí hacia adelante de cabeza y me fui al fondo de la piedra. Un accidente estúpido que hizo que estuviera a punto de no contarla, aunque todo quedó en un susto. Me llevaron a mi casa, mi madre se puso a calentar leche y me dijo que me metiera en la cama. Al día siguiente, como todas las mañanas, atravesé la calle de las Sierpes para llegar al trabajo, con las claritas del día, como dice la copla. Me gustaba ver amanecer desde mi calle; era algo que pasaba todos los días pero que yo esperaba con ilusión. Me gustaba andar, caminar lentamente, incluso me gustaba hacerlo de noche. Creo que ya entonces me empezaba a gustar la noche. Ya le empezaba a encontrar magia a las altas estrellas a las que tanto he cantado. Me gustaba, aunque de momento la noche era solo para soñar, porque entraba a trabajar a las ocho de la mañana.

Quedaba con las amigas que trabajaban por la zona e íbamos andando por el puente de Triana, salíamos a la plaza de la Magdalena, cruzábamos la calle Imagen, creo que era, a Sierpes e íbamos a La Campana. Antes de llegar desayunábamos un café con leche y unos churros calentitos.

Recuerdo a don José, el dueño de La Campana de entonces. Era un hombre muy cariñoso que siempre se portó muy bien conmigo. Supongo que por ser la más pequeña, me trataban de una manera especial; yo al menos notaba cariño y ternura en aquella familia; recuerdo que me subían al primer piso, donde vivía la dueña, para que liara los polvorones; no daba abasto. Trabajaba a destajo. Aunque no lo había hecho en mi vida, era una máquina liando polvorones y ordenándolos en las bandejas. Y echando azúcar a los alfajores, tenía mano de artista. Y el caso es que nadie me había enseñado, era una cuestión solo de ilusión. Seguro que por eso me salía todo tan bien. Algunos, como en mi caso, no sabemos hacer las cosas de otra manera.

Es un recuerdo muy vivo. Además, era el primer año que comía dulces en Navidad y esas cosas no se pueden olvidar. Veo las manos marchitas de mi madre; duras, trabajadas como las de mi padre, aunque las de este tenían de los tiempos de la sosa, y luego de la sal, más grietas, más surcos. Las veo

73

sobre la mesa, encima de aquel hule trasparente mientras comíamos, cuando cortaba el pan dándole aquel pellizco profundo, rotundo. Las recuerdo, muchas, muchas veces sobre las desgastadas pero blancas sábanas. Les recuerdo en la cama detrás de la cortina de lunares; en aquel lado de la habitación había una ventana pequeña que me permitía verle recostado sobre la almohada doblada que le ponía mi madre, cuando ella se levantaba. Recuerdo sus manos marchitas extendidas sobre las desgastadas pero blancas sábanas. Esa imagen la vi muchas veces. Por eso, mi jornal en La Campana era una verdadera ayuda para mi familia que a mí me gustaba dar porque a mis doce años, trabajar ya en un sitio como La Campana, me parecía que me hacía mayor, además de ganar cinco duros gloriosos que venían de maravilla en mi casa.

Trabajábamos hasta mediodía. Comíamos algo allí o íbamos a comer a casa y seguíamos hasta las seis, que volvíamos a deshacer el camino de vuelta a casa. Pasábamos por la calle Sierpes. ¡La calle Sierpes! Ahí me compré las primeras medias de mi vida y ese, puedo asegurarlo, que es un dato importante en la vida de una niña pobre como yo. Las veía cada día al pasar al lado de una tienda de relojes. Era un escaparate solo de medias que a mí me hacía soñar despierta, me quedaba ratos larguísimos parada delante del escaparate y me imaginaba vestida con casi todas las que estaban expuestas. Hasta que un día el sueño se hizo realidad y me compré unas azules y negras con rayas. Costaban ocho duros y un día, después de meses, me atreví a entrar.

—Mire usted, yo trabajo aquí, en La Campana, y hace tiempo que veo estas medias. ¿Podría llevármelas y se las voy pagando poco a poco?

Le eché valor esa primera vez. Desde siempre comprar así me parecía normal; era lo que había visto en mi casa y en las otras del patio. En aquellos tiempos había alguien a quien llamábamos «el ditero», un hombre que venía por la casa de vecinos:

—A ver, ¿te hace falta algo, fulana? ¿Tú que quieres ahora? ¿Necesitas algo?

—Pues, mira, unos zapatos para el niño.

—Pues toma un vale y vete… ¿dónde quieres ir a comprarlos?

—A tal sitio —y te daba el vale.

El ditero era un intermediario entre las tiendas y las casas de vecinos. Tú ibas con el vale, comprabas lo que fuera y le ibas pagando al hombre, que se encargaba todas las semanas, o todos los meses, de cobrar a pesetas, a duros o a reales. Recuerdo que llevaba un bloc enorme y estrecho, con dos cachas negras, tornillos grandes y tuercas para ir aumentando el libro de la lista dependiendo de los pedidos que iba teniendo el hombre, que vivía de eso.

Para mí fue una gran oportunidad, porque no hubiera podido comprarlas de otra manera, ya que mi sueldo era escaso y mis padres no me habían sacado del colegio para trabajar y gastarme ocho duros en medias. Yo, como tantos niños y niñas de aquel entonces, trabajaba para sobrevivir. Entregábamos el dinero en casa sabiendo que era necesario para comer. Así que, como el sueldo no me llegaba, me puse a hacer horas extras para pagar aquello poco a poco. Pero no me importaba, a mí nunca me ha asustado el trabajo, además, ¡llevaba puestas mis medias de mujer!

Aquellos días fue el tiempo de los picús, el baile. Los hacíamos en cualquier sitio, por ejemplo en un derribo. Alguien llevaba un picú, un aparato tocadiscos de esos de los de la época, de plástico, que era un maletín chiquito y se ponía el disco grande. Colocábamos tres cadenas de colores y la gente iba a bailar. Teníamos una barrita con refrescos y así pasábamos la tarde.

Hablo de los guateques, de ese mundo tan lindo para los sábados y domingos de una muchacha obrera. Yo tenía trece años, era 1963, el año en que asesinaron a John Fitzgerald Kennedy en Dallas, hasta a mí me llegó la noticia. Aquel año vinieron Kennedy y su mujer a Sevilla. Los vi haciéndose una foto en el puente de Triana, en medio de un gentío y un revuelo en la calle impresionantes. Recuerdo que lo dijeron en la emisora de Sevilla y, como yo escuchaba mucho la radio, me enteré. Bueno, yo y un montón de vecinos que salieron a la calle; todos a la calle Betis, y a la calle Zapata. Allí, entre el gentío pudimos ver al presidente haciéndose fotos con su mujer, Jacqueline que, por cierto, nos pareció bastante fea. Por eso, porque habían estado allí, a lo mejor en el barrio nos afectó más la noticia.

—¡Qué lástima! Si nosotros les vimos entrar en tal o cual sitio.

—¿Te acuerdas, fulanita, cuando les vimos en el puente?

Fue durante días la conversación del vecindario. En mi casa no había televisión, pero siempre había un bar o un vecino que acababa de comprarse una y, claro, siempre tenía la casa llena de visitas. Allí nos metíamos todos. Así me enteré de la muerte del papa Juan XXIII; en casa lo comentó mi padre y, aunque yo no tenía mucha idea de aquello, escuchaba con atención las cosas que decía mi madre, que era protestante.

Trabajaba mucho, desde luego, pero no había perdido la capacidad de soñar con los ojos abiertos. Era una niña muy imaginativa, una muchachita soñadora que conseguía ser feliz con muy pocas cosas. Todos de alguna manera vivíamos un poco así, imitando cosas, las que no podíamos tener. Siempre recuerdo a mi madre, que también le echaba imaginación, la pobre. Como mujer andaluza sin muchos medios, se pasaba la vida cambiando los cuatro muebles de sitio. Hoy la cama aquí, mañana el mueble que servía para todo, cambiaba de esquina. Allí el lavabo con la palangana desportillada. A mi madre eso de cambiar la casa le daba en cualquier momento. Y como lo pensaba lo hacía. Era rápida: se quedaba mirando y de pronto empezaba a mover cosas de un sitio para otro. Así se pasó media vida, me imagino yo que para soñar también.

Quizá se imaginaba que vivía en otra casa o ¡qué sé yo!, como nosotros no nos habíamos mudado nunca, el caso es que la idea era divertida.

Bueno, para todos menos para mi padre. Cuando el hombre regresaba del trabajo por la noche y entraba, siempre muy despacio para no despertarnos, a tientas, sin encender la luz, como donde estaba ahora el aparador, estaba el mueble en esquina y la mesa estaba cambiada de lugar... ¡el pobre se daba cada golpe! Mi madre cambiaba la casa entera de sitio, sin avisar a mi padre. Siempre lo hacía igual y a él siempre le pasaba lo mismo. ¡Y eso que mi madre decía que cambiar los muebles daba buena suerte! No sería a él. Muchas noches en aquella habitación, al otro lado de la cortina, me costaba aún más trabajo que el de costumbre dormirme porque no podía dejar de pensar en el trastazo que iba a meterse mi pobre padre cuando llegara.

Lo de cantar seguía dentro de mi alma. En el obrador de La Campana no era yo la única niña que quería ser artista; en Sevilla todas las niñas cantábamos. Eso es lo que pasa con las criaturas de esta tierra, que en cuanto tienen unos meses, lo primero que hacemos las madres es juntarles las manitas para que den palmas.

Una de ellas se llamaba Loli; también le gustaba mucho el cante y la verdad es que lo hacía muy bien. Entre las dos inundábamos el obrador de coplas, siempre estábamos dispuestas a cantar. En la pastelería había también otra niña que cantaba con nosotras, pero en su caso iba a una academia. Tanto para la otra niña como para mí eso de las academias era algo impensable; yo nunca he ido a aprender a ninguna ni de baile, ni de cante, ni de *na*. Como todas las cosas de mi vida, las he aprendido viviendo. A ella la recuerdo llena de orgullo cuando nos decía:

—He decidido ser artista.

Reconozco que a mí también me hubiera gustado ir a aquella academia, porque yo también quería ser artista. Pero ni en casa podían permitirse el lujo de pagármela ni yo tenía tiempo. Tenía tiempo, pero para trabajar y ganar unos difíciles reales, de verdad; aquello era solo el sueño de una niña que envolvía polvorones en un obrador y tenía la radio como academia. Allí escuchaba a los grandes y de allí sacaba las letras de las canciones que iba apuntando para después cantarlas hasta desgastarlas. Alguna tarde cuando estaba en casa, escuchábamos un programa que se llamaba *Amores imposibles*. Solo, por el nombre, ya quería escucharlo. Mi madre solía escuchar otro que se llamaba *Club fémina* que tenía consultorio, consejos para la mujer. Aquel fue el año que se estrenó en España *Con faldas y a lo loco*, aunque al cine que yo iba no llegó hasta bastante más tarde. Aquel año vimos *Lawrence de Arabia*, que se había rodado en Sevilla, locos estábamos todos con aquello, y *Cowboy*, en la que salía Glenn Ford.

El cine los domingos, la radio todo los días y los tebeos una vez a la semana, más los que cambiábamos con los niños de la pandilla, forman parte de un trozo muy grande de mi vida. Cada semana esperaba con ilusión comprarme *El Capitán Trueno* en un quiosco muy cercano a La Campana. Solía leerlo varias veces y miraba con tanto detenimiento los dibujos que casi conseguía meterme en ellos. Entonces me costaba muy poco creerme que era la novia del héroe, Sigrid. ¡Menuda imaginación! En aquella época recuerdo que también estaban los tebeos de *Roberto Alcázar y Pedrín*, aunque a mí no eran los que más me gustaban.

A veces he pensado cómo hubiera sobrevivido siendo tan chica a tanta penuria sin la fantasía, sin la imaginación. Había que echarle mucha en esa época para intentar ver la vida de color de rosa. Entonces, al menos esa es la sensación que a mí me ha quedado, todo era del mismo color, gris. Por eso me imagino que me gustaban tanto los cuentos de hadas, porque allí todo estaba lleno de colores, era bonito, todo salía bien.

Como para mí, los tebeos eran el gran entretenimiento de

los niños de mi época. Entonces no había gran cosa dedicada a la infancia, que tenía mucho menos importancia que ahora. Si acaso, los programas infantiles de la radio. De los que, la verdad, no recuerdo ninguno en especial. A mí me gustaba más escuchar a un locutor muy famoso, Soler Serrano, que todos los días antes de comer hacía un programa que se llamaba *El gran show de las 2*.

Tiempos aquellos de pan con azúcar, pan con aceite o pan con lo que hubiera. Recuerdo cómo mi madre convertía el jabón que hacía mi padre, en el que yo seguía grabando números y cabezas de lagarto, en comida, en vida. No me acuerdo bien de cómo lo hacía; lo que si sé es que ella lo transformaba en garbanzos, en harina, en mil cosas. Era una mujer imaginativa, yo creo que en aquellos tiempos la gente era, por regla general, más ingeniosa que ahora. La verdad es que las circunstancias obligaban. Ya se sabe que «el hambre agudiza el ingenio». Y mi madre, desde luego, tenía las dos cosas: ingenio y hambre. Tenía María de los Civiles una dureza difícil de encontrar en las mujeres de la época. Lo tenía como persona, como mujer, y desde luego, también como madre.

Cuando terminé en La Campana, y ya que lo de ser secretaria parecía que tampoco estaba hecho para mí, busqué trabajo pero ya de camarera. Con la experiencia en el obrador era fácil conseguir trabajo. Una tarde me dijeron que en la cafetería Katunanbo, la más selecta de la época en Sevilla, estaban buscando a una chica para sustituir a otra que se había puesto enferma. Fuimos para allá y perfecto.

—Bueno, pues que venga la niña mañana. —Había un encargado, la camarera y otra camarera de turno por la tarde. Yo tenía que hacer el primero.

—Aquí tienes el uniforme. Mañana, a las siete de la mañana.

—Aquí estaré.

Con tan mala suerte que aquella noche me dio un cólico que me puso a morir. ¡Vaya noche! A las seis de la mañana sonó el despertador; me puse mi uniforme de camarera, celeste con un mandilito de color blanco. Casi arrastrándome salí a la calle. Llegué con muy mala cara y lo primero que hice fue irme al lavabo. ¡Todo el día me tiré sentada en el váter! Me despidieron el mismo día que entré. Cagué más que un pollo en un canasto y, claro, fue debut, homenaje y despedida, a la calle el mismo día que entré. Estaba claro que yo tampoco iba para camarera así que, mientras salía otra cosa, seguí limpiando los pisos de la vecindad.

5

El viaje de mi vida

Unos meses después de aquel desastre en la cafetería, caminando por la calle vi un letrero muy grande que decía: «Se necesitan chicas para Barcelona». Yo, al menos que recordara, no había visto antes ninguno como ese. Rápidamente pensé que se trataba de alguna agencia de colocación de artistas que necesitaban gente para esa ciudad y como yo había oído hablar que había sitios así, me pareció que era una buena oportunidad. Además, sentía que ya iba siendo hora de empezar, que ya había soñado suficiente. Sin pensarlo mucho, me planté en la agencia después, eso sí, de haberme aprendido todas las canciones que estaban de moda. Cuatro días me pasé pegada a la radio tomando nota de las letras de las canciones para aprendérmelas bien antes de ir a la cita. Me preparé a conciencia, no paraba. Llegó el día y lo que pasó fue que la agencia no era de artistas, así que de poco me sirvieron todos los ensayos. La agencia no era para cantar, sino para servir. Se trataba de un sitio donde te mandaban a trabajar a cualquier lugar de España donde, eso sí, pagaban mejor que en Sevilla.

Quince años tenía cuando empujé aquella puerta que me llevó a mil doscientos kilómetros de todo lo que conocía. Era el mes de septiembre de 1965.

Me ofrecieron trabajar, tal y como decía el cartel, en Barcelona. Me explicaron que se trataba de una buena casa y que

contrato era para empezar a trabajar enseguida. Como muy rde tenía que coger el tren en cinco días. Aunque no era lo ue pensaba, acepté y me marché rápidamente a mi casa para ontarlo. Mis padres, lógicamente, encantados. En aquel momento, mi padre estaba enfermo en la cama y con lo que ganaba mi madre no había suficiente para cinco bocas. Entonces mis hermanos eran aún muy pequeños. Mi madre iba a limpiar a casa de una señora cuyo marido era carnicero, y aparte de ganar los duros de la época, se llevaba la comida que había quedado en la olla: lentejas, judías, lo que fuera, eso sí, con su pringue. Esos días comíamos de lujo. Pero eran los menos. Mi madre se las veía y se las deseaba para sacar la casa adelante, así que ante mi noticia, no pusieron ningún obstáculo y si estaban algo intranquilos por dejarme ir siendo aún tan pequeña, un amigo de la familia, que casualmente vino de Barcelona aquellos días, le dijo a mi madre:

—Ten en cuenta que tu hija va estar en una casa trabajando y no hay peligro. Otra cosa es que la muchacha, con los sueños que tiene, se marchara de artista. Pero, convéncete, para servir todos los suelos son lo mismo, mejor allí, mujer, que le dan más dinero que aquí.

Aquella misma noche se decidió que yo me marchaba. Antes de acostarme le pedí a mi madre que me buscara una maleta para empezar a preparar las cuatro cosas que tenía, pero al parecer nosotros no teníamos… Al final no recuerdo de dónde sacamos una a la que se le habían roto los cierres. Tuve que llevarla todo el viaje atada con una guita, vamos, con una cuerda.

Ya tenía maleta. Empecé a hacerla con lo justo, o sea, con nada. Coloqué mil veces en ella las mismas cosas que me llevaba para emprender el viaje de mi vida. En mis sueños ese viaje hubiera sido de otra manera… Allí me estarían esperando los productores de algún espectáculo para ofrecerme un contrato que me haría millonaria. Y me esperaría la gente, el público, igual que había visto en las películas. Pero de mo-

mento no era así; ni siquiera me iba de artista, pero a mí no me quitaba nadie de la cabeza que una vez en Barcelona alguna puerta se abriría. Aquellos días pasaron muy rápidos y cuando me quise dar cuenta ya estaba camino de la estación.

Allí fueron todos: la familia y la casa de vecinos. En esa época íbamos todos a despedir a quien se iba. Todos juntos a ver al emigrante. Íbamos en fila india mientras recorríamos el corto camino a la estación. Total, era cruzar el puente, nada más. Es curioso cómo son las cosas, en Triana se dice: «Vamos a Sevilla», y en Sevilla se dice: «Vamos a Triana», y lo único que hay que hacer es cruzar un puente.

Subí al tren con paso decidido. Busqué mi sitio, que estaba al final de aquel tren larguísimo, en los vagones de tercera clase, coloqué la pequeña maleta y me senté. En el compartimiento había una mujer con dos niños que estampaban la nariz contra el cristal de la ventana, un señor de unos cincuentaitantos, que ya estaba medio dormido y no recuerdo si había alguien más. Después sí, después entraron un matrimonio muy mayor. Cuando miré por la ventana, vi, muy cerca, la imagen de mis padres. Los dos muy tiesos, como caminaban siempre. Uno al lado de otro pero sin tocarse. Los dos juntos pero sin decir ni una sola palabra. De pronto, sentí que el tren se ponía en marcha. Empecé a moverme en el asiento, estaba nerviosa porque quería que aquello arrancara de una vez, los minutos en la estación se estaban haciendo muy largos. Para mí, en aquel momento, ir a Barcelona era como marcharme al fin del mundo y aunque era yo la que lo había decidido y no tenía ningún miedo, era la primera vez que me separaba de mis padres y adonde iba no solamente no tenía familia, sino que no conocía ni a una sola persona.

El tren, por fin, salió de la estación. La imagen congelada de mis padres, creo que no hicieron ni un gesto durante todo el tiempo que estuve mirándoles por la ventanilla, empezó a quedar atrás. Por delante, el campo de Sevilla, camino de Carmona, todo eran fincas y campo abierto, ni una sola edificación. Era como surcar un inmenso mar de tierra.

Todo empezaba a quedar atrás; el patio de vecinos, las cadenetas, mi amiga Angelita, la pandilla del siete de oros... muchas cosas. No podía dejar de pensar en Triana porque era la protagonista de todo lo que estaba dejando. Atrás quedaba una etapa hermosa y dura de mi vida en mi barrio de Triana. Lejos quedaba ya el plan Marshall, porque yo fui un producto de aquel plan americano. Una niña criada con aquella leche en polvo que mandaban desde tan lejos y con aquella mantequilla salada tan amarilla.

Atrás quedaban los boquerones que iluminaban la alcoba, el brasero con sus cabrillas y la Sevilla de los cascotes, aquellos platos de arroz, alubias o garbanzos con una brizna de chorizo. Todo pasaba por mi cabeza como una película. Era como un juego: el tren avanzaba y yo sentía que todo, al menos todo lo que yo conocía, se iba quedando en la distancia. Recordé aquellos días únicos de la Semana Santa, tan importantes o más que los de la Navidad. Para nosotros la Semana Santa estaba por encima de la Navidad, la celebrábamos más porque en ella podíamos participar todos, ya fuéramos de clase humilde o alta, daba igual. Para la Navidad siempre había cosas que comprar, costaban dinero y eso era un gasto importante para una familia como la mía. Pero en cambio, la Semana Santa era gratis, como las cosas grandes de la vida. Además, mi casa era un lugar privilegiado para ver pasar la procesión. No necesitábamos movernos, ni dar un paso. Cada año veía cómo la gente iba llegando a mi trozo de calle y se iba uniendo a la de otros trozos de calle hasta llegar a hacer un pasillo al Hijo y a su Madre. Justo por delante de la puerta de mi casa pasaba la procesión y encima no te cobraban nada.

«Cuántas cosas vividas», pensé.

De pronto, no sé si fue por el hambre que empezaba a tener, me acordé de los lustrosos platos de gato que preparaba mi madre; lo llamaban el conejo de los pobres; a su olla fueron a parar un buen número de gatos de los descampados de Triana.

Salía a comerme el mundo, pero con el estómago vacío y sin una peseta en el bolsillo. Tanto recuerdo, tanta emoción, y sobre todo tanto tiempo sin comer me estaban mareando y hasta llegar a Barcelona aún faltaban muchas horas. Tenía hambre y estaba dispuesta a conseguir al menos un bocadillo de lo que fuera. Sin pensarlo mucho me levanté y empecé a caminar por el pasillo en dirección a un compartimiento donde había una cafetería.

Cuando llegué, me quedé mirando al primer camarero que encontré y le dije:

—¿Les interesa una animadora para el trayecto?

La contestación fue una cara rarísima con la que no me conformé. No había sido fácil llegar hasta allí. Había tenido que atravesar desde mi vagón de tercera, más de medio convoy, con aquel continuo vaivén que me hacía perder el equilibrio. Yo estaba decidida a comer y como nunca en la vida me he sentido disminuida ante el hecho de la supervivencia, insistí hasta que al final no tuvieron más remedio que contestarme:

—¿Una animadora? —me preguntó el camarero como si empezara a comprender.

—Pues sí, porque quiero cantar, saben ustedes, yo soy artista. —Luego, en voz más baja, añadí—: Y resulta que, además, tengo hambre y hasta Barcelona falta mucho. Yo canto y ustedes me dan un bocadillo con cualquier cosa.

—¡Vale!

Canté y recibí un bocadillo que me supo a gloria bendita.

«El rápido», así se llamaba aquel tren que me llevaba de Sevilla a Barcelona en veinticuatro horas que duraba el viaje. Un día entero a través de medio mundo. Qué largo era aquello y, sobre todo, qué lento. Iba parando en todas y cada una de las estaciones; más de media España vi yo en aquel viaje. ¡Cuánta vida por delante!

El tren, que no llegaba nunca, por fin entró en la estación de Barcelona, en la de Francia. Allí estaba esperándome uno de los hijos de la familia en la que iba a trabajar. Se llamaba Luis. Fue él quien me encontró entre toda aquella gente que se bajaba como yo en busca de un futuro mejor.

—¿María?

—Sí —contesté mientras intentaba colocar bien la cuerda de la maleta.

Enseguida se ofreció a llevármela, me dio un poco de conversación y nos subimos a un coche que había aparcado muy cerca. Durante el trayecto, no dejé de mirar por la ventanilla del coche como quien está haciendo un gran descubrimiento, pero, quizá por la intensidad de aquel momento, a pesar de mi atención no conseguí retener ninguna imagen de la ciudad que acababa de pisar. En realidad, Barcelona la conocí tres meses más tarde. Iba sentada, con la espalda muy recta y la mano metida en el bolsillo de la chaqueta; allí dentro estaba el contrato que me aseguraba dos mil quinientas pesetas al mes, una fortuna para mí. Desde que había salido de mi tierra lo había leído al menos tres o cuatro veces; ahí estaba la garantía del viaje. Cuando llegamos a la casa salió a recibirme la señora; sin soltar la maleta, le entregué el sobre del bolsillo, llevaba puesta, no lo olvidaré, una faldita escocesa y el suéter de los días de fiesta.

La calle donde estaba el piso en el que tenía que trabajar era la de Alfonso XII, una avenida grande por la que apenas pasaban coches. A mí, más que una calle, me pareció una carretera. Después de enseñarme la habitación en la que dormiría, y era la primera vez en mi vida que tenía un lugar para dormir yo sola, me dio un uniforme de color blanco. ¡Menos mal! Me vino estupendamente porque, si no, a ver cómo me las iba yo a arreglar con los cuatro trapos que llevaba. Empecé a trabajar a la mañana siguiente. Me levantaba a las seis de la mañana y me ponía a preparar los desayunos para cuando se levantaran. Tuve suerte, aquella era una buena casa con gente maravillosa. La señora era muy cariñosa y el resto de la familia también me trataba con mucha ternura; aunque no estuve mucho tiempo, la verdad es que nos tomamos mucho cariño. Muchos años después, Ricardo, uno de los hijos de aquella familia, vino a aplaudirme en mi debut como artista en Florida Park, de Madrid. Parece que le estoy viendo al llegar al camerino:

—Soy Ricardo, ¿te acuerdas de mí, María?

Claro que me acordaba; él era parte del principio. En realidad todo comenzo allí.

Allí también se escuchaba la radio, en eso no era muy diferente de mi casa de Sevilla. En el resto, no tenía nada que ver. En aquel año 1965 y en aquella casa que a mí me parecía un palacio (comparada con la mía cualquier casa lo era) sonaba Alady en un programa que se emitía por la mañana, no recuerdo exactamente a qué hora, pero que tenía mucho éxito. Yo lo escuchaba de fondo, mientras iba recogiendo la cocina, cuando todos se habían ido después de desayunar. Allí me fumé el primer cigarrillo de mi vida. Me lo fumé en el cuarto de baño y me faltó poco para romperme la cabeza contra la bañera porque me tragué el humo a escondidas y me dio un mareo colosal. A pesar de eso, desde entonces no he dejado de fumar.

Un muchacho de Sevilla, Rafael, tenía no sé qué problema en los ojos y le dijeron que tenía que ir a Barraquer, a Barcelona. Mi madre cuando se enteró de que el chaval de la joyería Chico venía a Barcelona, le dio el número de teléfono de la casa en la que trabajaba.

—¿Cuándo tienes un día libre, María?

—Los sábados y los domingos, hijo.

—Pues si quieres vamos al cine este fin de semana.

Así lo hicimos. Lo pasamos estupendamente, sobre todo yo, que llevaba ya tres meses lejos de mi tierra; él me traía el recuerdo de los míos. Además no había pisado la calle en ese tiempo más que para hacer la compra o algún recado que me mandaba la señora. A mí me hubiera gustado mucho más ir al teatro, como aquella vez con mi padre, solo que no va a ver *Ama Rosa* sino *Historias del Paralelo*, una obra que estaba en cartel y en la que trabajaba Mary Santpere, que a mí me divertía mucho. Pero claro, no estaba a nuestro alcance. Salimos creo que unas cuantas veces antes de la decisiva, de la que realmente significó el comienzo de toda mi vida. Rafael me llevó una tarde a la calle Conde del Asalto. Una calle muy típica de Barcelona, en la que en aquel entonces estaba todo el artisteo. Entre las Ramblas y el Paralelo, aquella era como una arteria de arte de la ciudad: zapateaos, música y un montón de locales de espectáculos. Allí, junto a otras pensiones, estaba la de la Tina en un primer piso, sobre un cine pequeño. Aquella era una pensión de mariquitas, donde cantaba todo el mundo. A la media hora de estar allí, me atreví a cantar una copla. Cuando me escucharon me dijeron:

—¿Cómo vas a seguir limpiando con ese arte que tienes?

Uno me regaló una flor, otro una falda, otro unos zapatos, unos pendientes. ¡Qué sé yo! Lo que sé es que al día siguiente me despedí de la casa en la que trabajaba y por la noche estaba cantando en una taberna flamenca.

Aunque eso era lo que quería, lo que esperaba de aquel viaje a Barcelona, me costó trabajo despedirme de la señora de la casa. Recuerdo que lo sintió sinceramente.

—¿Cómo es que te vas, María?

—Pues porque quiero ser cantante, señora, y me han conseguido un contrato en un tablao.

—¿Ya sabes lo que haces, niña? Mira que tú eres muy jovencita para andar trabajando de noche.

—Sí señora, no se preocupe, sé lo que hago. Lo que he deseado toda mi vida.

Cogí mi maleta, la até con la misma cuerda que traía de Sevilla y para la pensión.

El Villa Rosa es el tablao donde están mis raíces y una de las páginas más bonitas de mis recuerdos. Estaba en el Arco del Teatro. Allí llegué con los dos trajes de flamenca que me habían regalado, uno de volantes de colorines que ahora no recuerdo de quién era; el otro era una falda roja con lunares grandes y negros que me regaló Lupe, una chica de la pensión y buena pareja de baile. Yo entonces me llamaba solo María, ganaba cien pesetas por noche y un duro por cada vaso de manzanilla que me tomaba en las mesas.

La que mandaba allí era La Chica, una buena bailaora de la que aprendí mucho; como de las demás compañeras de aquel año imborrable. Aquel lugar y el arte de su gente fueron mi primera escuela, primera y única. Allí aprendí a cantar con el ritmo de la guitarra, siempre recordaré a un guitarrista que teníamos; él iba por su sitio y yo por el mío, hasta que yo pegaba un taconazo en el suelo y decía con mi voz sevillanísima:

—¡Ea, maestro! O se para usted o me callo yo.

Con dieciséis años yo ya tenía mi primer disco de Chavela Vargas; era aquel en el que cantaba «Ponme la mano aquí, macorina»; tenía mucha admiracion hacia ella. Ya entonces me sentía identificada con la forma no solo de cantar sino de contar que tenía aquella mujer. Yo, en aquel momento, quería ser Chavela Vargas, como de pequeña había querido ser Marifé de Triana.

En el Villa Rosa, aunque no solía estar mal de público, el chaval que estaba de portero se había inventado un sistema que nunca fallaba. Si algún día la cosa estaba floja, en cuanto veía pasar a alguien por la acera, como quien va de paso, él silbaba y, abajo, en el tablao, nos poníamos a cantar, a bailar, a dar palmas, a «jalear» para que el que estaba en la calle oyera fiesta y alegría. No fallaba, enseguida entraban clientes. Era como un juego al que no me costaba ningún trabajo prestarme. Todo aquello era un continuo descubrimiento para mí. Cuando pasé a la calle Conde del Asalto, al Arco del Triunfo y a esas Ramblas maravillosas, fue cuando descubrí Barcelona. Ahí es donde realmente yo vi la ciudad.

Recuerdo todo, desde el pan con tomate, hasta los caracoles. Las Ramblas son mágicas. Me lo parecían entonces y me lo parecen ahora. Las recuerdo, sobre todo, de noche. Yo las vivía cuando terminaba de trabajar y me iba con los flamencos a comer un bocadillo con una cervecita. Eso era de lujo, qué momentos… Allí nos encontrábamos con la gente de otros tablaos y de los cabarets, que iban a tomar algo después del pase. Muchas noches veíamos amanecer entre risas y, en la mayoría de las ocasiones, con juerga flamenca. Antes de irme a la pensión, pasaba por uno de los quioscos de la Rambla para comprarme un tebeo con el que entretenerme hasta que me entrara el sueño; me encantaban las historietas de Rompetechos y el botones Sacarino. Aún me siguen gustando. Cuando cae alguno en mis manos, me vuelvo loca. Me encantan.

La nota amarga de aquel año glorioso llegó a los tres meses y medio. Aquellas eran las primeras Navidades que pasaba fuera de mi casa. Mi madre no solía llamarme más que cuando el giro no llegaba a su hora; entonces sí. Había llamada solo cuando me retrasaba porque no había llegado a tiempo para poner el giro, o porque en Barcelona coincidía que era fiesta o cualquier cosa. Se ve que aquellas semanas no hubo retraso porque no hubo llamada.

De repente, me sentí muy sola; me entró una tristeza terrible en el cuerpo, al verme tan lejos y sin familia y no se me ocurrió otra cosa que coger una botella de ginebra que había en la cocina de la pensión y bebérmela a morro, de un trago, como si fuera agua. Lloré, pataleé, me *jarté* de echar lágrimas. Entonces aprendí que no se pueden ahogar las penas, porque como dice la copla, «las penas saben nadar».

A pesar de todo, aquellos días los recuerdo como algo maravilloso, y no era para menos. Vivía como podía, pero vivía del arte, y en el armario tenía tres faldas, dos vestidos, y una blusa de seda, unos zapatos de tacón, y hasta un reloj de cuarenta duros. Con aquello yo me sentía millonaria.

Un día, una de las compañeras de la pensión me dijo:

—Niña, que el cartero te ha traído una carta.

—¿Una carta? ¿Para mí? ¿De dónde?

—Viene de Sevilla.

De pronto un frío me recorrió todo el cuerpo, cogí el sobre y dije en voz alta:

—Mi abuela Araceli se ha muerto.

Efectivamente, mi padre me escribía diciéndome que su madre había muerto. No es la única vez que me ha pasado en mi vida. Mucho tiempo después me he dado cuenta de que soy capaz de presentir la muerte. En ese escalofrío que avisa, siempre se nota la temperatura de la muerte. ¡Ojalá me hubiera equivocado!

Yo nunca he sido una mujer de escribir cartas, al menos no entonces.

Pero aquel día me senté en el comedor de aquella pensión y sobre la mesa camilla en la que cenábamos todas las noches le escribí una larga carta a mi padre. Sabía que si en mi casa alguien sufría con mi ausencia era él. No solamente porque me quería a rabiar y no verme en tanto tiempo le causaba tristeza, sino porque yo era exactamente lo que él había odiado toda su vida, era artista como las gitanas. Y aunque él y mi madre habían ayudado mucho a una prima mía, Isabel, para que lo fuera, conmigo era otra cosa. No sé qué soñaba para mí, pero desde luego nuestros sueños no coincidieron. Y claro, con esa forma de pensar el hombre lo pasaba mal. Sabiendo lo triste que estaría con la muerte de su madre le prometí que volvería pronto, que yo también tenía ganas de bajar a Sevilla, llevaba ya casi un año fuera de mi casa. La cerré y la llevé al buzón de correos con la emoción del que sabe que es embajador de alegrías, y yo lo era para mi padre.

Aquel año de Barcelona fue algo inolvidable; un momento de mi vida al que regresaría con los ojos cerrados. Tiempos de juventud, de ilusión, de trabajo, de esfuerzo, pero también de diversión, ¡mucha! Tanta que se me han olvidado las noches que devoré con su luna y sus estrellas.

Llegué a Barcelona en septiembre y regresé a Sevilla casi un año después, por Santiago y Santa Ana, en julio.

6

El Duende

Llegué a Sevilla con mi trajecito de chaqueta y unos zapatos de piel de avestruz con el bolso a juego, que era una gloria. Así vestida, tan diferente a como me fui, me sentía alguien especial. Lo que sentía al llegar nuevamente mi tierra es que era una estrella. Nada más llegar a Sevilla, en la estación, se me acercó un muchacho muy amable, me hizo un gesto como diciéndome si le dejaba llevarme la maleta; no sé, en ese momento me sentí una estrella, alguien importante, y con una sonrisa que no me cabía en la cara le dije que sí, pensando ¡qué sé yo!, que quizá me había reconocido, que a lo mejor había oído hablar de mí. Caminamos uno al lado del otro en dirección a mi casa. Casi al llegar, antes de bajar las escalinatas, delante de la Virgen del Carmen, me paré en seco y le dije:

—Niño, dame las maletas, no vaya ser que mi padre te vea y piense que me he echado novio: te advierto que te puede matar.

Sin mirar siquiera la cara que ponía, le planté un beso en cada mejilla, cogí la maleta y me marché. Después, con el tiempo, me he dado cuenta, de que no se trataba de ningún admirador, ni que el chico cayera rendido a mis pies nada más verme bajar del tren. La cosa no era otra que aquel muchacho era uno de los mozos de la estación. Y lo que el chaval pretendía de mí no eran dos besos, sino la propina sin la que se quedó… ¡Qué vergüenza! Hay que ver lo que es la inocencia…

De allí a mi casa, un paso. Recuerdo que se me aceleraba el corazón por minutos, según iba recorriendo los pocos metros que quedaban para llegar a la casa de vecinos.

Cuando llegué a mi casa después de casi un año, me vino como un no sé qué por el cuerpo. Supongo que fue cosa del recuerdo, en el que todo estaba tan lejos y a la vez tan cerca. Volvía a la alcoba-comedor en la que había vivido toda mi vida, con sus desconchaduras en las paredes, las ratas correteando en el tejado y los boquerones en la fresquera iluminando la noche. Allí seguía estando la cortina de plástico separando las camas de la cocina. En Sevilla, en mi casa, todo seguía igual, como si nunca hubiera cogido ese tren. En el Villa Rosa había ganado tres mil pesetas al mes más lo que sacaba en las mesas. Con esas propinas me había pagado la pensión, el bocadillo, y algún día de cine. De las tres mil pesetas de sueldo, mil quinientas las mandaba a mi madre por giro postal y las otras mil quinientas para ropa, para ir tirando y para ahorrar algo. Con aquel dinero que había conseguido apartar, lo primero que hice fue comprarle a mi madre una nevera y una cocina de cuatro fuegos con su botella de butano; siete mil pesetas me costó todo. A mí me parecía que con aquello en casa dejábamos de ser pobres. Tener una nevera era entonces un símbolo de confort: la nevera era lo superior, lo que estaba por encima de las fresqueras, que es lo que había en aquellos tiempos en las casas humildes. La cocina sustituía a aquella otra de petróleo, la que había visto casi toda mi vida. Antes era de carbón.

Ya estaba en Sevilla, con mi familia. Los primeros días disfruté mucho de todo, pero pronto empecé a darme cuenta de que tenía ganas de echarme nuevamente al camino, pero esta vez no a Barcelona con un contrato para fregar. Ahora donde tocaba ir era a Madrid para cantar; estaba segura de que allí yo tenía mucha tela que cortar. Esperé a Navidad para pasar las fiestas con mi familia. Aún estaba presente el recuerdo de las anteriores y no quería pasar por lo mismo. A mí aquello de estar tan sola en esas fiestas me daba mucha tristeza, así que esperé a enero y después hice nuevamente la misma maleta de piel de cordero que me había traído de Barcelona.

Decidida a triunfar de verdad, sin contrato, con lo puesto y sin una peseta, me planté en Madrid. Llegué a la estación de Atocha sobre el mediodía, con una ilusión tan grande que me estallaba en el pecho. ¡Cuánta ilusión! ¡Cuántas ganas en aquel cuerpecito de menos de cincuenta kilos! Me fui a la pensión, dejé la maleta y lo primero que hice fue ir a ver a Isabel, la prima a la que mis padres habían ayudado a ser artista y que ya llevaba tiempo trabajando en la capital. Tenía la dirección del cabaret en el que trabajaba cada noche y allí me planté.

—Ea, aquí me tienes, prima, artista como tú.

La pobre puso unos ojos enormes, grandiosos. Ya tenía ella suficiente, como para que viniera su prima pequeña.

—Pero es que yo no te puedo echar una mano, prima. Esto del arte es más difícil de lo que te puedas imaginar. Piénsalo bien, porque esto es muy duro.

—No me importa. Yo quiero seguir intentándolo y por mí no te preocupes, que ya me las apaño como pueda.

—Pero es que tú eres una niña, María, hija. Ni siquiera tienes la edad para que te den el carnet y te dejen trabajar en el cabaret.

—Ya me las arreglaré, prima, yo sé lo que quiero.

Y ya lo creo que sabía lo que quería. Eso al final es lo único importante: saber lo que se quiere, tener una meta, y yo la tenía.

Al día siguiente y sin pensarlo dos veces me eché a la zona de la plaza del Callao, en Madrid. Me habían dicho que allí encontraría muchos locales de espectáculo, y que seguro que en alguno de ellos conseguiría quedarme. Me pasé la tarde y una buena parte de la noche empujando las puertas de todas las salas y cabarets del distrito. No se puede decir que tuviera mucha suerte, cuando ya rendida decidí marcharme a la pensión con las manos vacías me encontré con la última puerta que tuve fuerzas de empujar. Estaba en la calle Silva, una pequeña que da a la Gran Vía; era mi última oportunidad del día y más valía que no me pasara como en los otros sitios. A Madrid, como en su momento a Barcelona, había llegado para comerme el mundo pero sin una peseta en el bolsillo y la dueña de la pensión, lógicamente querría cobrar la habitación.

En aquel sitio todo fue muy rápido, la verdad es que no tuve que esforzarme mucho: pedí hablar con el dueño y salió una mujer alta y un poco gruesa. Simplemente me miró y sin que yo dijera una palabra, después de examinarme de arriba abajo, me dijo:

—Te contrato, niña. Tú, ¿qué haces?

—Yo canto. Me llamo María Jiménez.

—Te doy sesenta pesetas diarias y empiezas esta noche; en el segundo pase.

Me dolían hasta las pestañas, el día había sido muy duro, pero necesitaba aquel dinero y me daba miedo decirle que mejor empezaba al día siguiente, no fuera que me quedara sin el trabajo. La verdad es que aquel sitio no me gustó nada, pero ni quería ni podía ser una carga para mi prima ni un solo día y cobrar aquella misma noche me venía de perlas; justo en el momento en el que iba a decir que allí estaría aquella noche, sentí que alguien me ponía la mano en el hombro.

—¿Qué haces aquí, María?

Cuando me volví reconocí a un gitano catalán que había conocido en la noche de Barcelona.

—Voy a dar un pase de espectáculo a partir de esta noche. Hoy saldré en el segundo.

—Ni en el segundo, ni en el primero, María. Aquí, ni esta noche, ni nunca. ¿Tú sabes lo que es esto?

Pues no, la verdad es que saberlo, saberlo, no lo sabía del

todo, aunque con la necesidad que tenía de encontrar trabajo no me hubiera importado que aquel no fuera el sitio más recomendable para una chica de dieciséis años. Aquel era un lugar de alterne, pero las urgencias son las urgencias, aunque no fue necesario porque aquel conocido me sacó de allí en unos minutos.

Aquel gitano fue uno de los ángeles de paisano que han ido apareciendo en mi vida; gente que me toca el hombro justo en el momento en que más lo necesito. Él, con el tiempo, pensé que era un enviado de Dios; no, un enviado de su madre, la Virgen.

Cuando salimos del cabaret le dije la situación en la que me encontraba y la necesidad que tenía de conseguir trabajo. Mi ángel siguió trabajando aquella noche porque me llevó a uno de los sitios más bonitos del mundo, El Duende. Un tablao chiquitito y con mucho arte dentro, por donde ha pasado gente importantísima, tanto encima del escenario como fuera de él. Yo había oído hablar de aquel tablao. Era el lugar de la noche donde estaba lo mejor de la copla y el baile. El gitano catalán me presentó al dueño, Gitanillo de Triana:

—Te doy cincuenta duros por noche.

Acepté de inmediato, nos quedamos un rato para ver el espectáculo y al día siguiente comencé a trabajar.

Aquel buen hombre era un torero magnífico de mi barrio de Triana, un gitano extraordinario. A su familia también la conocí y me parecieron todos gente encantadora, pero él era una de esas personas especiales, llenas de energía, con una personalidad magnética… un hombre lleno de arte y de bondad. Qué lástima aquel día en el que la carretera se lo llevó para siempre. Yo lo sentí como si realmente fuera uno de mi familia porque siempre se portó conmigo de fábula.

Aquel era un sitio de categoría y las cuatro cosas que me había traído de Barcelona, casi todas regalos de los mariquitas de la pensión de la Tina, no me parecían apropiadas para un sitio así. Así que le dije a Gitanillo que me prestara siete mil quinientas pesetas para comprarme un traje de flamenca y unos zapatos y que me las fuera descontando cada semana del sueldo; me dio las siete mil quinientas pesetas y nunca me las descontó.

Me compré el traje al día siguiente por la tarde. Lo llevé al tablao, lo colgué y me quedé sentada en aquel camerino pequeño durante horas; aquello era mío y además era nuevo.

Así vestida me veía convertida en una artista de verdad. Así me sentía y así lo trasmitía cada noche en El Duende, con mi timidez pero con la fuerza del que sabe que está aprendiendo, que va hacia adelante. El tablao es mi base, mi escuela, mi recorrido por la vida, todo. Un tablao huele a pan tierno, a pan recién hecho, a quitarte el hambre, a muchas cosas. A sabiduría, a aprendizaje, a poder mirar a la gente a la cara sin rubor, te enseña a poder cantarle a una sola persona borracha y dormida. Allí, cada noche, nos encontrábamos de todo. Había un cliente que venía siempre borracho, se sentaba, hacía como que escuchaba y se quedaba dormido. Yo, que ya estaba preparada, me quitaba perlas del collar y se las iba tirando una a una, mientras seguía cantando y el público se reía. Fue una escuela maravillosa, donde encontré a gente estupenda.

A Gitanillo le gustaba mucho como artista, tenía verdadera fe en mí, pero como no había conseguido vencer mi timidez, a veces me provocaba para hacerme salir a cantar. Se había propuesto hacer de mí una artista de verdad y yo salía llena de rabia y, como dicen los gitanos, me partía el pecho y me rompía la camisa en el escenario. Me gustaba; al principio lo pasaba mal porque sentía las miradas clavadas en mí, las de mis compañeras y las del público. Pero ese mismo coraje era el que me hacía menos tímida, más fuerte; tanto que a veces, aunque seguía siendo físicamente diminuta, me sentía como un gigante en aquel mundo de gentes a los que yo veía tan grandes, artistas de verdad. Allí estaban Alejandro Vega y su pareja, Estrellita, Mary Campano y la Gañeta. Todos compañeros magníficos, estupendos que, supongo, me tratarían de aquella manera tan protectora por la diferencia de edad. Aunque yo ya contaba con mucho vivido, solo tenía dieciséis años. Por eso, porque era aún muy pequeña, eso de ponerme una silla por delante en el escenario era algo más que un recurso flamenco. La silla me servía para no venirme al suelo de cómo me temblaban las piernas cuando estaba allí; cuando sentía que iban a fallarme, yo me sujetaba bien a la silla. Como si apoyada en ella todo fuera posible.

En Madrid vivía realquilada en la casa de Mary Campano, mi compañera del tablao, con la que tenía una relación estupenda que aún hoy, tantos años después, mantengo. En El Duende, estuve lo justo, porque la verdad es que yo no me eternizaba en los sitios. Una vez más, mi trashumancia, mi vena gitana me hacía cambiar y cambiar de trabajo, de casa o de ciudad, ¡qué más daba! En aquellos días no estaba en un local más de tres meses. A mí me gustaba cambiar, me gustaba entonces y me gusta ahora, jugar, jugar, jugar. Yo me tomaba aquello con seriedad, pero no quería convertirme en una obrera del arte, el arte es otra cosa, no se puede repetir mil veces en el mismo sitio, el arte tiene que ir de aquí para allá, no puede ser prisionero de nada, ni siquiera de la seguridad de comer al día siguiente.

Tres meses estuve en El Duende, hasta la víspera de Santa Ana. Me fui a Sevilla para pasar aquel día con mi gente, era mi fiesta desde niña. La celebrábamos en la calle Betis, y en toda Triana. Aquella noche en medio de la fiesta me encontré con Manolito Rubio, un cantaor de flamenco con mucha gracia, que me vio nacer. Era un poco mayor que yo, no mucho, y siempre habíamos tenido una relación muy buena.

Se alegró mucho de encontrarme en la fiesta y me habló de un nuevo local que habían abierto en mi tierra.

—María, han abierto un tablao aquí en Sevilla… vamos a ir esta noche, que te lo voy a enseñar.

Cuando llegué allí, Manolito le dijo a alguien que yo cantaba. Se corrió la voz y al poco se me acercó el dueño para invitarme a subir al escenario. Lo hice y cuando bajé se acercaron a mí y me dijeron:

—¿Quieres trabajar aquí?

—Sí —contesté rápidamente. Aquello significaba para mí algo muy importante. Aunque ya se me podía considerar una artista, en mi tierra no había trabajado nunca. Lo que sabían era de oídas. Había estado en Barcelona y en Madrid, pero en la tierra que me vio nacer aún no había roto a cantar: lo haría allí.

—Muy bien —me contestó el dueño—. Tú vas a ser La Gitana Ye-Ye. Vestida así, como vienes esta noche, no hace falta que te vistas de flamenca.

Era la oportunidad de ser artista en mi tierra, aunque a mí eso de salir vestida de calle no me hizo mucha gracia al principio. Ahora que por fin tenía mi traje de flamenca y hasta los zapatos a juego, resultaba que no me hacía falta. Durante meses pidiendo prestado, cosiéndome lo que me dejaban y hasta bailando con zapatos que no eran de mi número y ahora tenía que pensar en qué ropa de calle me ponía. Suerte que ahora la tenía bastante más variada que cuando me marché a Barcelona. Entonces me salvó que me dieran un uniforme.

Aquel lugar se llamaba Los Gallos.

Los Gallos tomaba el nombre de un maravilloso cuadro de Viola pintado en la pared. Es como un teatro pequeñito en la plaza de Santa Cruz, en Sevilla. Por allí han pasado los mejores cantaores: Antonio Mairena, Chocolate, Lebrijano… todo lo más grande del flamenco; Chiquetete también ha pasado por allí y Lole (de Lole y Manuel) empezó allí cantando y bailando. La recuerdo con la manita metida en el bolsillo y comiendo pipas, parece que la estoy viendo. Era muy jovencita, catorce o quince años; Remedios Amaya estuvo allí con once. Los Gallos ha sido algo muy grande. Allí se han descubierto a los mejores artistas. No todos han triunfado, pero creo que la gran mayoría se lo merecían. Tanto en baile como en cante, era una buena cantera.

En la noche de Sevilla, en aquella época, dentro del mundo de los tablaos flamencos La Gitana Ye-Ye fue una revolución. Allí en Los Gallos, me cuidaron y me mimaron mucho; estaban encantados con el producto de aquellas noches. Estaba entre el público, un foco me buscaba y entonces yo subía al escenario. Era algo diferente que solo hacíamos allí. Pronto empecé a hacer bolos con el mismo cuadro flamenco del tablao por muchos pueblos y ferias de Andalucía. Eran viajes pesadísimos aunque a esa edad ni se sienten. El primero que hice fue un viaje a Málaga en una furgoneta que llamábamos «la Cochinilla». Era azul, tipo militar de aviación, y se nos rompió en mitad de la carretera, en Antequera. Tardamos como ocho o diez horas en hacer los doscientos catorce kilómetros que hay de Sevilla a Málaga. Ese fue mi primer viaje, al que siguieron muchos otros de calor y carretera, pero por encima de todo de ilusión.

Sevilla se iba convirtiendo nuevamente en mi mundo. Madrid quedaba lejos. Poco a poco comenzaron a llamarme para ir a festivales benéficos a los que siempre acudía y me hicieron las primeras entrevistas para la radio local. ¡Todo era un sueño y yo lo vivía así! Al menos así lo recuerdo. Me parecía que había pasado una eternidad desde que dejé la misma ciudad para irme a Barcelona a servir, pero solo habían pasado dos años, aunque a esa edad los años, aunque siguieran teniendo 365 días, tardaban mucho tiempo en pasar. Qué lejos quedaba entonces una Navidad de otra o un verano de otro, con qué lentitud pasaba el tiempo y las cosas...

Acababa de cumplir diecisiete años. En Sevilla no me faltaba el trabajo y, aunque allí no sobraba nada, pensé que ya era hora de tener una casa de verdad en la que cada uno tuviera su propia habitación. No quería que siguiéramos durmiendo todos juntos y pensé en algo increíble: pensé en comprar un piso.

Uno de los clientes que iba mucho por Los Gallos, José Utrera Molina, falangista, que fue ministro de la Vivienda y era en aquel momento gobernador civil de Sevilla, tenía fama de haber ayudado a muchos artistas flamencos de Sevilla. Les conseguía pisos de aquellos de protección oficial. Recuerdo que le gustaba escucharme cantar «Tres puñales de plata». Siempre me aplaudía mucho y, cuando podía, solía pedirme que le cantara alguna copla en especial. Una noche fue al tablao y cuando llegó el momento de mi actuación y no me vio, preguntó por mí y le dijeron que estaba en mi casa porque no me encontraba bien. Así que salió de Los Gallos en dirección a la calle Betis. Allí, en el Altozano, había un bar que ya no existe, que se llamaba bar Las Flores. Laureano, el dueño, vino a mi casa y le dijo a mi padre:

—Gabriel, que el gobernador de Sevilla está en el bar y quiere ver a tu hija.

Me fui con el mismo Laureano y cuando llegué al bar, el gobernador civil estaba en la barra bebiendo con sus acompañantes.

—María, ¿y tú qué vas a querer?

—Yo, señor gobernador, un piso.

Fui excesivamente directa, pero ni el gobernador ni los que estaban con él me lo tomaron en cuenta. Se echó a reír, aunque él no tenía más intención que invitarme a una Fanta. Pero claro, como yo sabía que estaba dando pisos dentro de Triana a muchos flamencos, pensé que esa era mi oportunidad. A él le gustaba muchísimo el flamenco y a nosotros nos salvó de la miseria. Al cabo de unos meses, estrenaba un piso de cuarenta y cinco metros cuadrados en el Polígono de San Pablo.

Lo conseguí. Supongo que la influencia del gobernador fue aún más decisiva que mi necesidad. Me dieron un piso chiquito, muy chiquito, pero que para mí, en aquellos tiempos, era un palacio. Era como una casita de muñecas, cuarenta y cinco metros cuadrados que a mí me parecían una inmensidad. Por fin tendría una habitación para mí sola, diecisiete años me había costado conseguirlo. El primer día que la vi casi me vuelvo loca. La miré mil veces, me asomé a las ventanas y con mi fantasía, aquella tarde la amueblé de mil maneras diferentes. Intentaba imaginarme la vida allí, sentía privacidad, distancia, aquello que nunca había tenido en mi infancia. Siete mil quinientas pesetas de entrada me costó el piso; después me pasé toda una mañana firmando letras en la tienda de los muebles.

Fue una época hermosa que me gusta recordar, un lugar al que he vuelto con la imaginación muchas veces en mi vida. ¡Vaya época más buena!, si hasta teníamos dos habitaciones en casa. Yo volvía con el alba cuando mi padre salía a trabajar, si es que había trabajo, claro; le daba un beso, a veces tomábamos juntos un vaso de leche manchado de café, hablábamos un poquito y después me acostaba. En los ojos de mi padre, durante aquellos ratos que compartíamos veía cosas diferentes, alegría por una parte, porque su hija estaba consiguiendo lo que llevaba muchos años soñando, y tristeza, porque yo sé que a él no le gustaba que llegara tan tarde. Además, cosa que a él le hizo poca gracia en aquellos días, se corrió la voz por Triana de que había una nueva estrella en el barrio.

Tenía diecisiete años y ya se sabe, lo normal, en esos años: hoy te enamoras, mañana te desenamoras. Lo lógico en una niña como yo, aunque me empeñara en parecer mayor, poca cosa. Nunca había sufrido con los novios, nunca, y ahora sé por qué: si hasta entonces no sufrí es porque nunca había estado enamorada. Les permitía que se acercaran pero nunca hasta mi corazón. Por alguna razón los chicos eran algo que no me preocupaba. Ponía pasión en lo que cantaba, en lo que decía, pero yo nunca lo había experimentado. Nunca había sentido lo que cantaba y así fue durante muchos años. En aquellos días quería mi libertad; eso era de lo que realmente estaba enamorada, no quería ser de nada ni de nadie.

Fue entonces cuando sin saberlo, como siempre suele ocurrir, empecé a jugar con fuego. Vivía la vida de la noche flamenca en Sevilla, tan grandiosa y tan hermosa, pero a veces tan difícil. Salía a tomar copas por ahí y disfrutaba de los inicios de una vida que cada vez me gustaba más.

En aquella época, siempre era la última en irme del local, nunca tenía prisa por marcharme a dormir. Ahora que lo pienso, entonces nunca tenía sueño, podía tirarme tres días y tres noches cantando de un sitio para otro y llevando el compás sin que la vida se me viniera abajo. Me gustaba saborear la vida entera de un trago, hasta el final. Era, y solo se ve con el paso del tiempo, una niña en medio de un mundo de cosas muy bellas, pero también muy peligrosas. Siempre rodeada de muchos hombres que me cortejaban, hombres que me ofrecían, hombres que me prometían, pero a ninguno creía, a ninguno amaba. Muchos hombres alrededor, pero ninguno en mi vida.

Las actuaciones de La Gitana Ye-Ye continuaron siendo un éxito en la noche de Sevilla. Poco a poco iba ampliando mi repertorio escuchando los viejos boleros de Olga Guillot, Chavela Vargas y Armando Manzanero, buscando entonces lo que ahora sigo buscando en las canciones, historias en las que pueda creer. Después, era cuestión de hacer con ellas lo que el flamenco había hecho desde siempre, meterlas en el compás y arrancarles toda la fuerza melódica que llevasen. Desde un principio le ponía tanto sentimiento que una noche, después de oírme cantar uno de esos boleros tremendos, se me acercó una señora cubana a la que vi muy conmovida y me preguntó:

—Oye, ¿tú tienes algún problema?

—¿Yo?, ¿por qué?

—Por lo que cantas.

—No son mis problemas.

—Pues lo parecen.

—Así tiene que ser —le contesté—, que lo parezcan aunque no lo sean.

Y es que siempre me he metido muy dentro de las canciones, de las historias; si no es así no me valen, si yo me las creo, no hay nada imposible, pero si no consiguen enamorarme, cogerme de cuajo, yo sé que no funcionarán. Así era entonces y así continúo siendo ahora. No necesito que me pasen las cosas que estoy cantando, no tengo por qué identificarme con la historia, aunque a lo largo de mi vida me ha pasado muchas veces. Antes y ahora lo verdaderamente necesario es enamorarme de la canción, nada más.

Estuve unos meses en Sevilla y aunque allí me iba muy bien, como yo creo que las cosas están escritas en la piel del destino y es Dios quien se encarga de escribirlas, en aquella ocasión el que me facilitó hacer las maletas fue José Antonio Pulpón, que entonces era mi representante. Bueno, el mío y el de media Sevilla. El caso es que me mandó a mí y a unas cuantas muchachas, entre las que se encontraba una muy buena amiga, Luisa Mendiola, con la que aún mantengo una magnífica relación, a Madrid. Nuevamente carretera y manta. Llegamos las dos, junto a otras chicas con la misma ilusión y deseos que los nuestros. Como siempre, lo primero que hicimos fue buscar una pensión y después, cuando dejamos todas las cosas en la habitación, nos arreglamos y por la noche fuimos a ver el espectáculo del lugar en el que íbamos a trabajar. Vimos el espectáculo sentadas en uno de los pequeños palcos tomando una cervecita. El tablao estaba en un rincón de la sala, que tenía todas las paredes llenas de mantones. Las muchachas del tablao estaban sentadas haciendo una especie de ele con los guitarristas, no lo olvidaré nunca porque a la noche siguiente debutábamos nosotras. Aquella fue una noche grandísima.

El Villa Rosa estaba y continúa estando en la plaza de Santa Ana de Madrid, muy cerca de unos antiguos almacenes que ya no existen, los Almacenes Simeón. Justo a su izquierda estaba Villa Rosa.

Durante el tiempo que estuve trabajando allí viví en una

pensión en la calle de San Bernardo, una que estaba encima de una cafetería que se llamaba La Concha. Un día, sobre las diez de la noche, bajé para tomar algo con unos compañeros antes de entrar al tablao y me pasó algo casi surrealista o surrealista del todo. Recuerdo que hacía mucho calor. Llevaba puesto un vestido estilo imperio corto, con tirantes. Fue salir del portal a la calle de San Bernardo y no había andado diez metros cuando me paró una mujer de unos treinta años, más bien guapa, pero como muy catequista, por lo que me dijo. ¡Menudo escándalo me formó!:

—¿Dónde vas vestida así? ¡Puta, que eres una puta!

¡Las cosas que me pudo decir…! Me quedé helada a pesar de estar en pleno mes de julio. Yo solo recuerdo que intentaba calmarla y le dije:

—Pero ¿qué te pasa? ¿Qué te pasa, chiquilla? ¿Qué te ocurre?

Ella no me hacía ni caso. Con una cara impresionante de loca no hacía otra cosa que insultarme y decirme barbaridades porque iba con un traje de tirantes en pleno verano. Así estaban las cosas en 1968, el año en el que me quedé embarazada.

Tenía diecisiete años cuando me quedé en estado. Bien sabe Dios que no quería quedarme, pero Él así lo tenía escrito y así fue.

Durante aquellos meses, ya estando embarazada pero sin saberlo, viajaba mucho de Madrid a Sevilla, por lo que mi familia me vio durante todo el embarazo sin enterarse hasta que yo se lo dije; bueno, yo no, porque no me atrevía. En ocasiones me he preguntado cómo es posible que mi madre no se enterara de nada. No entiendo cómo no se dio cuenta de que había vida dentro de su niña. No sé, a mí me parece que las madres, por el hecho de serlo, tenemos la facultad de ver en nuestros hijos cosas que el resto del mundo no puede ver. Además mi madre dormía en la cama de al lado cuando yo estuve viajando de Madrid a Sevilla. En mi tierra me enteré de mi estado, aunque durante muchos meses ni mi madre, ni mi familia, ni el público que me veía cada noche me lo notó, ni siquiera yo misma. Quizá tenía un poco más de pecho pero estaba tan flaca como siempre.

Solo Lola Flores con esa intuición que Dios le dio, fue capaz de ver más allá que los demás. Una noche estando en Los Gallos me dijo:

—¿Sabes que tú estás preñada, María?

—¿Qué dices, Lola? El caso es que hace meses que no me viene el período.

Ella fue la única que se dio cuenta. No olvidaré que yo llevaba puesto un traje como de marinerito de punto blanco. No me di cuenta porque al principio, en los primeros meses, como habitualmente tenía problemas y desarreglos, pues tampoco le daba importancia a lo que me estaba pasando. Solo pensaba que tenía más hambre de lo normal y que por eso me veía, si acaso, con un poco más de peso, pero muy poco.

Llegado este momento, no puedo evitar respirar profundo antes de seguir adelante, antes de seguir contando. Es algo que estoy convencida de que entenderá todo el mundo, pero muy especialmente las madres, que sabemos que el cordón umbilical con nuestros hijos no se corta en la vida, y yo puedo asegurar que ese cordón no se corta ni después de la muerte. Por eso es tan difícil para mí revivir los primeros recuerdos de mi hija Rocío.

Me enteré en Sevilla de que estaba embarazada. Solo sentí miedo y confusión. Recuerdo aquel día, cuando me dieron los resultados y me fui a mi casa. A aquella que me habían entregado hacía bien poco. Aunque hasta ese momento mi estado había pasado inadvertido hasta para mí misma, sin embargo, una vez que lo supe, una mirada de mi madre más intensa de lo normal o un gesto de mi padre, de esos que decían tantas cosas sin una sola palabra, me hacían temblar. Era como si continuamente, a lo largo de aquellos días, estuviera esperando que cualquiera de los dos me lo dijera. Pero no, no fue así;

aún me volví a marchar a Madrid sin que se enteraran de nada. Allí, unas compañeras de la noche me hablaron de un médico que hacía abortos. Por lo visto ya había ido alguna chica del tablao y había salido bien. Me consiguieron una cita para tres o cuatro días después. Era a las diez de la mañana y entre que no estaba acostumbrada a levantarme tan pronto y que la noche anterior me la pasé desde que llegué del tablao vomitando me levanté con la cara blanca, muy pálida. Me vinieron a buscar Mina, la cantante flamenca, y su hermano. Los dos me acompañaron a la clínica de aquel médico o lo que fuera.

Solo, al recordarlo, en estos momentos me corre un escalofrío por todo el cuerpo. Recuerdo, como si me estuviera pasando en este momento, el tacto frío de la trompetilla, escuchando la vida que desde hacía meses estaba creciendo dentro de mí. Muy delgada, como siempre, me recuerdo en aquella camilla, mientras el médico me reconocía, inmóvil, casi sin pestañear. Por mi cabeza pasaban tantas cosas que me parece que en aquel momento no pensaba en ninguna. De pronto recordé las palabras del hermano de Mina antes de entrar a aquella habitación:

—María, si tienes miedo, ten ese niño, que yo seré el padre.

Fue un ofrecimiento de corazón que a mí me dio la fuerza suficiente para dar un salto de aquella camilla en la que estaba tendida y gritando con todas las fuerzas que tenía dentro:

—¡No quiero hacerlo!

—Pero niña…

—¡No quiero! Quiero salir de aquí y dejar que nazca lo que tenga que nacer y cuando tenga que nacer.

Creo que nunca podré olvidar los ojos de aquel médico clavados en mí, mirándome despacio, con su trompetilla en la mano. Hubo un silencio que él rompió contestándome:

—Pues vete preparando todo lo necesario, porque puede nacer ya, criatura. Estás embarazada de siete meses.

No podía creer lo que estaba diciendo. ¿Iba a tener un hijo y nacería dentro de dos meses? No me dio tiempo a pensar en los cálculos. Me vestí de manera torpe, estaba muy nerviosa. Con una mezcla de vergüenza y de miedo, salí corriendo de aquel lugar. Bajé las escaleras de tres en tres, inconsciente del peligro de seguir actuando en mi estado como una niña chica, que en realidad es lo que era. Cuando llegué a la calle sentí que el peso con el que yo había caminado, había cantado y había respirado cada día durante las últimas semanas desaparecía. Comprendí que me había liberado de algo. Corrí a la cafetería en la que me esperaba Mina y su hermano, que fue tan bueno conmigo en aquellos momentos de locura. Entonces, en aquel instante, me di cuenta realmente de que algo especial me estaba pasando. Con esa, que fue la primera y más grande decisión de mi vida, estaba cambiando toda mi existencia. Esa misma tarde empecé a amar con locura a Rocío.

A partir de aquel momento lo único que me importaba era traer al mundo o lo que estaba vivo dentro de mí. Era un sentimiento hermoso en una niña que permitía que dos corazones latieran juntos. No me preocupaba nada en aquellos días que no fuera el momento en el que lo que yo sentía en mis entrañas rompiera a llorar en mis brazos. En ese momento, quizá incluso cuando corría escaleras para abajo, decidí que mi hija sería mía, solo mía. Era la única que quería tenerla, la única, pero era suficiente. Por eso la tuve. Así fue desde ese momento antes de nacer y durante muchos más años después. Más tarde, fue mía y del hombre que quiso darle sus apellidos y convertirse en su padre, su único padre, Pepe Sancho. Después, dramáticamente, Dios se la llevó. Se la llevó lo mismo que me la trajo y dejó de ser mía y de Pepe para ya no ser de nadie. Pero todo eso ocurrió más tarde. La vida me permitió disfrutar de aquella decisión durante algunos años después, aunque a mí siempre me han parecido muy pocos.

Aquella fue una decisión que yo tomaba desde mi libertad, pero que tenía que contar a mis padres. Eso era algo que me resultaba muy difícil. Cada vez que intentaba coger el teléfono para llamarles, se me hacía un nudo en la garganta, un vértigo en el estómago que me hacía colgar antes casi de que diera la primera señal. Aunque era una jovencita independizada, que se ganaba la vida fuera de casa desde los catorce años, era muy temerosa de lo que representaba una casa y una familia. Tenía miedo de lo que pudiera decir mi padre, pero sobre todo de la reacción de mi madre.

En la pensión de la calle San Bernardo de Madrid vivía con Eli, una buena amiga con la que compartía mis secretos, y ese, el más grande, se lo conté al día siguiente de enterarme yo. Aunque ella me apoyó cuando decidí abortar, al volver a la pensión y contarle lo que había pasado me abrazó y la pobre me ofreció lo que pudiera necesitar.

—Pues mira Eli, lo que necesito ahora es tener el valor suficiente para contárselo a mis padres pero no puedo. Díselo tú a mi madre, o mejor, dile a tu madre que se lo diga a la mía.

Dicho y hecho. La madre de mi amiga se lo contó todo por teléfono a la mía y una tarde llegó emocionada a la pensión.

—María, que tu madre ha dicho que te espera con los brazos abiertos en Sevilla.

Me abracé a ella y así sin soltarla me tiré llorando un buen rato. Era de alegría, de liberación, de felicidad. De pronto, sentí una tranquilidad inmensa, una paz infinita. Aquella noticia de Sevilla me quitó un peso del alma.

En cuanto pude, tomé el camino y me fui a mi tierra con mi madre porque lo que iba a nacer llegaría muy pronto. Estaba de ocho meses cuando dejé el Villa Rosa, cuando me despedí para marcharme a Sevilla. En el tablao, no se lo podían creer, querían demandarme o qué sé yo. Pensaban que les estaba mintiendo y que lo que no quería era cumplir el contrato. Yo misma no me vi embarazada hasta ese momento, quizá un poco más tarde, cuando recogí mis cosas del camerino y salí a la calle en dirección a la pensión. Creo que durante el camino es cuando se me hinchó el vientre; fue algo curioso, pero iba ocurriendo según pasaban las horas. De pronto empecé a tener aspecto de embarazada.

7

Una niña en brazos
de otra niña

Mi hija nació el 9 de septiembre de 1968 en la Clínica de la
Maternidad de Sevilla, frente al Puesto de los Monos, un restaurante, que por una de esas casualidades de la vida fue el
encargado de servir, doce años después, la comida en mi boda
que la celebramos en una venta de Antequera. Pero aquel
momento estaba muy lejos de este otro en el que nació mi hija.

La niña que nacía entonces no fue hija del amor, sino de
la inconsciencia, de las circunstancias. El secreto de quién es
el padre me parece que ya no le importa a nadie. Decidí en
aquel momento asumirla para mí sola y que ella fuera la única
que lo supiera ya que a ella era a la única que podía interes-
sarle, y así fue. Hace diecisiete años que Rocío ha muerto,
¿por qué voy a decirlo ahora? Eso es algo, de las pocas cosas
de mi vida, quizá la única, que nunca he compartido con nadie más que con ella. Y lamentablemente, la protagonista de
este capítulo y de todos los que viva hasta último de mis días
ya no está. Desde el momento en el que salí de aquella consulta, matándome casi por las escaleras decidí que las cosas
serían así. Cuando salté de aquella mesa de operaciones, la
acepté y quise quedármela para mí sola, sacarla a delante a
pecho descubierto; contando solo conmigo, con mis propios
medios. La recompensa de mi esfuerzo fue el orgullo de haberlo conseguido antes de que Dios decidiera llevársela. Pero
la vida es así: Él me la dio, Él me la quitó.

Aquella mañana mi madre me ayudó a vestirme y mi padre se fue a llamar a un vecino del barrio que tenía un taxi para que nos llevara al hospital. Serían las seis de la mañana cuando entramos en la clínica, Rocío nació casi cuatro horas después, a las diez menos diez de la mañana.

En aquel hospital pasé largas horas de dolor, de tristeza y de humillación. Era un hospital lleno de monjas, las más malas que he visto en mi vida. A mis padres les mandaron a una sala de espera, porque así lo exigía el reglamento y a mí me metieron en una habitación durante horas, sin que nadie me hiciera caso. Allí me retorcí de dolor sin que nadie me tendiera una mano que agarrar, sin nadie que me diera fuerzas para el momento que estaba a punto de llegar. Cuando los dolores de las contracciones se hicieron insoportables empecé a chillar, pero lejos de conseguir un poco de comprensión parecía que mi dolor solo conseguía desatar su ira:

—Cuando estabas con tu novio no te dolía, ¿verdad? ¡Ahora te aguantas!

Durante mucho tiempo después he pensado qué movería a aquellas mujeres a portarse tan mal conmigo. Nunca entendí por qué fueron tan crueles con una niña de diecisiete años. A lo mejor a sus ojos yo había pecado, pero ellas con su actitud lo estaban haciendo ante los de Dios. Aquello fue algo increíble, nunca he visto cosa igual.

Recuerdo que cuando vinieron a por mí sentí miedo, mucha desconfianza de aquellas mujeres, pero no tenía nada que temer; no hicieron más que dejarme tirada en el paritorio, como quien se deja algo olvidado en cualquier parte. Parí a mi hija a lo bestia, en crudo, agarrada con todas mis fuerzas a una medalla de la Virgen del Rocío que tenía colgada del cuello. Cerré los ojos y me quedé inmóvil. Aguanté unos segundos, y cuando creía que no podía soportarlo más, que iba a partirme de dolor, saqué fuerzas de algún sitio para echar todo mi cuerpo hacia adelante. Quería ver nacer lo que daría un sentido diferente y cambiaría mi vida para siempre.

—¡Estate quieta, mujer! —me decía el médico—. Si te mueves así puedes matar a tu hijo, ¿no te das cuenta?

No, yo no me daba cuenta de nada. ¿Cómo iba yo querer matar a mi hijo? Aquel era un salto hacia adelante, hacia la vida, un momento que disfruté, entre el miedo y el dolor, llena de inseguridad y temor, pero feliz y plena de alegría. Había dejado de estar sola. Fue una sensación inexplicable: de pronto tenía un hijo, me convertía en madre, dejaba de ser una muchacha y la vida me obligaba a convertirme en una mujer, sin darme tiempo para ello. Todo cambiaba a mi alrededor pero yo seguía siendo la misma, antes y después de parir a mi hija. No estaba muy lejos de aquella que seis años atrás había dejado el colegio y estaba aún más cerca de aquella otra que se fue a Barcelona; yo seguía siendo La Gitana Ye-Ye, ahora con una prolongación mía que me necesitaba de verdad, alguien que me pertenecía. Rocío fue lo primero que tuve realmente mío en toda mi vida.

Cuando dejaron pasar a mis padres a la habitación ya me habían traído a la niña. Me la habían colocado en el pecho y yo la sujetaba como con miedo de que fuera a romperse, sintiendo el calor de su boca pequeña; mientras la miraba no podía entender que aquello que estaba viendo se hubiera hecho dentro de mí; y yo sin enterarme durante tanto tiempo. Lo que es la naturaleza: ni un cuidado tuve en el embarazo, al contrario; pero la niña nació sana como un roble, Rocío tenía decidido nacer por encima de los planes o las decisiones que yo pudiera tomar. Mi padre abrió la puerta y vino directo hacia mí, se quedó a los pies de la cama como si él también tuviera miedo de abrazarnos. Respiró hondo como quien se quita un peso de encima y acercó su mano a la cabecita de Rocío.

Yo solo quería salir de la clínica, irme de allí con ella; solas ella y yo.

Enseguida supe que aquello que estaba en mis brazos sería lo que más querría en el mundo. La vida y la muerte se han encargado con los años de darme la razón, aunque yo entonces, desde mi pequeñez de criatura, no sabía muy bien qué era lo que estaba pasando.

Rocío fue para mí como un juguete, el primer juguete importante de mi vida. Me llena de ternura ver las fotos de aquellos días. Me veo, sé que soy yo, sé que la otra que está en la fotografía, tan pequeña, es mi hija, pero no puedo creer que con aquella carita y aquel gesto infantil, yo fuera madre…, viendo esas imágenes de hace ya tanto tiempo siento una ganas enormes de abrazarlas a las dos. A la niña-mamá por su valentía; en aquellos tiempos no era fácil ser madre soltera y la gente lo que hacía más bien era ponerte las cosas difíciles; también quisiera abrazar a la que está en sus brazos, porque solo Dios sabe lo que yo daría por volver a tenerla aunque solo fuera un minuto a mi lado. Pero ni siquiera durante un segundo puedo abrazar a ninguna de las dos: ni Rocío ni aquella María existen ya.

Creo que el médico que me atendió me veía un poco de esa manera. Aún le recuerdo: un joven muy amable que me ayudó en el parto, que estuvo muy cerca de mí y de lo que necesitara durante los días que estuve en la clínica; allí se ocupó de que Rocío comiera, él mismo me la colgó del pecho al ver que aquella niña mía no había forma de que lo hiciera. Logró que fuera alimentándose poco a poco, hasta que la pequeña se hizo al biberón y la verdad es que fue una bendición de Dios, porque el dolor que sentía en los pechos era terrible. ¿Qué será de él? Cuando salí de la clínica volví a verle; me llamó, se interesó por Rocío y me preguntó si quería ir al cine con él. Le recuerdo con cariño; era lo único que podía ofrecerle en aquel momento; él probablemente se enamoró de aquella muchacha tan pequeña y frágil, pero tan fuerte y, creo, tan grande a sus ojos. No dejé que aquello fuera a más porque yo no sentía que pudiera corresponderle. Es verdad que yo estaba muy necesitada de ese cariño y de esas atenciones que tenía conmigo, pero no se le puede ir haciendo daño a la gente solo porque en determinado momento nos venga bien. En eso del amor hay que tener mucho respeto y mucho cuidado porque es un arma tan peligrosa que puede llegar a matar; por eso exige tiento y honradez. Creo que en aquel momento fui honrada. Me hubiera sido fácil dejarme llevar por su ternura y, nuevamente, por la necesidad.

No salí con aquel chico ni con ninguno. A los quince días ya estaba cantando otra vez. No solamente porque era lo mío, por lo que llevaba luchando toda mi corta vida, sino porque a partir de aquel momento y ya para siempre, lástima que haya sido tan poco tiempo, tenía que dar de comer a Rocío y si yo no cobraba cada semana nadie se iba a ocupar de ello.

Mi primera canción siendo madre la canté en el escenario de La Cochera. Allí me venían las subidas de leche, a veces justo en el momento de poner una copla en los labios. Recuerdo que sentía un dolor seco y fuerte que me cambiaba la cara, una especie de latigazo que me iba del corazón a la espalda. Era algo insoportable y no me extraña, porque por poco me quedo sin un pecho. A punto estuvieron de tenérmelo que cortar.

Después de algunas noches con aquel dolor que ya casi me impedía cantar, fui a ver a don Aurelio Murillo, el farmacéutico del Altozano. Cuando le expliqué lo que me pasaba, me llevó a la rebotica. Después de verme el pecho malo, me dijo que se me había enquistado el calostro, y que aquello tenía mal aspecto; buscó una pomada en las estanterías y con aquellos ojos que regalaban ternura me dijo:

—Aguanta, hija, antes de ir al cirujano. No tiene buen aspecto, pero si te pones esta pomada y me haces caso, creo que se te puede curar.

—Don Aurelio, tengo hora para mañana.

—Antes, María, ponte la pomada y procura aguantar.

Y yo obedecí a don Aurelio; me puse la pomada, aguanté y me curé. A los dos días me abrieron y salió toda la porquería que tenía dentro. Gracias a ese buen hombre y a que a mí se me ocurrió ir a verle para que me diera algo para el dolor; solo quería algo para poder trabajar esa noche y al final don

Aurelio supo evitar lo que podría haber sido un drama si hubiera ido antes al cirujano. Me salvó el pecho.

Mi madre se ocupaba de mi hija Rocío mientras yo por las noches cantaba en La Cochera. Mi padre estaba pendiente de Rocío durante todo el tiempo que podía. La cogía en brazos con cualquier disculpa y la miraba hasta desgastarla. Una vez, cuando le observaba con ella en brazos, me pareció que nunca le había visto mirar a nadie de aquella manera, con tanta intensidad. Ni siquiera a mí, que siempre supe que fui la niña de sus ojos. Rocío estaba rodeada de amor, del mío y del de toda mi familia. También del de mi hermana pequeña, Isabel. Como al final la vida te da lo que siembras, lo que yo hice con ella de niña, ella lo hizo con la mía mientras yo andaba por ahí trabajando. Hermana, que es como la llamo y ella a mí (nunca nos decimos el nombre ninguna de las dos), siempre ha sido para mí como una hija, siempre la he tenido de ese modo en mis sentimientos; no como una hermana, aunque solo nos llevemos cinco años de diferencia. Al ser mayor, y tener la forma de ser que tengo, siempre ayudando y considerándome responsable de mi familia, me siento más su madre que su hermana, como ella también se sintió en parte más madre que tía de Rocío. Mi padre fue un poco el padre de mi hija. Recuerdo cuando llegó el momento de inscribirla. Fuimos mi padre y yo una mañana con la niña al Registro. Todavía puedo recordarle, frente a la ventanilla con los ojos brillantes y la voz llena de orgullo diciéndole al empleado: «Esa niña es mi hija», mientras señalaba a Rocío.

Así que Rocío tenía mi primer apellido, que era el primer apellido de mi padre. Rocío Jiménez Gallego, ese era el nombre de mi hija. Y yo con la cara bien alta, nada de ir por el mundo escondiendo algo que no era una vergüenza, sino mi mayor orgullo. Jamás oculté a mi hija ni una sola vez desde que decidí tenerla.

Al mes y medio de nacer, bautizamos a Rocío. Fue, como todas las cosas grandes de mi vida en la iglesia de Santa Ana.

Después, de allí nos fuimos a La Cochera donde yo actuaba cada noche. Había hablado con el dueño y le había pedido permiso para utilizar el tablao a primera hora de la tarde, cuando estaba cerrado. No solo no me puso ningún problema sino que colaboró conmigo en muchas cosas de la fiesta. Yo estaba como loca; aunque Rocío era pequeña, me pasé semanas dándole vueltas. Yo quería que mi hija tuviera su propia fiesta, la primera de su vida, hecha por mí, por su madre, que lo que tenía más claro era que la vida de Rocío tenía que ser muy diferente a la de ella.

Aquella tarde disfruté de verdad, mucho más que la niña, como es natural. Pero su madre, la que la había parido, estaba orgullosa y feliz como nunca.

Le pusimos Rocío porque era un nombre que siempre me había gustado. Quizá desde que mi padre me llevó por primera vez a la romería catorce años atrás. La misma Virgen que visité un año después del nacimiento de mi hija. He faltado pocos años en mi vida a la cita con el Rocío y siempre he sentido cosas muy especiales pero aquel de 1969 merece letras de oro, porque cuando entre toda aquella gente, en toda aquella mezcla de polvo y de sudor me acerqué a la Virgen vi, lo juro, cómo me sonrió. Yo era una más entre el gentío de aquella madrugada, pero ella me echó una sonrisa solo para mí. Sentí que me estaba agradeciendo que aquella mañana, en Madrid, rechazara una decisión que no había meditado. Sentí que desde las andas que llevaba a hombros del valiente pueblo de Almonte me estaba dando las gracias por haberle puesto su nombre.

Y solo a ella le pedí; de los demás, a nadie; lo había decidido y contaba conmigo. Pero tengo que decir en honor a la verdad que hubo mucha gente que se portó muy bien conmigo en más de una ocasión, ofreciéndome cosas que pudiera necesitar, incluso dinero, como Manolito Rubio, el amigo que me vio nacer artísticamente en Sevilla, que tan pronto como se enteró de que había nacido la niña Rocío, me dijo:

—María, ¿te puedo ayudar en algo? ¿Qué te hace falta?

—Pues ahora mismo, Manolo, lo que necesito son ochocientas pesetas para comprarle una cuna a mi hija.

Y una cuna tuvo mi hija enseguida. Una cuna blanca, de barrotes muy altos, que me esperaba a mi regreso de madrugada. Hasta que yo regresaba de trabajar Rocío dormía en una cama grande, en la de matrimonio, con mi madre. Mientras yo estaba en el tablao era ella la que se ocupaba de la niña, pero cuando estaba de vuelta de La Cochera, mi hija en su cuna, a mi vera. Manolo era un muchacho clásico sevillano, un poco mayor que yo, pero tampoco mucho, con una gracia impresionante. De esas personas que tienen ángel natural, pero sobre todo muy buena gente. A veces, cuando salía pronto, se pasaba por La Cochera y me acompañaba a mi casa. Siempre que podía, yo salía corriendo del tablao para llegar pronto a casa y coger a mi hija con mucho cuidado para llevarla a nuestra habitación. Era para mí el mejor momento del día: la hora de irme a acostar, muchas veces cuando el barrio ya se había levantado. A veces llegaba al amanecer, porque con lo que ganaba en La Cochera no tenía suficiente y andaba cantando de la Ceca a la Meca siempre que había oportunidad. Desde que caía la tarde hasta el amanecer tenía una vida y durante el día y hasta que volvía la noche otra, llena de largas y maravillosas horas jugando con Rocío hasta que la rendía el sueño. Cuando se quedaba dormida, la dejaba en la cama y me marchaba al tablao. Entonces el cansancio y la falta de sueño ni se notaba. Con mi hija sentía que ya tenía algo por lo que luchar, algo real y únicamente mío.

Recuerdo especialmente las Navidades de 1968 y la llegada de 1969; fue la primera Navidad con Rocío; ella era la auténtica protagonista, el centro de aquellas fiestas que viví en Sevilla, con los míos. Y yo con mi niña de poco más de tres meses, orgullosa de ver cómo mi Rocío, que se iba criando sin ningún problema llenaba no solamente mi vida, sino la de todos los que la rodeábamos.

Además de mi trabajo en el tablao seguía haciendo bolos por las tierras de Andalucía y Extremadura. ¡Qué viajes ! Ya le tenía que gustar a una mucho esto del arte. Me acuerdo que un día me contrataron para ir a casa de don Pedro; yo creía que era la casa de un señorito y al final era un pueblo en Extremadura [Casas de Don Pedro], donde no había agua y para lavarte tenías que ir al río o ducharte con agua de Solares, con agua de botella. De esas creo que podría contar una de cada sitio a los que fui. Entre las carreteras, los sitios a los que íbamos a cantar y que en Andalucía los autocares eran en general de gasoil, e iban a setenta por hora como mucho, aquello se convertía en una paliza. Si la actuación la teníamos a trescientos kilómetros, que en otros casos eran muchos más, tardábamos nueve horas en llegar desde Sevilla. En aquel autocar íbamos todo el cuadro flamenco. Éramos como una familia, ahí no podías odiar a nadie ni que nadie te odiara porque tenías que convivir con esa persona a toda hora, muchos días, no solamente en el escenario sino antes y después. Eso solo lo sabemos los artistas. La cosa no es solo lo bonito, lo que se ve; detrás hay muchas cosas duras que son las que compartimos con los compañeros en el mejor de los casos y solos la gran mayoría de las veces. La gente no ve más que la parte del escenario, y eso está bien, pero la lucha, el cansancio y el agotamiento son también parte del espectáculo; hay que estar muy enamorado para estar a diario al pie del cañón. Y yo siempre lo he estado: antes y ahora. Pero estaba hablando de antes.

Era 1969. Recuerdo que aquel año, con mi hija en brazos, vi cómo el hombre pisaba la Luna. Me pareció algo increíble: con las veces que yo la había cantado y ahora tres hombres habían llegado hasta allí... pensé que siempre, toda la vida, podría recordárselo a mi hija Rocío: «Cuando el hombre llegó a la Luna, tú solo hacía diez meses que habías venido al mundo». Y se lo conté, pero durante mucho menos tiempo del que imaginé aquel día.

También aquellos últimos años de la década de los sesenta fueron de soledad. Era triste cantarle cada noche al amor y después tener que volverme a casa tan sola. El público veía, sentía conmigo cómo me retorcía de pasión en el escenario, pero mi cama estaba tan vacía como mi corazón. En aquella época apareció un hombre en mi vida al que dejé acercarse un poco más. Una historia más intensa que las otras, pero él estaba muy lejos todavía de ser el hombre que me desarmara. Es verdad que sufrí con aquella relación, porque a pesar de lo que él me decía, aunque le veía muy ilusionado conmigo y me repetía mil veces que quería que fuera su mujer, yo en lo más profundo de mí, sabía que aquel hombre me dejaría. No dudaba del amor que me tenía, pero como siempre he sido muy realista, sabía que las circunstancias no acompañaban. Siempre las circunstancias. Y algo así le pasó a él.

Por eso, cuando me enteré de que estaba embarazada de él, decidí no tener el hijo. En aquel momento no quería ni podía tenerle. Con Rocío en el mundo tenía que medir muy bien mis fuerzas; ya me resultaba difícil tirar hacia adelante con una boca, así que no me quería ni imaginar lo que sería con dos. Además yo tenía muchos planes para Rocío y como en la anterior ocasión no podría contar más que conmigo, por eso, esta vez acepté la ayuda que me prestaron unos amigos, y aborté. Todo fue rápido; esta vez no me acompañó nadie y solo estuve en mi casa descansando un día.

Dos días después estaba cantando en la noche la copla de los tres puñales:

> *Me he comprado tres puñales*
> *para que me des la muerte.*
> *Tres puñales, tres puñales:*
> *el primero de indiferencia,*
> *el segundo es la frialdad,*
> *el tercero la traición.*

Aquella madrugada salí a cantar con esa pena profunda que deja el desengaño y ese dolor en la piel que no va a volver a ser acariciada. Salí al escenario llorando por dentro. Que nadie se enterara de nada. Lágrimas ni una, ni esa noche ni ninguna otra, aunque a veces cuando salía a actuar se me congelaba el corazón porque creía ver, bajo los focos, creía ver al hombre que había conseguido hacerme tanto daño. Entonces se me subía la pena a la boca y le cantaba:

> *¡Bravo,*
> *permíteme aplaudir*
> *por la forma de herir mis sentimientos!*

Durante aquellas noches aprendí a cantar mientras mi alma lloraba.

Todo me iba haciendo más mujer, más fuerte. En ese momento supongo que no me daba cuenta, pero todo lo que estaba viviendo me iba enseñando a vivir contra viento y marea. Creo que fue entonces cuando empecé a madurar desde el dolor, aunque yo no lo supiera y estuviera muy lejos de intuir las veces que tendría que sobreponerme a él. Aquella fue profesionalmente una mala época: mi carrera, que iba para arriba antes de tener a la niña, se había estancado. Tenía trabajo pero sin expectativas, para ir sobreviviendo, y empezaba a tener miedo de que todo lo que había construido con tanto esfuerzo antes de la llegada de Rocío se cayera como un castillo de naipes.

Así que decidí que tenía que volver a empezar desde donde estaba: a las penas, puñaladas. Tomé la decisión de sacar a aquel hombre de mi cabeza y de mi vida. Me esforcé y en muy poco tiempo volví a recuperar mi puesto, mi sitio, en la noche sevillana. Mi carrera nuevamente comenzó a crecer poco a poco, como lo hacía mi hija, a quien algunas veces me permitía el lujo de llevar a Los Gallos para que me viera cantar. Llegaba con ella a primera hora, cuando no había público, la sentaba en una silla y para mí, solo con ella, se llenaba todo el tablao. Rocío, tan pequeñita, me miraba, y en sus ojos yo encontraba el mejor de los aplausos.

Poco a poco iba levantando mi vida. Entonces me ofrecieron trabajar unos días en Venezuela en un tablao que se llamaba Los Canasteros, una copia exacta del de aquí, en el Centro Capriles de Caracas. Fui para unos días y, cosas de la vida, me terminé quedando cinco meses. Aquello significó mi descubrimiento de esa tierra a la que amo tanto. Adoro América. Recuerdo el cariño de aquella gente y el éxito que tuve tan maravilloso. Lo único malo de aquella época que recuerdo de manera entrañable era lo lejos que estaba mi hija. Me dejaba el sueldo en conferencias. En Venezuela, a pesar de lo feliz que me sentía, tenía continuamente una sensación rara, rarísima, no sé si era la distancia, pero tenía miedo por lo que pudiera pasarle a la niña en Sevilla. Ya sé que era una locura y que no tenía por qué pensar en algo así, pero no podía evitarlo, estaba convencida de que alguien se llevaría a mi hija. Pero yo no temía a alguien con rostro, nombre, apellidos, sino a alguien desconocido; era como una voz que me gritaba por dentro: «Cuidado, María, que te la pueden quitar, que en un solo día, en un minuto puedes perder todo lo que tienes».

Así que, aunque en Venezuela había conocido a mucha gente buena y bonita como Manolo de la Rosa, el dueño del tablao, que me regaló, cuando dije que volvía, una cadena con su cruz preciosa de oro blanco que aún conservo, la pena y ese miedo que no me dejaba vivir me hicieron regresar.

Cuando volví, Sevilla me estaba aguardando. Siempre Sevilla al final del camino. Sevilla y su gente: Manolo Mairena, Chocolate, Naranjito de Triana, El Nene de Cádiz, Trini España, Pedrito Sevilla, Manolo Brenes, ¡cuánta buena gente en aquellos tiempos!

Por aquellos días también andaba por Sevilla Antonio Ordóñez. Recuerdo que iba mucho a Los Gallos. Una noche al terminar, con las claritas del día me llevó a casa de su madre.

—Venga, María, vente y desayunamos en mi casa. Así te presento a mi familia.

Llegué a la casa y allí encontré a su madre y a su abuela Coral, y yo con mi desparpajo, nada más entrar le dije:

—Maestro, esta casa la conozco yo.

—¿Y eso?

Y de pronto empezaron a pasar por mi mente imágenes lejanas de otro tiempo, de otra mujer, parecía que de otra vida:

—Porque hace años estuve aquí con mi madre fregando los suelos.

La abuela de Antonio, doña Coral, se me quedó mirando fijamente y con una voz entusiasmada me dijo:

—Yo lo sabía, María, yo lo sabía. De niña, cuando venías a esta casa y te tirabas de rodillas al suelo, ya tenías tú un sello de triunfar, que no se te quitaba de la cara, porque tú triunfarás en la vida, niña, en todo lo que te propongas.

En el tablao conocí en aquel tiempo a mucha gente, como a Curro Romero, que iba con frecuencia.

La vida iba pasando por mí y yo por ella; me iba haciendo mayor viendo crecer a mi niña Rocío, la única flor de mi vida, la única persona por la que sentía verdadero amor. El resto eran cosas sin importancia, aventuras pasajeras, nombres en mi vida. Una vida que manejaba yo. No era presa de nadie. Yo elegía y mi corazón era libre como mis pensamientos: en soledad, pero libre.

Y nuevamente en ese vaivén de mi vida dejo Sevilla otra vez. Una Semana Santa había conocido a Antonio Blasco, que en paz descanse, una maravillosa persona, dueño del tablao Las Brujas, que me ofreció trabajar en él.

Dije que sí y en dos días ya estaba en Madrid. Otra vez en la capital. Era el año 1971.

Allí conocí a José Fuentes, torero de Linares, con el que podríamos decir que viví un romance. Era un torero con mucha pinta de torero: en el ruedo y en la calle. Solía venir a verme por la noche y me gustaba porque yo lo admiraba mucho. En esta ocasión la relación tampoco progresó; le tenía cariño, le admiraba, pero no me sentía con fuerzas para ilusionarme. Ahora, muchos años después, puedo decir que fue un romance muy bonito. Pero que yo no quería que la desilusión se me llevara por delante, así que no luché por aquello. La verdad es que vi el cielo abierto cuando me dijo que tenía que dejar Sevilla, que se marchaba a su tierra, al campo de Linares, para prepararse. Se fue y solo quedó un recuerdo maravilloso. Adiós y punto.

De aquellos días tengo un recuerdo del que me siento orgullosa porque venía del más grande, de don Antonio Mairena: cantábamos los dos en Las Brujas y una noche llegó Meneses con su mujer, en esa época creo que era su novia, para ver el espectáculo. Estaban sentados en una mesa y con ellos don Antonio. Yo pasé por su lado y cuando el maestro me vio, me hizo una seña y me dijo:

—Niña, siéntate aquí, al lado mío.

Y al lado de él me senté, a su derecha. Yo le tenía tanto respeto que casi era miedo. Pero él me cogió la mano y se puso a cantar por bulerías, por soleares o seguidillas. ¿Cómo explicarlo? Sentí que me estaba transmitiendo toda la pasión con la que estaba cantando en ese momento. Me lo estaba transmitiendo todo a mí, aunque a quien estaba dedicado aquello era a Meneses, para enseñarle el cante. Claro, no podía coger la mano de Meneses para explicárselo y me la cogió a mí, yo era algo así como el hilo conductor. Fue maravilloso, algo mágico. Es una cosa que se me ha quedado para siempre. Antonio, inolvidable, siempre con su sombrero de ala ancha.

Por aquel entonces conocí al campeón del mundo de boxeo, Mando Ramos. Una noche vino a Las Brujas acompañado de un periodista, Rafael Marichalar, que fue quien me lo presentó. Andaban todas las mujeres revoleteando alrededor del campeón cuando yo bajé a la mesa después de la actuación y le dije desafiante:

—Si quieres, campeón, te echo un pulso.

Por supuesto ganó él, aunque como buen caballero intentó dejarme ganar en una prueba que no se creía nadie. Era cómico vernos a él y a mí, él tan grande y yo tan pequeña, echando un pulso. Para mí la historia se había terminó con esa anécdota, pero por lo visto él se había quedado prendado de mí, porque a partir de ese día me llamaba por teléfono día si y día no desde América. Después, cuando regresó a España, me dedicó el combate que tenía en Madrid con Pedro Carrasco. El campeón se había enamorado de mí y de paso se había hecho muy amigo de Isabel, una compañera del tablao; ni corto ni perezoso, que los hombres cuando quieren las cosas lo dicen muy clarito, le envió una invitación para Los Ángeles a un combate de boxeo por el campeonato mundial. Cuando Isabel regresó de América me dio la noticia.

—María, Mando Ramos, el boxeador, me ha pedido tu mano.

—¿Mi mano?

—Sí, dice que quiere casarse contigo.

A mí aquel mensaje que venía del otro lado del océano no me sonaba mal. Más por Rocío, porque tuviera una seguridad y sobre todo un hogar, me pasé algunos días pensándolo.

Aprovechando que Pedro Carrasco, que iba habitualmente por Las Brujas, conocía a Mando y además había estado con él recientemente, le conté la propuesta de Mando y le pedí consejo una noche cuando salíamos del tablao. Fue claro, no lo olvidaré:

—Ni se te ocurra, María, ni se te ocurra. No te metas en eso, ten cuidado.

Y ahí sin más, corté la relación. Así que volví a quedarme sola, pero contenta, aliviada y sobre todo libre.

En el fondo era lo que realmente deseaba; la libertad seguía siendo lo más importante.

Emilio Romero, el conocido periodista y entonces director del diario *Pueblo*, era uno de los muchos clientes de Las Brujas que se pasaban noche sí noche no por el tablao. En aquel tiempo, por lo visto, era el encargado de elegir a la chica que salía en la portada. Un noche mandó a un fotógrafo a Las Brujas y al día siguiente me veo en la portada del diario. No entendía nada: la portada era una fotografía mía «ha nacido una estrella, María La Pipa» y al lado aparecía en una columnita el secuestro de un avión en Barajas.

Eso de salir en el periódico me pareció algo grande, pero lo de «La Pipa» no me gustó nada. Menudo disgusto cogí. Ese día fui a Las Brujas, llorando porque ese nombre me parecía horroroso.

Entré en el tablao y recuerdo que al primero que encontré fue a Luis Abel, uno de los dueños —el otro era Paco Díaz— y con el periódico en la mano le dije:

—Mira, mira. ¿Cómo me han puesto a mí La Pipa? ¿Por qué?

Sin entender el hombre por qué estaba tan enfadada y tan triste cuando lo que había pasado era para que hubiera llegado feliz me dijo:

—María, don Emilio va a venir esta noche y te lo va a contar, era una sorpresa que te tenía guardada.

Cuando llegó, me acerqué a él:

—Don Emilio, ¿por qué me ha llamado usted La Pipa? ¿Qué quiere decir con eso?

—María, yo cuando te escucho cantar, tu música, tu voz es como el aroma de la cachimba y tu cuerpo en mi mano es, eso, como la cachimba, la temperatura de la cachimba...

Decía yo:

—Pero si usted no lo ha tocado nunca, ¿cómo sabe la temperatura de mi cuerpo?

—La pipa... mujer, el tabaco, donde se degusta el tabaco;

su olor, su embrujo, el movimiento del humo que se eleva al cielo en tus manos. —Tras la explicación me abrazó tiernamente.

Todos se partían de risa, don Emilio incluido, y le quitaron importancia. En Andalucía la pipa es el clítoris, pero yo no lo sabía.

Iba y venía a Madrid, pero no me importaba; al contrario, me gustaba. La calle de San Bernardo, la calle de Amaniel, Las Brujas. Mi madre y mi hermana en Sevilla, ocupándose de mi niña, y yo venga a trabajar y venga a enviar giros y paquetes a Sevilla porque, tienda por la que pasaba, tienda a la que entraba para comprarle algo a mi Rocío; llegara o no llegara el dinero, para ella siempre había, lo sacaba de donde fuera. La niña iba creciendo y creciendo y cuanto más lo hacía más llenaba mi vida. Era ella la que ocupaba mi corazón y la verdad es que no sentía necesidad alguna de hombres. Quizá alguna historia que elegía yo y se acabó. Nada de complicarme la vida. Nada de dejarme utilizar por ningún tío. Yo cantaba con pasión, pero cuando bajaba del escenario nada me hacía distraerme. Yo no quería a nadie más que a mi Rocío ni quería ser de nadie más. Una niña que se estaba criando fenomenal; eso era lo único importante para mí.

Sin embargo, me preocupaba mi carrera, que no acababa de arrancar. Sentía que iba pasando el tiempo y mi oportunidad no llegaba. Llevaba ya meses en el tablao cuando en 1971 entraron Las Grecas —entonces, totalmente desconocidas— a cantar e hicieron un disco que en aquel momento vendió 300.000 copias, lo cual era todo un éxito. Un poco más tarde llegó un grupo llamado Arena Caliente e hizo otro disco. Y nadie se fijaba en mí. Una madrugada, a eso de las cinco y después de una fiesta, en el mismo patio de Las Brujas miré al cielo y pregunté al de arriba, al del ático: «Pero tú ¿para qué me has mandado venir aquí? Para ser cocinera, cantar, bailar, planchar, limpiar suelos… Aclárame las ideas, porque todo el mundo hace discos menos yo». La vida, al final, me ha enseñado que no hay que tener prisa, que no hay que tirar la toalla; hay que saber resistir. El tiempo siempre termina demostrando que si eres capaz de continuar adelante cuando no te quedan fuerzas, siempre terminas encontrando lo que buscas. Puedo asegurar que resistir siempre tiene recompensa.

8

Háblame en la cama.
El destape emocional

Nuevamente, en ese ir y venir de los años, aparece Sevilla en mi vida. Llegué como me había ido, sola. Los hombres se cruzaban por mi vida, pero nada más. Historias pasajeras, encuentros y desencuentros sin mayor importancia, al menos en mi corazón. En aquellos tiempos estaba poco tiempo en la vida de los hombres, como en la de los tablaos. Quizá porque mi alma de gitana es trashumante, quizá por un miedo terrible a sufrir, o lo que era lo mismo: a enamorarme.

Regresé a Sevilla para trabajar en un nuevo tablao que acababan de abrir en mi tierra, La Trocha. Representaba no solamente la oportunidad de trabajar en mi tierra, sino algo mucho más importante: tener a mi hija a la vuelta del tablao. Pero este viaje fue diferente a otros, porque a pesar de que siempre pensé que la oportunidad de grabar surgiría en Madrid, no fue así.

Un respetado flamencólogo del Puerto de Santa María me propuso por fin grabar un disco. Bueno, en realidad era un *single* con dos canciones, pero aquello significó mucho para mí. Grabamos con la discográfica Ariola. Aquel fue un disco de canciones profundas. La carátula era eso: «La Gitanilla», una muchacha de rizos negros abrazada a una guitarra. Quien lo escuchaba decía que aquello lo cantaba una gitana vieja. La gente notó que era diferente, pero el disco pasó sin pena ni gloria. Para mí era una luz en el camino aunque no hubiera funcionado. Si había ocurrido una vez, si había tenido por fin la oportunidad de grabar, podía volver a pasar.

Por aquel tiempo Rocío hizo su primera comunión. Tal y como esperaba, fue muy diferente a la mía. Nada de traje prestado; uno para ella sola, blanco, nuevo. Se lo regaló su madrina, Maruja, una persona muy importante en mis recuerdos. Siempre, desde que nació, adoró a mi hija. Le regaló a Rocío desde su primera bicicleta a su primera máquina de escribir. Tomó la comunión en la iglesia de Santa Ana, en la misma donde la habíamos bautizado años antes. Después, mi familia y muchos de mis compañeros y amigos en Sevilla nos acompañaron en ese primer día grande para Rocío.

A las pocas semanas, en Almería, viví una de mis mejores experiencias de aquellos años. Fue un espectáculo grandioso en el que participaban figuras tan importantes como Donna Hightower. Yo, lógicamente, era la telonera. Pero la verdad es que aquello, lleno hasta la bandera, me impresionó. Salí, canté mi copla y me volví al camerino. Me pareció que había estado bien, que había gustado. Cuando me estaba vistiendo de calle, casi con el último botón de la blusa por abrochar, llamaron a la puerta.

Una mujer grande que apenas chapurreaba el castellano me dijo:

—Que salgas otra vez, niña, que el público te reclama.

Me vestí en unos minutos y salí al escenario. Parece increíble, pero en aquel momento yo no sabía que la que me había pedido que volviera a escena, era la misma Donna, ni se me hubiera pasado por la imaginación. Me enteré más tarde.

Creo que ese fue mi primer gran día. La primera noche que saboreé un éxito. En aquellos días Manuel Halcón estaba produciendo una película en Sevilla. Me ofrecieron un papelito en ella. Poca cosa, pero era trabajar en el cine, además con un buen reparto. En aquella película trabajaron Máximo Valverde, Charo López y Fernando Rey.*

El rodaje, que se realizó en la finca de Manolo, fue muy divertido y tanto Manuel como su hijo fueron gente importante y muy positiva en mi vida. Me dieron un papelito de secretaria, donde al final, el hijo del jefe se terminaba enamorando de mí, ya está. Lo único malo de aquel rodaje fue la secuencia en la que tenía que meterme en la cama con Máximo Valverde, el galán de la película. Él era guapísimo, pero yo con una timidez espantosa me pasé el rato subiéndome las sábanas por encima del pecho. Hice que me compraran un sujetador nuevo, no quería bajarme los tirantes… ¡increíble! Lo realmente importante de aquella película fue que, gracias a ellos, conocí a una persona muy importante en mi vida, al lado de quien he grabado la mayor parte de mis discos: Gonzalo García Pelayo. Entonces ya era un hombre muy metido en el mundo del espectáculo. Manuel Halcón le había contratado como director de la película.

—Gonzalo, te presento a La Gitanilla.

—Caray, Manuel, qué director más guapo te has buscado.

—¿Y tú cómo te llamas? —me preguntó Gonzalo, sin dar importancia al piropo.

—María Jiménez.

—Pues así vas a llamarte.

Durante aquellas noches Gonzalo solía ir al tablao con Manuel y otros de los muchos aficionados al flamenco. Siempre noté que fue alguien que creyó en mí desde el principio. Solo hacía falta verle sentado a la mesa, a pie del tablao, mirándome, sintiendo cada copla que salía de mi garganta. Le atraía mi forma de ser, de entender la música. Así me lo transmitió durante todo aquel tiempo en Sevilla y la última noche antes de marcharse a Madrid me dijo:

—Dame tu teléfono, María. Ahora me marcho unas sema-

* *Manuela*, 1976.

nas a Madrid para continuar el rodaje, pero cuando vuelva a Sevilla te llamo y hablamos. Quiero grabar un disco contigo.

Todavía recuerdo la energía con la que escribí aquellos números. Gonzalo había dicho la palabra mágica: grabar. No quise hacerme muchas ilusiones e intenté no pasarme los días pensando si recibiría o no aquella llamada. Ya me había llevado algún que otro chasco y prefería tener los pies en la tierra.

Gonzalo cumplió su palabra. Al día siguiente de regresar me llamó por teléfono a mi casa de Sevilla. De aquella tarde al día que vi mi primer disco de verdad en el mercado todo pasó de manera muy rápida. Gonzalo me ayudó en la elección de las canciones; seleccionamos temas de Amancio Prada, Violeta Parra, Silvio Rodríguez y otros. El *single* llevaba una adaptación divina de una canción de Chavela Vargas: «Con golpes de pecho». Con aquel disco que grabé con Fonogram dejé de ser para siempre La Gitanilla, para empezar a ser María Jiménez.

Aunque el disco gustaba a quien lo escuchaba, no parecía que pegara fuerte. Costaba mucho que sonara en la radio y la promoción de la casa de discos era escasa. Pero empezaba a moverme en círculos artísticos que me permitían hacer una promoción personal. En aquellos tiempos o era yo la que me ocupaba de esas cosas o no lo hacía nadie, pero la verdad, es que resultaba muy difícil.

Como las desgracias nunca vienen solas, al supuesto fracaso del disco se sumó una mala temporada de trabajo. Aquel 1976, a pesar de haber sido el año en el que hice realidad uno de mis más grandes sueños, fue un año de hambre, que pasé a trancas y barrancas en el que incluso, ni tuve dinero para comprarle los Reyes a Rocío. Recuerdo que le pedí al dueño de El Corte Inglés, con quien yo mantenía muy buenas relaciones, un billete de avión para Sevilla y un muñeco para mi hija. Tenía veintiséis años, un disco que no arrancaba, una hija de ocho años y un vacío en el corazón que nadie conseguía llenar.

El año siguiente empezó como había terminado el otro: en la miseria. En los primeros meses del invierno la mala racha continuó hasta obligarme a hacer algo que no había hecho nunca: pedirle dinero a mi padre.

Sabía que aquel día mi padre había regresado a casa con el salario. Acababa de cobrar.

—Papá, déjame dos mil pesetas hasta que encuentre algo de trabajo. Estoy sin un duro.

Me quedé helada cuando me las negó. Nunca le había pedido ni una peseta; al contrario, desde que tenía once años, era yo la que daba. Sin embargo él me las negó. Nunca lo entendí.

Poco a poco iba consiguiendo actuaciones sueltas por los pueblos, alguna semana entera en un tablao. Lo justo para ir tirando.

A pesar de todo, a mí no me desanimaba la necesidad, mis ganas no decaían. Aunque estuviera floja de trabajo, yo trataba de estar en los lugares en los que tenía que estar. Allí donde pudiera seguir conociendo a gente vinculada a mi mundo. Siempre buscando la oportunidad. Asistía muchas veces a las tertulias flamencas que emitía Radio Sevilla. Uno de aquellos días fue especial. Mi disco había llegado casi ocho meses después a la emisora. Pepe Domingo Castaño lo escuchó y se quedó entusiasmado con él, pero sobre todo con el tema «Con golpes de pecho». Al parecer empezó a preguntar cómo era yo, si era joven, si era mayor. Cuando Pepe Domingo Castaño escuchó el disco pensó que le cantaba una gitana gorda y vieja. Cuando llegué, se dio cuenta de que nada que ver... Allí estaban Antonio Mairena, Margarito de Triana, Miguel Acal, Pepe Sollos y Rafael Belmonte, el hermano del torero; en medio de la tertulia flamenca, pusieron «Con golpes de pecho» y la canción les enamoró. Después pedí que les pusieran «Huellas que se van», una bulería de las que atrapan, empecé a cantar y nunca olvidaré cuando me fui hacia donde estaba sentado Antonio Mairena, me puse en cuclillas y le pregunté:

—Don Antonio, maestro, ¿usted cree que canto como para bulerías?

Y él se me quedó mirando y me dijo:

—Niña, tú te caes, y te caes a compás.

Comencé a escuchar cosas muy lindas que me llenaban de esperanza después de aquellos meses en los que parecía que, con la nueva grabación, iba a ocurrir lo mismo que con el primer *single* de La Gitanilla, pero no sucedió así.

Podría decirse que después de mucha espera, se empezaba a hablar de María Jiménez, justo el mismo año en el que en España aparecen los bingos y el desnudo de Marisol. Todo sucedió a partir de mi participación en el Festival Internacional de Televisión de Mónaco. Aquel año tenía que cerrarlo TVE; para hacerlo, me seleccionaron a mí, entre otros. Cuando la compañía de discos me llamó para darme la noticia, pegué un salto que aún me duelen las piernas. No podía creerlo. Ahora la televisión sigue siendo importante, digo para la popularidad, pero antes cuando solo había un canal, era algo grandioso. En aquellos tiempos, en cuanto salías en televisión te hacías una celebridad. ¿En Mónaco y por televisión? Esa era una gran oportunidad. También cantaron Lucero Tena y Paloma San Basilio. Recuerdo que estaban también Jarcha y el ballet de Giorgio Aresu. Salí con un vestido blanco con el que se me marcaba hasta el último rincón de mi cuerpo. Recuerdo que, como me pasaría después con uno de color negro, escuché bajo mi voz el murmullo del público. Sabía que mi forma de cantar, mi melena, mi cara y mi cuerpo eran imanes de erotismo, y lo aprovechaba. Mi aspecto causó sensación. Durante mucho tiempo se habló de aquel vestido y su pronunciado escote, que algunos pensaron que era excesivo; pero me consta, por lo que después ocurrió, que todos disfrutaron. Canté «Con golpes de pecho» y «Canción de amor número dos» de Amancio Prada. Dos canciones divinas que entonces, en Mónaco, me dieron la oportunidad definitiva. Aquel no era un festival competitivo, pero cuando volví y durante algún tiempo, muchas personas creyeron que lo había ganado. Fue un viaje inolvidable en el que yo casi me sentía una estrella; eso sí, poco acostumbrada a salir de mi país. Recuerdo que antes de regresar entramos en un bar para tomar no recuerdo qué; queso, supongo, que es lo único que se podía comer allí, porque la comida me pareció de plástico. Al ir a pagar no me di cuenta y saqué moneda española; el camarero, muy amable, con un castellano *chapurreao* me dijo:

—No, mademoiselle, en francos.

Cogí la moneda de diez duros que había dejado sobre la barra, se la acerqué al camarero y le dije:

—¿Y usted quién se ha creído que es este? ¿Manolo Caracol?

Cuando regresé a España, recibí muchas llamadas: todos me habían visto. Muchos de los que sabían los años que llevaba luchando, dejándome la piel por hacerme artista y triunfar, lo hacían para decirme que ya estaba muy cerca.

—Ahora sí, María, ya lo verás. De esta te conviertes en una estrella. ¡Con lo que es la tele!

Pepe Vaquero, que era un grande, y sigue siéndolo, de la representación de artistas, parece que también lo pensó; suya fue una de las llamadas que recibí.

—María, creo que puedes triunfar. Tienes una imagen increíble, solo necesitas a alguien que se ocupe de ti y yo quiero hacerlo.

Pero, lo que son las cosas, yo le dije que no. Había oído hablar mucho de él, sabía que llevaba a las más grandes, hasta a Lola Flores; demasiado importante. Pensé que con esos artistas que tenía no se iba a ocupar de alguien que no tenía ningún nombre. Si debía tener un representante, mejor alguien que tuviera más tiempo y que me necesitara más.

Me despedí de él y le di las gracias. Con aquel festival se terminó la mala racha. A partir de ese momento me llegó una temporada de mucho trabajo. Apenas unos meses después, el disco que había grabado hacía casi un año empezó a pegar.

Cada vez conocía a más gente de la televisión y de la radio. Comencé a entrar en otros círculos y mi vida social se amplió poco a poco. Eso me ha dado grandes problemas. Empezaron a invitarme a cenas y almuerzos en los que más de una vez me levanté con más hambre del que tenía al llegar: cuando me encontraba ante un plato de pescado, como no sabía utilizar el cubierto, decía que me acababa de dar dolor de estómago o que no tenía hambre y, claro, me quedaba canina. No fueron una ni dos las veces en que me levantaba mareada de la mesa, pero prefería eso a que se dieran cuenta. Nadie me había visto hacer el ridículo ni había tenido necesidad de tratarme con pena o con desprecio. Quizá por eso me he acostumbrado a comer sola.

Por eso, y por muchas cosas más que ya he contado, mi obsesión desde que Rocío nació fue que su vida fuera diferente a la mía, que se hiciera una señorita que pudiera comer en cualquier lado, que escribiera bien, sin faltas de ortografía… En fin, como cualquier madre, quería para mi hija el mundo, pero, sobre todo, lo que quería, en mi caso, era la mejor educación para ella. La llevé a un buen colegio de Sevilla, de pago desde luego, para que estuviera bien atendida. A mí me preocupaba tener que estar viajando tanto y no poder estar encima de ella todo el día.

De modo que fui al colegio para hablar con el director:

—Mire usted, yo soy artista y siempre estoy viajando. Le pido que me la cuiden. Atiéndanla en lo que sea necesario, me cueste lo que me cueste, denle una buena educación, yo no puedo enseñarle lo que tiene que saber porque ni yo misma lo sé. Por Dios, les pido que la niña no se me críe salvaje. Hagan de ella una señorita preparada.

Rocío era mi obsesión. La verdad es que nunca, que yo recuerde, me dio motivos para preocuparme; siempre fue muy buena niña.

Peleé por darle todo lo que estaba a mi alcance y hasta lo

que no lo estaba. Lo que no podía era enseñarle matemáticas o explicarle cosas de historia; más bien esto lo hacía ella conmigo. De lo que sí sabía era de sinceridad. Por eso desde siempre intenté inculcarle lo importante que es decir la verdad, lo firme que es la sinceridad y sobre todo me esforcé porque Rocío tuviera confianza conmigo, que no me ocultara las cosas. Yo, su madre, sabría entenderla y aconsejarla mucho mejor que cualquiera de sus amigas. Aún era una niña, pero antes de que pudiera darme cuenta se convertiría en una adolescente y yo sabía que era una edad peligrosa, en la que, totalmente inconsciente, te puedes jugar cosas muy importantes que después marcan toda la vida. Me esforcé mucho y si de algo estoy orgullosa, bueno de algunas otras cosas también, es de haber conseguido que mi hija tuviera conmigo una relación de amistad y complicidad durante todos los días de su vida. Lo tuve hasta el final. Hasta aquella maldita madrugada del 7 de enero de 1985.

Hoy, diecisiete años después, pienso que con Rocío, a pesar de mi juventud y mi falta de preparación, fui como debía ser. No tengo remordimientos. Todo lo hice con amor. Los dos papeles: el de madre y el de padre.

Mientras que mi hija crecía físicamente, yo lo hacía artísticamente. Casi sin darme cuenta, al tiempo que empezaban a llegar las oportunidades que hacía tanto que esperaba, Rocío se iba haciendo mayor con mis padres, en mi casa de Sevilla. Mi vida de aquí para allá no era vida para una niña. A pesar de echarla tantas veces de menos cuando estaba lejos de mi tierra, me consolaba pensando que ella, como la niña que era, estaba donde tenía que estar. En una casa, cuidada y en el colegio todos los días. Conmigo hubiera tenido que cambiarse de colegio un montón de veces y eso no es bueno para una niña. Yo lo que quería era tenerla a mi lado, disfrutarla, pero tenía claro que ella no tenía por qué pagar la forma de vida que yo había elegido. Era duro, pero Rocío tenía que estar en Sevilla y así fue hasta que yo conseguí por fin el verdadero sueño de mi vida, un hogar en el que ella fue la reina. Hasta que la carretera, una madrugada, le robó la corona y con ella mi corazón, mi alma, casi mi vida.

Pero eso ocurrió años más tarde. En aquel momento en el que toda mi preocupación era que tuviera un buen futuro, no hubiera podido imaginar que mi niña a pesar de mis esfuerzos nunca lo tendría.

Fue entonces cuando conocí a una persona muy importante en mi carrera: Paco Gordillo, un representante artístico que llevaba a muchos grandes y que me ofreció trabajar con él. En esta ocasión acepté. Tenía razón Pepe Vaquero: entonces ya necesitaba a alguien que se ocupara de mí, que lanzara mi carrera en buena dirección.

Con él hice muchas galas y me consiguió trabajo en muy buenos sitios. Yo le había hablado de Cleofás, una sala de fiestas de Madrid donde trabajaban artistas muy importantes. Estaba empeñada en cantar allí. Por entonces asistí con Paco y su mujer Soledad a un pase de modelos de Pedro del Hierro en el restaurante Mayte Comodore de Madrid, al que nos habían invitado. Los tres nos quedamos con la boca abierta cuando salió un modelo inspirado en *Las mil y una noches*: pantalones bombachos totalmente transparentes y la tía, sin nada, en pelotas.

—Impresionante —comentó Paco.

—¿Te gusta? Si me consigues el debut en Cleofás, me pongo este conjunto.

No sé si fue por el reto o porque él ya lo tenía en la cabeza, el asunto es que trabajé en Cleofás. Me consiguió el debut y, claro, la palabra es la palabra, me puse el conjunto.

Me presenté como una desconocida pero con la fuerza del que quiere estar arriba. Salí al escenario con aquel conjunto negro, transparente, que dejaba ver mi cuerpo totalmente desnudo. Era un riesgo, porque en aquella presentación me jugaba mucho, pero decidí tirar adelante con todas sus consecuencias. La actuación causó gran sensación. Quería y tenía que ser valiente. Solo la valentía me permitiría llegar. Yo tenía algo claro y es que iba a aprovechar la oportunidad, no quería pasar inadvertida. Cuando pienso en aquel momento me emociono, y así lo recuerdo, caminando sobre las tablas como Jesucristo lo hizo sobre las aguas, como siempre he hecho, casi sin rozar el suelo, como deslizándome. Es curioso, pero los tacones de los zapatos ni los gasto. Creo que eso es algo genético, mi padre pasó por este mundo con la misma forma de caminar.

Aquella noche la sala estaba llena, abarrotada totalmente. Fue impresionante, muy fuerte. Muchos amigos y compañeros estaban allí. Pero la persona más importante que vino a verme llegó de Sevilla. Rocío estaba allí sentada en una de las mesas mirándome sin quitar ojo durante toda la actuación. Yo no podía creer que aquello me estuviera pasando a mí y con mi hija de testigo. Me sentía feliz por todo lo que pasó aquella noche, pero sobre todo por mi hija. Yo quería que estuviera orgullosa de mí. Cuando terminé, a la primera que pregunté fue a ella:

—¿Te ha gustado, Rocío? A pesar del conjunto negro, ¿te gusta lo que hace tu madre en el escenario?

Me miró con sus profundos ojos y entornándolos con una sonrisa de cariño, se abrazó a mi cintura y me dijo:

—Mamá, estoy encantada. Claro que me gusta lo que haces y lo guapa que estás.

Sabía que después de aquella actuación me enfrentaba por primera vez a las críticas y que era importante lo que los periodistas dijeran de mí, pero con las palabras de mi hija, ya no había crítica, por mala que fuera, capaz de hundirme. Aquella noche en Madrid, mientras cantaba y los ojos se me iban buscando los de mi niña, me recordó una situación parecida, pero entonces ella ni siquiera cabía en la silla. La recordaba en su primera fiesta, aquella que di en La Cochera, cuando tenía mes y medio, y aquella otra cuando me la llevaba algunas tardes para que me viera cantar en Los Gallos. No era la primera vez que me veía, pero era la más importante, y además en Madrid.

La crítica fue muy dura conmigo. Después de aquella noche de ensueño, los críticos me dieron auténtica leña. Me parecieron muy duras. No tenían mucho que ver con lo que los periodistas que escribieron me dijeron en la sala, ni tampoco con la reacción que había visto en el público. Aunque tenía veintiocho años, llevaba trece en el escenario, y entendía las reacciones del público, pero claro, qué remedio, lo acepté. Recuerdo que tenía que cantar el viernes por la tarde en un pase que se hacía a esa hora, y las señoras mayores de por la tarde que habían leído las críticas me decían:

—Tú no te preocupes, que los periodistas no saben nada. ¡Que tú estás muy guapa! ¡Que tú cantas muy bien! ¡Déjalos, que se metan contigo, María!

En esa época los críticos no entendían nada que tuviera que ver conmigo. No entendían ni mi forma de cantar, ni de vestirme, ni mi música, nada. Era gente que veía sentada en la primera fila tomando champán francés encantados y diciendo:

—¡Ole! ¡Guapa! ¡Bravo!

Después, a la hora de escribir, escribían lo que les daba la gana.

Aunque aquel debut me costó dinero, a partir de ese momento empezaron a pasar cosas.

Rocío se quedó unos días conmigo en Madrid antes de volver al colegio en Sevilla. Durante aquellos días no nos separamos ni un momento. Con Rocío hecha una mujer podía ir ya a todos los sitios. La paseé por todos los lugares que solía frecuentar, le presenté a mis nuevos amigos. Ella alucinaba con Madrid y con todo lo que vivía conmigo, lógicamente muy diferente a lo que era su vida en Sevilla con mis padres.

En el colegio empezaron a hablarle de mí.

—Rocío, ayer vimos a tu madre en la tele.

Y aunque esas cosas les gusta a las niñas, lo que Rocío quería realmente, lo que le hubiera hecho inmensamente feliz es que yo me retirara. Para mí todo estaba comenzando y ella ya hablaba de retirarme. Aunque a decir verdad, eso es lo que quiso desde que era muy pequeña. Recuerdo que un día ella me acompañó a hacerme un seguro de esos que lo cubren todo, no solo, como en mi caso, la voz. Cuando se enteró de que ese seguro me pagaba no sé cuantos millones, no recuerdo ahora, pero una barbaridad, tuvo una reacción que a mí me dejó helada. ¡Qué latigazo me dio el cuerpo al escucharla!

—Mamá, si te pasara algo, si tuvieras un accidente, te quedarías sin nada, perderías todo lo que has conseguido, pero no me perderías a mí. Estarías sin voz y en una silla de ruedas, pero yo te tendría a ti entera, para mí sola, para siempre.

Una terrible reacción de niña, pero llena de amor.

Rocío nunca quiso compartirme con nadie, me quería para ella sola y en ese sentido le hice sufrir poco, porque siempre, a pesar de mi imagen, he sido mujer de pocos hombres y cuando he tenido alguna relación, actuaba con mucho respeto por mi hija y procuraba que ella no tuviera nada que ver. Siempre, aunque parezca mentira, intentaba no dar que hablar; esa fue mi obsesión desde que tuve a mi hija. Una cosa era mi imagen de devorahombres, mi erotismo y mi sensualidad en el escenario y otra muy diferente mi vida personal, mi vida privada, donde durante aquellos largos años solo cabía mi hija. Es cierto que a veces, durante una temporada, me mantenía cerca de alguien, de algún hombre, pero era más por cariño, por respeto, incluso por dar compañía a alguien que lo necesitaba, que por otra cosa. Pero eso no quería decir que yo fuera una mujer sin amor: era una joven con un amor distinto, que volcaba por entero en mi hija y que, al igual que ella, no quería compartir con nadie. Nuestra relación era muy fuerte, como si hubiéramos hecho una trenza con nuestras venas; algo tan grande que no sé si no puedo explicarlo porque no encuentro las palabras o porque el nudo que se me está haciendo en la garganta es tan grande que me va a ser difícil seguir hablando. Éramos dos dentro de una. La una volcada en la otra, ella me amaba a mí y yo la amaba a ella. Se había convertido en lo más importante de mi vida, en la mejor recompensa que la vida me había dado hasta el momento. Verla sana, educada, tan guapa... ¡Qué hermosos ojos tenía aquella muchacha! Mi hija hablaba con ellos; eran tan expresivos que preguntarle era en el fondo una tontería; bastaba con observarlos. Lo hacía mucho, la miraba mucho. Cuando estaba dormida, me sentaba a veces al lado casi cayéndome de la cama para verla en su mundo de sueños. Esa piel perfecta, en la que parecía que la habían dibujado los labios, la nariz, esas cejas grandes que enmarcaban los ojos más hermosos que yo he visto. Era bonita, tanto por fuera como por dentro. Siempre compensó cada uno de mis esfuerzos con amor de verdad.

En 1978 grabé mi segundo disco, *Se acabó*, con el mismo productor, Gonzalo García Pelayo. Elegimos para el *single* una canción que pegó muy fuerte, «Se acabó». A partir de ese disco, en muy poco tiempo, me convertí en un personaje popular.

Fue entonces cuando me pude permitir el primer gran capricho de mi vida: un coche. Nunca olvidaré su color azul metalizado. El caso es que a mí el que me gustaba era el mismo modelo pero en rojo, uno muy intenso, pero me pareció que era excesivamente llamativo y al final me quedé con el azul. Era precioso, me encantaba. Además ese tenía que ser un coche que me diera mucha suerte, porque tenía por todos los sitios mi número favorito. Me lo entregaron un día siete, como el carnet de conducir, que, por cierto, saqué a la primera. Cuánta alegría, cuánto entusiasmo en un mismo día, quién iba a decirme a mí ese día que me iba a echar a la carretera con mi coche, que otro 7 de enero, en la madrugada, un coche se llevaría a lo que más he querido.

Con aquel coche hice muchos viajes. Sobre todo galas en

las que ya empezaba a salir como estrella. Entonces las canciones que llevaba para cerrar el espectáculo eran «Con golpes en el pecho» o «Se acabó». Las dos estaban siendo un éxito. «Se acabó» se bailaba en todas las discotecas. Fue una canción que aprendió mucha gente. En mi repertorio también llevaba «En la oscuridad» que había sido meses atrás otra bomba. Todas interpretadas con las entrañas, que es el sitio donde creo que tenemos el alma. Cantadas con desgarro, con gestos sensuales que me salían sin tener que forzarme y que terminaban poniendo caliente al personal. Era algo que yo no podía evitar; me salía y conseguía sorprender. Tiempo después entendí que aquella imagen impidió que los mensajes de mis letras llegaran o, mejor dicho, se entendieran. El público y sobre todo los críticos se quedaban con mi imagen más que con mi música. Creo que con mi forma de cantarle a la almohada, con mis canciones y sobre todo con mi modo de contarlas he ayudado a mucha gente a vivir el amor. Con mis canciones, antes y ahora, se folla muy bien.

Llegaron los primeros éxitos, las primeras aclamaciones y también las primeras soledades en la habitación del hotel. Cuando regresaba me sentía profundamente sola, no podía compartirlo con nadie. Tanto tiento, tan poca valentía en el albero del corazón, tenía como consecuencia eso: la soledad. El miedo a perder la libertad, la cobardía que tenía para entregarme, me convertía en la cara y la cruz de mí misma. Fuego por fuera y nieve por dentro.

Así y un poco emborrachada por todo lo que me estaba sucediendo, llegó el tercer disco, en 1978, *Resurrección de la alegría*.

Si con *Se acabó* me convertí en un personaje popular del que se empezó a interesar la prensa del corazón, con este disco me consolidé como símbolo sexual. A partir de este momento surgió mi imagen más erótica. «Háblame en la cama» era una de sus canciones. Obra del compositor Manolo Sánchez Pernia, a quien estuve tan unida hasta el día de su muerte, aquella canción estaba llena de símbolos sexuales:

... dime que te creces cuando estas conmigo

De Paco Cepero era otra canción que gustó mucho, «En la oscuridad», de mucha carga erótica, pero muy matizada, como todos mis juegos en las canciones.

Estaba en la promoción de mi disco *Resurrección de la alegría* cuando conocí a Pepe Sancho. Fue en el Palacio de los Deportes de Madrid, donde él estaba presentando un disco que había producido Pedro Ruiz.

Yo le conocía, como once millones de españoles, por verle en la primera cadena de la televisión. La serie *Curro Jiménez* había tenido un éxito tremendo. De los tres protagonistas, Pepe era el más tunantón, el que se llevaba a las tías de calle. A mí, antes de conocerle, ya me gustaba aquel bandolero cínico, duro y fuerte.

Nos presentó un periodista del que no recuerdo el nombre, pero sí me acuerdo de que era un amigo común.

—Mira, María, te presento a Pepe Sancho, El Estudiante.

—Eres más guapo de lo que se ve en la tele.

Pepe se puso rojo, rojo. Se quedó muy cortado, pero tuvo una salida rápida.

—Pues, la verdad, María, tú tampoco estás mal. —Intercambiamos miradas y algún gesto delatador, pero cada uno se fue a su casa con un par de besos y un «nos vemos».

A los tres días, casualidades de la vida, volvimos a encontrarnos en El Corte Inglés de Madrid, donde los dos estábamos haciendo la promoción de nuestros discos.

Estuvimos juntos con otras personas durante toda la noche. Al lado de ese hombre sentí una atracción que me arrancaba de cuajo. No podía evitarlo y tampoco entendía lo que me estaba pasando. Aunque eso era lo que siempre deseaba sentir, para mí no era fácil sentirlo a la primera. Yo soy más de largo recorrido. Hasta ese momento yo no creía en el flechazo. Me parecía una tontería.

Aquella noche quedamos para cenar. Me llevó a Casa Lucio, un famoso restaurante en el que ya entonces se podía ver cualquier noche o mediodía a escritores, artistas y políticos. Lucio era y sigue siendo el tabernero más famoso de Madrid, el rey de la Cava Baja, le llaman. Yo ya había estado allí en diferentes ocasiones, pero el lugar me pareció diferente al lado de El Estudiante. En aquel lugar me di cuenta de que estaba por sus huesos. Caí rendida. Me enamoré hasta el tuétano.

Él estaba en ese momento un poquito cabizbajo porque había terminado la serie *Curro Jiménez*. Ya era muy popular, pero estaba flojo de trabajo y como Pepe era y sigue siendo un buscavidas, se metió en lo de la canción y grabó un disco con dos canciones de Pedro Ruiz. Pepe es admirable profesionalmente, no tenía trabajo y se montó un show para actuar en cabarets.

Aquel día me invitó a su casa de la calle Bronce y yo sentí algo muy grande, porque hasta entonces, eran los hombres quienes venían a mi casa. Nos dimos los teléfonos y la vida nos separó, al menos momentáneamente.

Por entonces yo tenía una ayudante, Charo, que había sido compañera en Las Brujas hacía ya años. Aquella noche cuando llegué al hotel, sobre las seis o las siete de la mañana, lo primero que hice antes de quitarme los zapatos fue llamarla por teléfono:

—Charo, me caso con El Estudiante.

—Tú estas loca.

—Sí, pero yo te digo que me caso con él.

Aquel entusiasmo en que vivía todo el día, dándole vueltas a una o a mil imágenes iba ocupando mi cabeza por completo mientras mi imagen de mujer independiente, de hembra devorahombres iba creciendo. Él se fue por ahí, a su trabajo y yo me peleé con el teléfono durante días. No quería llamar, pero al final lo hice; y no una, sino tres veces, aunque no tuve suerte y no pude hablar con él. Me prohibí volver a intentarlo y dejé que el tiempo hiciera lo que tuviera que hacer.

Poco tiempo después, en el curso de una noche que me entregaban un premio, noto una mano en mi hombro que me da suaves toques; me vuelvo y ¡era él! El estómago se me quedó pequeño como si se hubiera comprimido y creo que una sensación de alegría me iluminó la cara. No podía creer que le tuviera frente a mí. No había pasado mucho tiempo, pero parecía que ya las cosas empezaban a enfriarse aunque mi pensamiento estuviera cada día con él. Me dio tanta alegría verle frente a mí, tan cerca... que no pude ocultarlo:

—¿Tomamos una copa juntos, María?

—Vengo acompañada.

—Yo también.

A pesar de nuestras respectivas compañías, Pepe y yo salimos juntos de allí. Aquella noche tomamos una copa en algún sitio y después Pepe me llevó al hotel Wellington, donde me hospedaba. Al día siguiente vino a verme ensayar en la sala en la que yo iba a debutar. Él, por aquel entonces, hacía un papel en *La boda del señor cura*. A partir de esa noche Pepe y yo no nos separamos; me sentía inmensamente feliz y no deseaba otra cosa que ese hombre se casara conmigo.

En realidad no puede decirse que lo mío con Pepe fuera un noviazgo. Nos íbamos viendo esporádicamente. Nos encontrábamos en algún lugar.

En aquellos días pasé una dura preselección para participar en el Festival Yamaha en Japón. Cuando terminé la actuación, le llamé para decirle que había ganado. Fue la primera persona que se enteró, al menos por mi boca.

Pepe seguía rodando su película y yo ensayaba un nuevo espectáculo en la sala Florida Park de Madrid. Aquella tarde, como en otras ocasiones, vino a verme al ensayo. En cuanto le vi entrar le seguí con los ojos hasta verle sentarse en una de las mesas pegadas casi al escenario. Me acerqué cantando, le di un beso y como si fuera parte de la canción me le quedé mirando y le dije:

—Pepe, te voy a hacer una pregunta. Dime sí o no. —Le miré de arriba abajo—: ¿Te quieres casar conmigo?

—Sí —contestó.

—Bueno, pues luego hablamos.

Y sin más, seguí ensayando mis canciones. Como si lo que hubiera hecho era preguntarle la hora.

El caso es que después de terminar yo no hablé con él y él conmigo tampoco. Nos fuimos a cenar y no volvió a hablarse del asunto.

Estrené el espectáculo en Florida Park unos días después de haber formulado la pregunta más importante para mí en aquel momento.

De las críticas a aquel espectáculo recuerdo especialmente la del poeta José Miguel Ullán, en una de sus crónicas de hace más de veinte años:

> Marcha y rabia de amor. Luz blanca. Vestido cada vez más transparente. Rosas rojas. Movimientos insinuantes. Y la confirmación de que María Jiménez, provocadora y reservada a un tiempo, es hoy por hoy, la única que ha sabido trocar sus caprichos en la leyenda de la ley. A palo seco «Si me doy, me doy entera».

Quizá el gran poeta fue de los pocos que supieran en su momento lo que yo realmente representaba y aportaba a la música, con la que nos adelantamos muchos años. Mi carrera ascendía y ascendía como un baño de espuma. Cada vez más grande, cada vez más popular; hasta la exageración. La prensa del corazón empezó a seguir mi relación intermitente con Pepe.

Nuestro amor fue creciendo, separados. Los dos teníamos

oficios complicados. Llamadas telefónicas en cualquier momento y alguna carta inesperada. Recuerdo que por aquel entonces Pepe me regalaba libros, muchos libros. Decía que le había impresionado ver que tenía un libro en la cabecera de mi cama; libros y muchas rosas rojas. Una noche me regaló los pendientes de brillantes que llevé el día de mi boda.

Aquel 1980 grabamos dos discos simultáneamente: *Sensación* y *Por primera vez*. *Sensación* salió inmediatamente después de la grabación y *Por primera vez* salió un año más tarde, en 1981.

Le había hecho la pregunta a Pepe tiempo atrás. Es verdad que él me había respondido con cariño, pero sin decirme lo que pensaba del asunto de mi pregunta. No volví a preguntárselo y la vida nos fue llevado de un lugar para otro. Seguíamos estando juntos, pero con vidas separadas, rodeados de amigos y momentos para soñar con ellos. Hasta que una noche, estando en una sala de fiestas, de repente, sin que yo lo esperara me dijo:

—Bueno, María, ¿cuándo quieres que nos casemos?

Lo dijo como si fuera la misma tarde en la que se lo pregunté. En esta ocasión yo fui bastante más rápida en poner la fecha de la boda.

Aunque estábamos a mitad de mayo le pregunté:

—¿Qué te parece el uno de junio, Pepe?

Le pareció una fecha estupenda.

—¿Y dónde nos casamos, María?

—Pues mira, nos lo vamos a jugar a cara o cruz. Si sale cara, nos casaremos en Sevilla, en mi tierra, y si sale cruz, lo haremos en la tuya, en Valencia.

Fue una decisión tomada al azar, pero yo sabía que saldría Sevilla. Estaba tan segura que por eso me lo jugué; donde tenía que casarme con ese hombre era en la iglesia de Santa Ana, en mi Triana del alma. Y así fue.

Ni tuvimos convivencia ni *na de na*, apenas nos tratamos. Simplemente igual que ahora creía en el amor y pensaba que era el hombre de mi vida. Con eso era suficiente. De hecho, ha sido durante veintidós años el hombre de mi vida. Para lo bueno y para lo malo.

Pocos días antes de la boda, ya metidos en los preparativos y en la organización que se nos empezaba a ir de las manos, le hice una pregunta aún más importante que la que le hice en Florida Park:

—Pepe me gustaría… sería tener la felicidad completa… que quisieras darle tus apellidos a mi hija Rocío.

—Encantado, de corazón. Es algo que pensaba decirte en su día, aunque desde luego tampoco quería obligarte. Me hace ilusión lo que me pides. Acepto.

Aquel fue uno de esos momentos en los que la vida decide dártelo todo a la vez. Uno de esos momentos en los que la felicidad es tan intensa que llega a doler. Para mí, y eso lo sabía él, era algo muy importante que, la verdad, pregunté sabiendo, en el fondo de mi corazón, la respuesta. Con la misma seguridad que me jugué el lugar de mi boda, hice aquella pregunta. De todas formas, aunque me hubiera dicho que no, me hubiera casado con él. Con esa respuesta, dos días más tarde, Pepe y yo nos fuimos a Sevilla para que conociera personalmente a la niña. Hasta ese momento habían hablado alguna vez por teléfono pero nada más. Allí en mi tierra conoció a la niña y a todos los míos.

Aquel mismo día le dije a mi hija que iba a casarme con Pepe Sancho. Sé que la noticia le gustó, o quizá, más que la noticia, la alegría con la que se lo dije. Rocío me conocía muy bien, ella sabía que era plenamente feliz. Supe verlo en sus hermosos ojos.

9

De blanco y en Sevilla

Nos casamos el 1 de junio de 1980 en Triana.

Pepe y yo llegamos dos días antes a Sevilla; recuerdo que era jueves. Estaba nerviosa, emocionada, feliz, torpe... estaba de todas las formas que se puede estar cuando el momento tan acariciado está a punto de hacerse realidad. Quería a Pepe como no había querido a ningún hombre; estaba convencida, no tenía ninguna duda, de que él era el hombre de mi vida y además iba a casarme con él. Lo que viví en Triana, en mi barrio de toda la vida, fue como el final de un cuento. El final de muchas cosas y el principio de otras que en aquel momento yo estaba muy lejos de suponer. Pero como aquel día yo ignoraba lo que sucedería a lo largo de veintidós años, para mí todo era alegría y felicidad. Cuando me vi vestida de novia, no pude evitar pensar en mis años de niñez, cuando junto a otras niñas pasábamos por los escaparates de las tiendas de novia y nos quedábamos mirando los trajes frente al cristal. Las otras niñas siempre decían que se casarían con un vestido parecido al que veíamos. En cambio yo siempre decía que ni con ese ni con ninguno. Siempre, desde muy chica, pensé que no me iba a casar.

Pero la vida, como siempre, se ocupó de escribir la última palabra. No solo me vestiría aquel día en Sevilla, para Pepe, de blanco, sino que volvería a hacerlo años más tarde en el cálido paisaje de Limón, en Costa Rica, y después, una vez más, en Nepal. O sea, que jamás se debe decir de esta agua no beberé, porque heme aquí: yo no me iba a casar nunca, nunca, y me vestí de novia tres veces, y lo que todavía es más, para el mismo hombre.

En Triana me vestí de Sissi emperatriz. Curiosamente, el vestido era muy parecido al que años después se hizo Sara Fergusson para casarse con el príncipe Andrés de Inglaterra, eso sí, sin aquella cola que debía ser insufrible. Lo confeccionó María Godelia. Como manda la tradición, no permití al novio ver el vestido hasta el día de la ceremonia. Si acaso, le contaba detalles que mi entusiasmo no me permitía guardar.

Aquel sábado, 1 de junio de 1980, a las siete de la tarde, Sevilla entera estaba en la iglesia de Santa Ana.

Triana se echó a la calle. Fue algo espectacular, que no se me había pasado por la cabeza. Sí es verdad que esperaba que mis vecinos, mi gente de toda la vida, me acompañaran en un día tan importante desde las mismas calles en las que jugué, donde quizá aprendí a cantar; pero aquella respuesta no entraba dentro de mis previsiones. Pepe salió con sus padres desde el piso que yo tenía entonces en la calle Don Fadrique, en la Macarena.

Yo salí de mi casa de la calle Betis, número 3; me esperaba un coche que tardó casi una hora y media en llegar a la iglesia. Andando no suele tardarse más de cinco minutos, pero el gentío era tan grande que no había manera de dar un paso.

El barrio entero se metió en la iglesia y muchos de los invitados tuvieron que quedarse en la calle. Según me contaron después, la gente decía: «Ustedes la van a tener en el convite y nosotros no, y María es nuestra». Las muestras de cariño me emocionaron desde que empecé a escuchar el rumor de la gente bajo mi ventana.

Días antes Rafael, un gran amigo mío dueño de la Venta de los Monos, el restaurante que se encargó del catering de la boda en la Venta de Antequera, intuyendo la que se podía formar en mi barrio, habló con el gobernador para que enviara una pareja de motoristas que fueran abriendo el paso, pero se lo denegó porque, según el gobernador: «Si cuando se casa una folklórica hay que poner a dos motoristas en la calle, ¿qué tendremos que hacer cuando lo haga un aristócrata?».

Recuerdo que me dolió más por el cariño con el que Rafael lo había pedido que por mí:

—Pero, Rafael, ¿para qué pides esas cosas para mí? ¿Tú crees que yo soy mujer de eso?

El caso es que el hombre se lo tomó muy mal, pero se le pasó enseguida cuando empezó a ver aparecer coches de la policía. Allí llegaron siete coches y catorce policías. La alteración del orden fue tremenda y yo casi me asfixio del gentío que había. No estoy exagerando; por andaluza que sea, aquello cortaba la respiración.

Yo no podía creerlo: en mi Sevilla del alma se cumplían mis dos sueños: el de ser artista en mi tierra y volver para casarme con el hombre al que más he amado en toda mi vida. Sentí tantas emociones, tantas vibraciones…

La verdad es que Pepe estaba guapísimo de chaqué. La iglesia, Santa Ana, hervía de gente.

Quise que nos casara Pepe Carrillo, el cura de la hermandad de Triana. Le conocía desde hacía años y a él también le hizo mucha ilusión que se lo pidiera. Aunque yo nunca he sido muy de iglesias, ese sacerdote era algo muy especial. Recuerdo que unas semanas antes, en el Rocío, le había dicho que en la boda quería comulgar y él como es lógico me dijo que para comulgar, antes tendría que confesar. Así que yo me lo llevé por un lado del camino y le dije:

—Pepe, yo te voy a decir lo que no he hecho nunca: no he ofendido a mi padre ni a mi madre ni he robao, ni he matao… y nunca le he hecho daño a nadie.

—Pues ya estás confesada, hija.

En estos momentos parece que le estoy viendo frente a

mí. A mi lado Pepe, guapísimo con su chaqué y aquellas lágrimas que se le escaparon en el momento más emocionante de la ceremonia. Yo no sé cómo pude aguantar la emoción que me rompía la voz. La verdad es que en aquel momento no vi ni al padre de Pepe, el padrino, ni a mi madrina Beatriz de Borbón, duquesa de Sevilla y amiga mía. Y fue mi madrina porque a ella le apetecía. En esa época recorría de madrugada muchos bares con Beatriz y su marido y era muy gracioso, porque llegábamos a esos sitios, nos sentábamos a tomar algo y te preguntaba el de al lado:

—¿Cuándo vas a cantar?

Yo siempre decía:

—Cuando me salga del coño.

Yo había ido allí a pasar el rato y estaba harta de que todo el mundo se empeñara en que le cantara un poquito, así que cuando me iba preguntaba al moscardón:

—Y usted, ¿a qué se dedica?

—Pues soy abogado —contestaba el hombre.

—¿Y a quién de esta mesa va a defender usted?

La cara que se le ponía era para verla. Y es que la gente se confunde con los artistas. Siempre, estemos donde estemos, se supone que tenemos que cantar, o si eres un cómico, contar un chiste. Es como si los artistas tuviéramos que pasarnos la vida ejerciendo. Y no es así: yo canto en el estudio de grabación o en el escenario; fuera de allí lo hago si me da la gana. Y como ya en aquel tiempo pensaba así, tuve que dar unos cuantos cortes. Los artistas, claro, lo vemos de otra manera: cuando estamos entre nosotros, nunca le decimos a un compañero: «Oye, cántame un poquito». Lo hará si está a gusto, sin que se lo pida nadie. Y basta que se lo pidas para que se le quiten las ganas; el duende desaparece. Es así de simple; para que las cosas salgan bien, para que salgan natural, el duende y el ángel tienen que estar juntos. El ángel es la armonía, el sentirse a gusto, y el duende, si no está el ángel, si nota mal ambiente, si le obligan, se va. Yo lo veo así de sencillo.

Beatriz, lo entendió muy bien en aquel tiempo. Ni ella ni su marido se sentían molestos con mis salidas. Al contrario las entendían y les divertía.

Entre Beatriz y yo se creó una bonita relación. Recuerdo que pocos días antes de la boda me dijo:

—Si quieres soy tu madrina.

Me lo ofrecía medio en broma medio en serio, pero el caso es que a mí me hacía mucha ilusión y sin darle tiempo a añadir nada le contesté:

—Claro que quiero. No se hable más. Tú serás la madrina.

A Pepe también le gustó la idea, y en mi familia no hubo ningún tipo de problema, así que Beatriz fue la madrina.

Supongo que fue por la emoción, pero a mí me parecía que Pepe, el cura, mi ya casi marido y yo estábamos solos en aquella iglesia en la que momentos tan importantes de mi vida había vivido. Beatriz participó mucho en las tradiciones de la novia. Ella fue la que me dejó la prenda prestada, en este caso una preciosa trenza que llevé como tocado y estuve a punto de perder. Aunque nunca he sido supersticiosa aquel día cumplí con todo: llevaba un lazo azul en la enagua y una media rota. Tenía un tomate, como en aquellos calcetines que utilizaba en invierno cuando era niña, más pequeña de lo que en aquellos momentos era mi hija.

Rocío tenía once años, aunque aquel día, con su vestido beige por debajo de la rodilla, parecía mayor. Llevaba una media melena; aún recuerdo cómo brillaba sobre sus hombros. El vestido tenía un cuello de pico, sobre el que destacaba una cadenita con un pequeño crucifijo. Puedo verla, a mi lado, con las manos entrelazadas y ese gesto de mirada profunda, tan característico de ella. Ella fue la encargada de portar unas preciosas arras de oro que se perdieron durante la ceremonia. Nunca más se supo de ellas.

El banquete, como ya he dicho, se celebró en la Venta de Antequera. Tres mil quinientos invitados nos acompañaron ese día.

Nadie sabe cómo, pero desaparecieron ochocientas invitaciones en el correo y se armó un lío tremendo. A aquel banquete entró muchísima gente que ni yo ni nadie conocíamos de nada. Pero, bueno, señal de que quisieron estar en mi boda.

Recuerdo que no estuve ni un momento ni con mis padres ni con mi hija ni con el novio, que andaba de mesa en mesa mientras desde el escenario mis compañeros me cantaban.

Aquella fue una boda por amor, una ceremonia maravillosa y muy deseada.

En cuanto a la luna de miel, la verdad es que tengo pocas cosas que contar, porque no la tuvimos. Tanto Pepe como yo teníamos que trabajar el día 7 de junio, así que no le podíamos echar mucha fantasía. En nuestros primeros meses de casados estuvimos viviendo en el apartamento de Pepe en la calle Bronce, número 11, piso 11. La cosa no quedaba ahí porque, además, Pepe nació el 11 del 11. Rocío se vino a vivir con nosotros.

Aunque estuvimos poco tiempo en aquella casa, la recuerdo como un lugar muy bonito, muy agradable, en el que lamentablemente hubo muchas tensiones. El inicio de nuestro matrimonio coincidió con un momento muy duro entre Pepe y la mujer con la que tiempo atrás había tenido un hijo. En aquel momento el niño se vino a vivir con nosotros y a los dos días justos de estar allí la criatura, que tendría cinco años, se dirigió a mí llamándome mamá. Como pude, le dije que yo no era su mamá, que me encantaría serlo pero que él tenía la suya. Recuerdo a aquel niño con cariño, y también a su madre, por la que sufrí pensando en lo que estaría pasando. A mí me pilló todo en medio, yo era ajena a lo que estaba ocurriendo.

De aquellos días, sin embargo, guardo un recuerdo de mi hija, que cada vez que me viene a la mente me llena de ternura. Una de esas reacciones que solo podían salir de alguien con un corazón tan hermoso como el de ella.

Me imagino que el hijo de Pepe, posiblemente influido por su madre y sus abuelos, se pasaba el día diciéndole a Pepe, que él no era su padre; en uno de los momentos en los que el niño, en medio de una rabieta, se lo gritó, Rocío se los quedó mirando a los dos con aquellos ojos que lo decían todo, se fue hacia Pepe y frente a él le dijo:

—Yo te llamo siempre Pepe y este, que es tu hijo, no quiere que seas su padre. ¿Tú quieres ser mi padre? Yo quiero ser tu hija.

Por supuesto que Pepe quería ser su padre, y lo fue.

En esa casa de Madrid estuvimos apenas tres meses. Nos compramos un chalet adosado en Las Rozas y nos trasladamos toda la familia.

Pepe y yo no pensábamos tener hijos de momento. Teníamos muchos planes para nuestra vida pero por ahora la familia se quedaría como estaba: Pepe, Rocío y yo. Rocío comenzó a ser hija de los dos a partir de ese momento. Cuando salimos de la iglesia de Santa Ana, Rocío tuvo por primera vez un padre. Él lo había elegido y como tal se comportó. Fue para mí muy importante tenerle a mi lado, como padre de Rocío, en aquellos momentos. Ella estaba a punto de entrar en la adolescencia y aunque yo nunca había necesitado a nadie ni para mantener ni para educar a mi hija, esa era una edad difícil.

Tomamos precauciones para no ampliar la familia, pero no sirvió de nada. Una vez más lo que está de Dios está de Dios; nuestras previsiones fallaron más que una escopeta de feria y me quedé embarazada a los dos años de la boda.

Por aquel tiempo yo tenía que grabar un disco con ritmos calientes y nos fuimos a Cuba para hacerlo. Pepe me acompañó en aquel viaje, que de alguna manera fue la luna de miel que no habíamos tenido. Aunque aquel era un viaje de trabajo, fueron las mejores vacaciones que hubiéramos podido soñar; inolvidables días de amor hasta el agotamiento. Todo era quererse, mojitos, sol… Una maravilla.

Tan pronto como llegamos a España, creo que fue en junio, empecé a sentirme algo extraña. Estaba preparando las galas de verano cuando le dije a Pepe lo que pensaba:

—Me siento rara, Pepe. Creo que estoy embarazada.

—Eso es imposible.

—Será imposible, pero yo me siento embarazada. Hagamos la prueba.

No era necesario, yo lo sabía.

En Madrid Rocío iba al colegio San Estanislao de Kostka, donde ya había empezado a encontrar nuevos amigos. Aunque la felicidad de las dos estaba en vivir juntas por fin, después de pasar tantos años en Sevilla donde estaba todo su mundo, era lógico que tuviera que pasar un poco de tiempo para que ella se sintiera en su nuevo hogar de Madrid, nunca mejor dicho, como en casa.

Ella y yo compartíamos todos los secretos; además de madre e hija éramos buenas amigas. El haberla tenido siendo una adolescente, me facilitaba la relación con ella. Rocío me hablaba muchas veces de sus amigas y de lo mayores que eran sus madres. Ella siempre decía que le gustaba tener una mamá joven como yo. Desde que era muy pequeña me había esforzado en hacerla entender que podía compartirlo todo conmigo. No quería por nada del mundo que tuviera miedo de mí. Como todas las madres que han pasado mucho, lo único que quería era que la vida de mi hija fuera muy diferente a la mía. Por eso, aunque me preocupé mucho de que ella estudiara, nunca he sido una madre severa, como lo fue la mía. Yo no quería que mi hija no me contara algo porque me tuviera miedo. Miedo, ninguno. Y creo que lo conseguí. Puede que aquellos días sean los mejores recuerdos de mi vida.

Me encantaba la casa de Las Rozas, un chalet adosado

donde al lado, a la derecha, vivía una familia del Opus con más niños que el carro de la nieve y a la izquierda un productor musical con una asistenta que paseaba al niño por el jardín con los camisones de la señora; algo surrealista. Por fin tenía un hogar; mi Rocío, mi marido y un nuevo hijo en camino. Eso sí que era un sueño.

Tuve un embarazo sensacional, porque a diferencia del primero, cuando yo tenía diecisiete años, entonces, a mis treinta y dos años, pude disfrutarlo plenamente con total consciencia y además, eso es muy importante, las circunstancias eran muy diferentes a mi primer parto. Cuando Rocío vino al mundo yo estaba sola; en esta ocasión estaba junto al hombre que amaba, aunque nuestro matrimonio se encontraba en un momento delicado. Ya habían surgido las primeras peleas y las primeras broncas con Pepe. Los dos teníamos, y seguimos teniendo, un carácter muy fuerte. Además, los dos somos muy orgullosos y, claro, con esa mezcla las chispas empezaron a saltar entonces y no han parado de hacerlo hasta ahora.

Recuerdo el embarazo de Alejandro llena de energía. Tenía todo el día unas ganas enormes de hacer cosas. No había manera de que me estuviera quieta. Incluso recuerdo que estando ya de siete meses marché nuevamente a Cuba, al Festival Internacional de Varadero más que por un compromiso profesional, para darle las gracias por lo que viniera a la Virgen de la Caridad del Cobre, a la que tanta fe le tuve siempre.

Durante aquellos meses, nunca me cansaba; por mi actividad, parecía que no estaba embarazada y, además, como en el caso de Rocío, el embarazo de Alejandro fue de muy poquita barriga.

Fue entonces, cuando compramos la casa grande de Las Lomas. Un día Pepe llegó diciendo:

—María, he visto una casa que te va a volver loca. No puedes imaginártela.

Hombre, como poder podía, porque yo con la imaginación

me había montado muchas películas en mi vida, pero no fue necesario porque Pepe, que cuando quiere algo no hay quien le pare, ya se lo había montao para que pudiéramos ver la casa los dos juntos, al día siguiente. Fuimos y efectivamente, me volvió loca. Aquella era una casa inmensa, grandiosa, la llamaban Tara, como la casa de *Lo que el viento se llevó*.

Eran mil metros habitables y cinco mil metros de jardín, una barbaridad. El *hall* de entrada era más grande que la mayoría de los salones que conozco. Todo era a una escala grandísima; había que ir de nuestro dormitorio al de la niña en bicicleta. Un lujo que nunca consiguió ser un hogar para nosotros. Las relaciones entre Pepe y yo no mejoraban; seguían las broncas y las peleas y aquella casa se convirtió muy pronto en el escenario de nuestro primer desastre. Coincidió con un mal momento económico en el que el trabajo se vino abajo y, encima, yo embarazada. Todo estaba lleno de problemas, uno tras otro… un desastre absoluto.

No fue un verdadero hogar, pero recuerdo momentos de gran felicidad en aquella casa. Después de ella nunca volvimos a vivir todos juntos. Y la verdad es que nos encantaba. A pesar del mal ambiente que había en algunos momentos, otros son inolvidables para mí. Me veo sentada en el sofá de aquel amplísimo salón con la cabeza de mi hija y la de Pepe sobre mi vientre. Los dos con el oído puesto y bromeando mientras yo sentía que todo, lo que más quería en el mundo, lo tenía en mis manos. «A ver, ese niñito que está ahí, ¿a quién va a querer más de los dos?»

Luego, lo que es la vida, por razones diferentes me he quedado sin los dos, sin Pepe y sin Rocío.

Continúe con mi actividad durante todo el embarazo. Estaba de siete meses cuando actué con mi espectáculo en Sanlúcar de Barrameda. Lo que allí pasó tuvo mucho que ver con lo que un periodista había escrito sobre mi forma de cantar meses atrás. No se cortó al decir que María Jiménez cantaba con el coño.

Estando sobre el escenario con las piernas abiertas, sentí al final del espectáculo que se me desprendía la vejiga. Recuerdo que acordándome de lo que aquel periodista había escrito un año antes, me eché las dos manos entre las piernas y dije: «¡Es verdad, tiene razón el periodista, canto con el coño!».

Alejandro vino al mundo un miércoles, 16 de febrero de 1983. El día anterior había estado en la consulta del doctor Botín:

—Doctor —le dije—, yo no quiero que mi hijo nazca en Piscis. Quiero tenerlo antes de tres días para que sea Acuario que es el signo que quiero para él. Méteme el dedo, que el niño tiene que ser Acuario.

El doctor Rafael Botín, encantador como persona y una eminencia como médico, me dijo:

—Bueno, María, para no escucharte quítate la ropa y ponte ahí, que te voy a meter el dedo.

El doctor me hizo una exploración y me envió a casa convencido de que no iba a parir hasta una semana después.

Alfonso Santiesteban y Marisa Medina, grandes amigos nuestros, nos habían invitado a cenar en su casa aquella noche. Alfonso había compuesto la música para un espectáculo de Pepe y quería que la escucháramos juntos.

Estábamos todos allí cuando de repente sentí un dolor muy fuerte.

—Pepe, llévame a casa, el niño va a nacer.

Eran las tres de la madrugada cuando llegábamos a la casa grande de Las Lomas. Pepe se fue a dormir y yo recuerdo que me quedé en el sofá con una manta por encima hasta que casi amaneció.

Al día siguiente escuché a Pepe levantarse sobre las diez de la mañana; como cada día, se marchó al ensayo.

Me sentí tan mal que llamé al doctor Botín.

—Vente, María, pero tú no estás de parto.

—Doctor, dirá usted lo que quiera, yo tengo los mismos síntomas que cuando nació Rocío.

—Vente, María, pero ya verás cómo te vuelves a tu casa. Aún no es el momento.

Yo estaba segura de que sí lo era. Llamé a Pepe al teatro.

—Pepe estoy de parto. Me voy para la clínica.

A pesar de lo que dijera el doctor, yo sabía que Alejandro estaba a punto de llegar. Recogí algunas cosas que ya tenía preparadas y me marché acompañada de Charo, la mujer de Paco Cepero, a quien le estoy muy agradecida, aunque yo con quien deseaba ir era con Pepe, que, para mi dolor, había decidido quedarse en el ensayo.

Llegué sobre las cinco de la tarde. Recuerdo con qué seguridad les dije al doctor y a la comadrona:

—Antes de las diez y media está mi niño en este mundo.

Y a las diez y media en punto llegó Alejandro.

Hacía poco que Pepe había llegado y pudo acompañarme durante el parto.

Fue muy doloroso. Me recuerdo gritando: «Duérmeme, que no lo aguanto». El doctor Botín lo hizo cuando el niño estaba coronando.

Presentaron al niño a la prensa y acto seguido el doctor me hizo una pequeña revisión, por si se me había quedado un poco de placenta; menos mal que me reconoció, porque el parto me había provocado un desgarro en el útero de dieciséis centímetros. Gracias a eso, me salvó la vida. El doctor salió en busca de Pepe.

—Pepe, tengo que intervenir a María.

Pepe le dijo que hiciera lo necesario para que me recuperara. Fueron dos horas y media de intervención. Lo conté de milagro, porque de no haber sido por esa decisión del médico y la aprobación de Pepe, me podría haber desangrado durante la noche.

De manera que, aún bajo los efectos de la anestesia por el parto, pasé al quirófano, de donde salí sana y salva dos horas después. Y aquí tengo que hablar de algunos periodistas malintencionados de la prensa del corazón, que en aquel delicado momento hicieron de las suyas. No les bastó con molestarnos a Pepe y a mí durante años, hasta el punto que decidimos irnos a vivir lo más lejos posible de Madrid para evitar a los indeseables, sino que en una situación como la que estaba viviendo, estando yo tan grave, publicaron que teníamos vendida la exclusiva y que por esa razón no dejábamos entrar a nadie en la habitación. Puedo asegurar, años más tarde, que no era verdad; yo estaba pasando un postoperatorio durísimo que llegó a durar más de dos meses: sesenta días intentando salir adelante poco a poco, con temor de moverme y un shock emocional que todavía me persigue como un fantasma, la muerte de mi padre, que se mezcló cruelmente con el nacimiento de mi hijo. ¡Es la naturaleza! Eso que nos rodea, sobre la que no podemos mandar. Una vida llega y otra se va, como si la naturaleza me cambiara a mi hijo por mi padre.

Estaba ya en casa recuperándome cuando me llamaron de Sevilla para decirme que mi padre se estaba muriendo. Y dije: «Yo también me estoy muriendo en otra cama». En mi casa no lo entendían…

Recibí la petición de mi padre y la orden del médico de que ni se me ocurriera moverme de la cama; necesitaba guardar reposo absoluto. Al final, el deseo de ver a mi padre me arrastró con más fuerza que la orden de un médico. No hice caso, me levanté de la cama y me fui para Sevilla con la mano sobre la herida, que yo creía que se me abría la barriga, una sensación de que no podía ni andar.

Sin que me diera permiso el médico, me puse en camino para mi tierra. El viaje se me hizo largo y pesado, pero sobre todo triste. Solo pedía que, cuando llegara, aún le viera con vida. Cerré los ojos y apreté casi sin darme cuenta los puños al poner la mano en el picaporte de la puerta de la habitación; abrí y vi a mi padre con su cuerpo semiparalizado, pero con una mano llena de vida que se agarró con fuerza a la mía. Enseguida se la sujeté.

—Papá, si me escuchas, apriétame la mano.

Lo hizo, yo lo noté. Aunque él no podía decir ni una palabra. Yo recuerdo que estuve hablándole, sentada a su lado durante horas.

—Padre, soy la Mariquita, soy la Mariquita, papá. Te vas a poner bien. Cógeme la mano, así… —Y él, no sé cómo, pero me la cogía—. ¿Tenías ganas de verme, padre? —Y él solo me tocaba la mano—. Yo tenía muchas ganas de verte. Te quiero mucho.

Y así estuvimos en una conversación sin palabras pero con gestos que se me han quedado grabados a fuego. Estaba con los ojos medio cerrados y de pronto con su mano pegada a la mía, se murió. Estaba sola en la habitación.

Recuerdo que mi primer impulso fue salir corriendo. Me esfuerzo, pero no puedo relatar la emoción de aquel instante; su mano unida a la mía fue suficiente para él y una vez que me vio y me apretó fuerte, se murió. Yo empecé a gritar: «¡Mi padre ha muerto!». «¡Mi padre ha muerto!»

Mi hermana, mi madre, mi hermano, mis primos estaban fuera, en el saloncito. Y fue, en ese momento, cuando se murió mi padre, cuando yo me enteré de algo que en el fondo de mi alma ya sabía.

Aún estaba mi padre en la habitación cuando mi hermana Isabel cumplió con el encargo que él le había dejado.

—Te tengo que decir una cosa que me dijo el padre. Pero me advirtió que solo te lo contara cuando hubiera muerto. María, tú eres gitana. Y te lo digo porque él me lo pidió y porque toda la vida los gitanos de los tablaos donde cantabas te decían siempre que no podías ser paya, que tenías que ser gitana.

Así era. Y yo siempre les decía: «No, yo soy paya». Recuerdo que cuando llegaba a casa de madrugada y me cruzaba con mi padre que se marchaba a trabajar, yo decía siempre en el almuerzo:

—Los gitanos… qué pesados son, qué racistas. ¿Por qué? ¿Por qué narices tengo que ser gitana para cantar? Los payos también podemos cantar. —Y a todo eso, mi padre sin decirme nada.

Mi padre renegó del suyo, que era gitano, porque se jugó a mi abuela a las cartas y la perdió. ¡Qué tiempos!

Me dejó una luminosa herida en el alma, le quise mucho. Estuve en Sevilla durante un día y medio y regresé llorando y débil a más no poder. Nuevamente a guardar reposo…

Después de haber estado tan cerca de la muerte, tanto que hasta podría decir que dormí con ella, pasé durante muchas noches, largas madrugadas, pensando en el estado en el que encontré a mi padre; su voz, su mano fuerte… Pero, gracias a Dios, volví a soñar con las cosas bonitas que siempre estuvieron entre mis sueños y empecé a despertarme con unas ganas impresionantes de vivir, de vivir, de vivir.

Y eso que después del parto me quedé como una muerta, pálida como un cirio, desangrada, sin glóbulos rojos. Incluso algún amigo periodista de entonces me comentó más tarde:

—María, creíamos que no salías de esa.

Pero yo tenía que salir, de esa y de muchas otras más.

Año y medio después bautizamos a Alejandro en Valencia, la tierra de Pepe.

Rocío, mi hija, que ya tenía opinión propia, quiso esperar algún tiempo para la ceremonia, hasta que el niño creciera, y Pepe no solamente no lo veía mal, sino que estaba de acuerdo con ella, pero mi sangre andaluza se revelaba:

—Quiero cristianar a mi hijo, porque si un día le pasa algo, no quiero que se vaya sin bautizar.

Y un día en que el niño no estaba muy bien, se encontraba malito, le cogí, me fui hasta la piscina de la casa y lo bauticé yo sola con las palabras grandes de: «En el nombre del Padre y del Hijo… yo te bautizo, Alejandro…». Para mí tuvo su validez por el amor y la fe con la que yo lo hice; pero, bueno, Alejandro está bautizado dos veces, bendito sea.

Le pusimos Alejandro porque es un nombre rotundo, fuerte, y yo pienso que los nombres influyen mucho en las personas. Alejandro traía un pan bajo el brazo y el intento de llenar de felicidad una casa que seguía con sus altibajos, ya que Pepe y yo teníamos grandes broncas muy a menudo. Por ejemplo, en medio de toda aquella locura Pepe se empeñó en producir una película, *Perdona, mi amor*, con la que terminamos perdiendo hasta lo que no teníamos. Todo un desastre.

Alejandro es vida; desde que nació, es pura vida, para él y para los que están cerca. Rocío tenía entonces quince años. Se convirtió, como decía ella, en la madre de su hermano. Y realmente se portaba como tal. Recuerdo con ternura cómo le cuidaba, le limpiaba, le daba el biberón y le llevaba con ella a su cama si Pepe y yo estábamos de viaje, trabajando. Rocío fue buena para todos, para su hermano y para nuestro matrimonio, que siempre intentó salvar.

Pero lo de Pepe y yo era ya un naufragio y llegamos a la conclusión de que era mejor separarnos de común acuerdo para recapacitar sobre nuestros propios egoísmos. Rocío no quería que nos separáramos y me decía siempre:

—Tienes que entender a papá, ¿no te das cuenta? Está nervioso por su trabajo.

Siempre he pensado que Rocío entendía a Pepe más que yo, que era la que discutía con él. Ella frenó en muchas ocasiones nuestra ruptura; había días, cuando estábamos las dos solas con el niño en la cuna, aquel niño con dos madres, que decía:

—¿Qué haremos las dos sin papá, cuando se vaya, en esta casa tan grande? Mamá, se nos va a caer esta casa encima.

—Démonos un espacio de soledad, vamos a ver si podemos vivir el uno sin el otro.

Aquel fue un año duro, la película, la casa, terminamos

separándonos, malvendiéndola, un desastre absoluto... Alejandro nació en 1983 y nuestro primer fracaso matrimonial se consumó en 1984.

Hubo que hacerlo. Primero nos fuimos de aquel lugar en agosto. Sencillamente, nos fuimos, cerramos las puertas, desconectamos las luces y nos marchamos sin dolor, sin pena alguna. Pepe, aunque se negaba a romper, a separarse, también se fue en agosto, cuando le dije llena de seguridad:

—Pepe, tenemos que darnos un tiempo. Tenemos que saber si podemos o no podemos vivir el uno sin el otro.

Lo hice con dolor, pero lo hice. En eso siempre he pensado que las mujeres somos más valientes; aunque duela, tiramos para adelante. Ellos son más cobardes, más conformistas. Con tener la casa y la familia controladas y preparadas, ya tienen suficiente. Para mí eran necesarias otras cosas.

10

Esa herida
que no cicatriza

Cuando al final cerramos aquella hermosa casa, que fue más una locura que otra cosa, decidí trasladarme con Rocío y el pequeño Alejandro a una casa en el centro de Madrid. Durante el tiempo que Pepe y yo estuvimos casados siempre huimos del meollo de la ciudad, no solamente porque de esa forma nos librábamos de los *paparazzi*, sino porque siendo una familia como siempre la había soñado, aquel lugar de Las Lomas o Las Rozas era ideal. Pero ahora, ya sola, pensé que todo sería más fácil estando en Madrid. Podría ver a mis amigos e irme por ahí con más facilidad. Lo malo de vivir fuera es que siempre da un poco de pereza salir. Compré un piso en el paseo de la Castellana en Madrid, una casa mucho más pequeña que la de Las Lomas, pero de la que esperaba que se convirtiera en lo que no había sido la otra, un hogar. Un hogar para mí y para mis dos hijos.

Era el mes de septiembre; empezaba el curso y como a Rocío no le iba muy bien en los estudios, con los cambios que hubo, decidí enviarla a un internado en Málaga. Tenía que empujarla un poco y el cambio de colegio me pareció una buena idea. En los cursos anteriores todo lo iba sacando por los pelos, pero ella, gracias a Dios, quería seguir estudiando. Siempre me decía que quería ser psicóloga. A Rocío le encantaban los niños, lo demostró con su hermano y con todos los pequeños de la familia, con los que ella siempre se comportó de una forma muy madura para su edad. Mi única preocupación era que continuara estudiando, que consiguiera una buena preparación, y me daba miedo que en esa edad tan complicada pudiera tomar una decisión que afectara negativamente a su vida. Me tranquilizaba escucharla decir:

—Mamá, yo solo quiero terminar mi carrera.

Por eso, para que se cumplieran sus sueños, la envié a Málaga. Fue una decisión que me costó mucho: pasaba de tener la familia por la que siempre había luchado a quedarme sola con mi pequeño Alejandro. En aquel momento, duro para mí, yo necesitaba cerca a mi hija; ya era una mujercita con la que podía hablar de casi cualquier cosa y la verdad es que me sirvió de apoyo en muchas ocasiones, pero no consentí que mi egoísmo de madre se interpusiera en el futuro de Rocío. A mitad de septiembre, mientras yo empezaba a decorar la nueva casa, ella se marchó.

Me encerré en mi soledad con mi hijo durante tres meses en aquel piso recién estrenado. Tengo malos recuerdos de aquel lugar; fueron tres meses en los que estuve casi sin salir del dormitorio. Allí comía, leía, veía la tele, dormía y si recibía alguna persona, lo hacía allí mismo. Sentía una pena grande. Vivía en medio de la desolación, no aceptaba que mi matrimonio hubiera fracasado, no quería meterme en la cabeza que el hogar y la familia que había conseguido crear había sido casi un espejismo por el poco tiempo que había durado. Estaba en cama, aunque el médico decía que no tenía ninguna enfermedad.

—María, hazme caso, tú no tienes nada; quizá, si acaso los flecos de una gripe mal curada.

Tenía razón, yo no tenía ninguna enfermedad que aquel médico pudiera diagnosticarme porque de lo que estaba enferma era del alma. Así pasé aquellos tres meses, hablando continuamente con Rocío por teléfono. Intentaba disimular para no preocuparla, aunque en mi hija hubiera encontrado mucha ayuda en ese momento, siempre he sabido que cuando Rocío me encontraba mal, sufría. Rocío, que era una niña muy lista y lo veía todo, notaba que, aunque era yo la que había decidido poner punto final, aunque fue mía la idea de que Pepe y yo nos diéramos un tiempo para saber qué sentíamos estando separados, yo lo seguía queriendo con locura y sufría como un animal apaleado con nuestra separación.

Vivir sola se me hacía cuesta arriba; no podía soportarlo, se me caía la casa encima. Los momentos en los que hablaba con Rocío o estaba con mi hijo Alejandro eran los únicos que me hacían reconciliarme con la vida. Continuaba en el dormitorio, pero ningún médico dio con lo que me pasaba. En aquella melancolía que me hacía vagar por la casa, había algo más que dolor en el corazón. Nadie descubrió de dónde procedían aquellas pocas ganas de moverme, aquella incapacidad incluso para levantarme de la cama. Aunque apenas tres meses después supe lo que ningún médico pudo decirme: lo que me estaba pasando era que tenía el presentimiento de una muerte; era algo que me angustiaba, que me avisaba de que una cosa muy grande iba a pasar en mi vida. Recuerdo que continuamente intentaba luchar contra aquella sensación, pero me era imposible. Iba a levantarme y no podía hacerlo, me pasaba el día como mareada, borracha y puedo asegurar que en aquellos días no me llevé a los labios ni una gota de whisky. Me quedé delgadísima, pálida como una muerta aunque lo lógico, después de no haberme movido de la cama durante tres meses, hubiera sido que me hubiera puesto como una pelota. Fue algo terrible. Continuamente echaba de menos a Rocío, me había acostumbrado a tenerla siempre a mi lado. Después de mucho tiempo en el que las circunstancias me habían obligado a vivir separada de ella, poder levantarme y saber que su cama estaba cerca, poder hacerle el desayuno o esperarla a la vuelta del colegio se había convertido en la razón de mi vida.

Fue difícil luchar contra la necesidad de tenerla conmigo. A veces intentaba convencerme de que donde mejor estaba Rocío era con su madre, pero en el fondo yo sabía que detrás de ese pensamiento estaba mi necesidad y no quería cargarla con ella. Muchas veces me he preguntado si habré sido una buena madre para ella, obligándole continuamente a estudiar o negándole, qué sé yo, aquellas quinientas pesetas más a la semana que me había pedido poco antes de su marcha. Me obsesiona; supongo que una madre cuando no le dejan terminar su obra, siempre piensa que podría haberlo hecho mucho mejor, pero luego la otra María que llevo dentro me grita: «Siempre lo hiciste bien porque la querías más que a tu vida, porque desde que tenías diecisiete años lo único que querías era verla preparada para el futuro».

Y es verdad. Yo no quería que a mi hija la vida le costara tanto trabajo como a mí. Todo lo que hice desde que decidí saltar de la mesa de operaciones de aquel médico o lo que fuera en un lejano 1968, lo había hecho por su bien.

Entre pensamientos que me torturaban, aquella angustia que me recorría el cuerpo sin tener la menor idea de a qué se debía y la separación de Pepe, llegaron las Navidades de 1984. La idea de unas fiestas en mi estado me parecían una tortura: lo único que deseaba era estar sola y las fiestas de Navidad con todo el mundo obligando a otros a ser feliz solo hacían que me sintiera más triste. Pero no podía quedarme en Madrid, así que decidí ir a pasar las Navidades a mi tierra, a casa de mi madre, con mi familia.

Aquellas fechas entrañables empezaron con mal pie. El 25, día de Navidad, Rocío salió con mi cuñado, mi hermana y mi sobrino. Al regresar tuvieron un aparatoso accidente con el coche; el susto fue impresionante para mí, pero la niña le quitó importancia. Recuerdo que cuando volvió Rocío dijo con aquella cara luminosa que siempre tenía:

—Fíjate, mamá, qué suerte, con el accidente que hemos tenido y no me ha pasado nada. Mírame, ni un mal rasguño. Cuando vuelva al colegio y lo cuente no se lo van a creer.

Mi niña, tristemente, nunca llegaría a contarlo. Qué poco sabía ella lo que estaba a punto de suceder. Ni ella ni nadie.

Pepe y la niña siempre habían tenido una relación magnífica; para mi satisfacción, él la había aceptado como hija y, lo que parecía más difícil, ella le aceptó como padre. Por eso, aunque él y yo estábamos separados, Pepe quiso pasar parte de las vacaciones con su hija; ella estaba encantada, contentísima porque iba a pasar la noche de fin de año con Pepe en Barcelona. La iba a llevar a una fiesta y ella, que empezaba a sentirse ya una mujer, estaba loca de contenta, muy ilusionada con un vestido largo, el primero que se pondría y que iban a comprar ellos juntos. El día 31 por la tarde Rocío y Pepe me llamaron para felicitarme el año. Aunque la verdad es que la respuesta de mi hija a mis primeras preguntas solo consiguió hundirme más:

—Qué tal Rocío, ¿cómo te lo estás pasando?

—Muy bien, mamá, esta ciudad me encanta.

—¿Te ha comprado ya papá el traje para esta noche?

—Sí, ya tengo el traje pero no me lo ha comprado él. Me lo ha comprado la chica que acompaña a papá estos días.

Aún golpean en mi cabeza aquellas palabras. Me recuerdo tragando saliva al otro lado del teléfono sin atreverme a hacer la pregunta que se me estaba clavando como un puñal, pero como a veces es inevitable plantear la pregunta, aunque estemos seguros de no estar preparados para escuchar la respuesta, lo hice.

—¿De qué amiga me hablas, Rocío?

—De una amiga, mamá.

—Pero ¿una amiga conocida?

Esa respuesta era la que no quería escuchar. El nombre era el de una de mis mejores amigas; la que estaba con mi marido era la misma persona con la que yo me había desahogado muchas veces.

Pepe iba a pasar la última noche del año a muchos kilómetros de mi vida con otra mujer y con mi hija. Me dolió mucho; para mí aquello fue como una puñalada trapera, una de esas jugadas del destino; el hombre en quien siempre había confiado y mi mejor amiga. Aquella conversación me separó aún más de Pepe.

Aquel año lo recordaré toda mi vida; no tomé ni una de las doce uvas, y no lo hice porque estaba convencida de que en el fondo, a pesar de todo, Pepe no se sentiría feliz tomándolas. Él no tenía esa costumbre, empezó a celebrar la Navidad conmigo. El momento de las doce campanadas, ese momento mágico estuvo lleno de ausencias. Todavía yo no sabía el auténtico significado de esa palabra, aunque sin saberlo faltaban muy pocos días para que lo aprendiera. Rocío estaba tan llena de vida, tenía tantos planes para el futuro, éramos dos en una, hablábamos las dos boca a boca a cualquier hora en cualquier circunstancia y de cualquier tema. En aquel momento yo lo sabía todo de ella y puedo asegurar que ella y solo ella lo sabía todo de mí. Nunca tuvimos secretos la una para la otra; por entonces a la niña, como es lógico, le bailaba el corazón: días antes de regresar al internado me había contado que tenía un medio romance con un chaval que, cosas de la vida, iba en el coche con ella aquella noche mortal. Antes de iniciar aquel viaje me pidió una sortija que yo le había comprado cuando era pequeña.

—Muy bien, Rocío, hagamos un cambio, yo te doy esa sortija que quieres y tú me das tu pulsera.

—Eso está hecho, madre.

Y así hicimos el cambio, entre risas e ilusión.

—Ea, Rocío, aquí tienes, como si te casaras. —La verdad es que lo de la boda lo dije como un símbolo, como una forma de hablar, porque Rocío me había comentado:

—Mamá, estoy enamorada.

—¿De quién, niña?

—Ya te lo contaré algún día, en su momento. Somos compañeros y amigos, es un chico de mi edad con el que medio salgo. Lo que pasa, mamá, es que ese chico tiene novia, pero no pongas esa cara, yo sé que a él le gusto tanto como él me gusta a mí.

La verdad es que no me hizo ninguna gracia lo que me contó, pero pensé que era una chiquillada y que Rocío o se cansaría de la situación o el muchacho, si Rocío realmente le gustaba tanto, terminaría por dejar a su novia. Dios, mi hija ya había probado el sabor de un sentimiento que en tantas ocasiones ha estado a punto de llevárseme por delante. No quería ver sufrir a Rocío y aunque ella me lo contaba con una sonrisa y llena de ilusión, yo sabía que no se puede jugar con fuego porque, al final, es inevitable quemarse. Rocío era alguien grande; no solo tenía una cara preciosa, sino un alma grandísima, era una artista, tenía corazón de artista, pero ella siempre tuvo claro, quizá porque se crió a mi lado, que no quería vivir de ello. Recuerdo que hacía unos mimos maravillosos, en casa siempre estaba bailando, se ponía de fondo un disco de Frank Sinatra, nos decía: «Sentaos, sentaos», y ella se ponía a bailar por el salón. Era una buena bailarina de ballet; aún puedo verla: con el primer tutú que compré y sus zapatillitas de media punta, parecía una muñeca.

Rocío me llena de vida en el recuerdo, aunque su partida fuera tan terrible, tan cruel y despiadada. Ella y yo siempre tan unidas, madre e hija y además amigas hasta el final, sin tapujos, sin secretos. Hasta el día en que Rocío tuvo que regresar al internado donde estaba cursando primero de BUP.

Ahora quiero contarlo todo deprisa, de una vez, de tirón, si es posible, casi sin respirar como quien camina un doloroso sendero de fuego. Era el 6 de enero de 1985. Habíamos pasado la noche mágica preparando todos los regalos para Alejandro que, aunque era muy pequeño y no lo comprendía del todo, esperaba la llegada de los Reyes Magos. Fue un día que pasé como pude porque desde que regresé de Sevilla apenas me había levantado de la cama. Cachi Otero, mi modista, vino a probarme días antes:

—Levántate de una vez, María, que va a llegar el día que quieras hacerlo y no vas a poder ni andar.

—Es que no sé qué me pasa, no tengo ganas de levantarme —le respondía—. Lo único que me apetece es estar en la cama. Por más esfuerzos que hago, no hay manera, y eso que estos días me estoy esforzando mucho para que Rocío no se marche al colegio preocupada.

Lo único que siento es que la niña, a pesar de que intenté disimular, se dio cuenta de que algo le pasaba a su madre.

La última imagen que recuerdo de ella fue en la puerta de aquel piso en la Castellana. Había ayudado a Rocío a recoger sus cosas, a meter en la maleta todos los regalos de Navidad y otras cosas que le había preparado para que se llevara al internado.

—Pórtate bien, Rocío, y estudia mucho, hija. Pronto bajaré a Málaga a verte.

—Sí, mamá, no te preocupes. Estudiaré, ya verás como este año traigo mejores notas de las que te imaginas.

—A ver si es verdad, niña. Y ten cuidado con ese grano que te ha salido sobre el labio, no te lo toques, que lo tienes justo en lo que llaman el triángulo de la muerte.

—Sí, mamá.

Nos despedimos como siempre; no, como siempre no. Hubo algo aquel día que me extrañó: normalmente siempre nos dábamos un beso en la boca de madre a hija, pero aquel día, no sé por qué, fue en la mejilla. La noté algo fría, aunque sinceramente en aquel momento no le di mucha importancia; cerré la puerta tras de mí y me quedé nuevamente con mi soledad. Creo que Rocío no habría llegado todavía al portal cuando el corazón me dio un vuelco. Al ir a su habitación me di cuenta de que Rocío se había dejado tirados un par de zapatos al pie de la cama y no sé, sin saber por qué, al verlos allí se me hizo como un vacío en el estómago. Aquellos zapatos eran un mal presagio.

Pasé el día descolgando bombillas y guardando todos los

adornos de Navidad mientras jugaba con Alejandro. Por la noche me fui pronto a la cama, me quedé dormida mientras veía la televisión. Hasta que a la una de la madrugada sonó el teléfono.

—¿María Jiménez?

—Al aparato.

—¿Es usted?

—Sí, sí, soy yo… ¿quién es?

—Aquí la guardia civil de Madridejos…

Se hizo un silencio que cada vez que lo recuerdo se me queda el cuerpo congelado.

—Su hija, María del Rocío Asunción Jiménez…

—¡Mi hija! ¿Qué le ha pasado? ¿Dónde está? ¡Dígame!

—Ha sufrido un accidente.

—¿Dónde? ¿Cómo? ¿Dónde está mi hija?

—Ha muerto, señora…

—Pero… no puede ser, ¡no es posible!

Yo pensaba para mí: «Es un error, no puede ser, Rocío va en el tren, tenía su billete…». Así que me puse a gritar de pronto como una loca por la casa.

—¡Margarita! ¡Margarita! —Era la tata que dormía en casa con mi niño, Alejandro; a ella, medio enloquecida, le dije entre gritos:

—Que dicen que se ha matado mi hija en un coche en la carretera.

Volver a hablar de aquel momento me corta la respiración. No sabía qué hacer ni qué decir, ni siquiera estaba segura de haber escuchado las palabras neutras de aquel agente, la conversación más fría y escueta que recuerdo en toda mi vida. Supongo que para aquel hombre no fue fácil cumplir su amarga y desagradable misión, soy consciente de que hay noticias que cuesta mucho trabajo dar, incluso para aquellos que tienen los sentimientos más templados por la costumbre, pero siempre pensé que a la una de la madrugada habría otra manera de decirle a una madre que su hija se había matado en la carretera. Bueno, al final qué importa cómo se digan las cosas. Lo realmente importante no era cómo me lo dijera, sino lo que había sucedido. ¿Cómo podía ser cierto lo que ese hombre me había dicho? Era absurdo, ridículo: mi niña hacía tan solo unas horas estaba tan viva, tan contenta... íbamos a vernos muy pronto en Málaga. ¿Qué quería decirme ese hombre? ¿Que no la vería nunca más? No recuerdo muy bien lo que pasó; solo sé que de pronto me entró una enorme tranquilidad. Yo creo que se me había helado la sangre en el cuerpo.

Empecé a marcar teléfonos en la noche. Aunque no sabía dónde podría estar Pepe, le busqué desesperadamente, necesitaba compartir con él algo que ni yo misma creía, lo busqué en todos los sitios pero nada, no había forma de dar con él. Me quedé sentada, inmóvil, no podía echar ni una lágrima, ni una sola. A las cuatro y media de la madrugada llegaron a mi casa Marisa Medina, Alfonso Santisteban, su marido, y Pepe con ellos. Cuando vi entrar a Pepe me desplomé; nos abrazamos, él descompuesto, abrumado, yo helada y quieta. Marisa estaba en el quicio de la puerta, mirándonos destrozados. No sé cómo, pero cuando me di cuenta estábamos en el coche de Marisa camino de Andalucía.

De pronto recordé que mi niña se había ido en el tren. Yo misma le había comprado el billete, ¿cómo decía aquel hombre que mi hija se había matado en la carretera? Ya está, les dije, todo esto no es verdad, a la niña le han robado el bolso en la estación, todo esto es una equivocación macabra; aquella era una esperanza y yo no quería perderla, aunque tanto Alfonso como Marisa entendieron que aquella salida era fruto de mi desvarío. Pepe ni respondió, tenía la cara abotargada de tanto llanto, la mirada perdida en aquella carretera que nos acercaba a la realidad.

El asfalto estaba helado aquella madrugada de enero; el silencio dentro de aquel coche era una tortura, yo no paraba de fumar un cigarro tras otro: no había apagado uno cuando ya estaba otro en mis labios, kilómetros y kilómetros de angustia y de frío, hasta que después de horas, en un lado de la carretera vi algo amarillo, un coche que tenía el brillo de la muerte. Pudimos verlo a la luz de los faros; no hacía falta que nadie dijera nada, si había sucedido en aquel coche, no era posible que se hubiera salvado nadie. Era el kilómetro 515 de la carretera de Andalucía. Desde entonces no he parado de preguntarme por qué mi hija iría aquella noche en ese automóvil, por qué mi Rocío cuando se marchó no me dijo nada. Ella salió del piso de Castellana con su billete de tren en el bolsillo. No me cuadraba nada, pero recordé que aquella misma tarde la había llamado por teléfono uno de los chicos que perdió la vida junto a ella en el accidente. Le contó que estaban tirados en la carretera en Valladolid, que se les había estropeado el coche o algo así. Ella no me contó nada, no me dijo que tuviera intención de ir en aquel coche. ¿Por qué mi hija no subió al tren aquel día? Todos se han llevado el secreto consigo. Después de darle tantas vueltas, no sé, pudo ser que esos chicos la recogieran a la puerta de casa y que ella por algún motivo no quisiera decírmelo; quizá el hecho de que en aquel coche fuera el muchacho del que estaba enamorada influyó para que se subiera a él. Incluso, ¿por qué no?, quizá fueron a recogerla a la estación y le pidieron que les acompañara, yo qué sé. De lo único que estoy segura es de que el único chico que se salvó, se fue a Málaga con el billete de tren que yo le había comprado a Rocío. Ya está, ¿para qué le voy a dar más vueltas? Mi hija no cogió aquel tren porque ella iba hacia su destino, al que tenía que llegar en coche. Maldito destino que la dejó en aquella recta del camino bajo una fría noche estrellada. El destino jugó cruelmente con mi hija. Bibiano y Máximo, los chicos que la acompañaban en el coche, eran muy amigos suyos, hijos de familias que vivían en la Costa del Sol.

El choque fue brutal: el coche de Bibiano fue alcanzado por un Citroën CX Palas que lo partió en dos. Rocío, Bibiano y Máximo salieron por los aires. Los tres murieron en el acto. El accidente había ocurrido a las doce y diez de la noche, y cuando a las cuatro y media de la madrugada nos pusimos en camino, aún estaban recogiendo los cuerpos, lo cual, según me contaron después, fue algo difícil y penoso. Nunca podré olvidar los ojos de Pepe, frente a mí en absoluto silencio, sin decir una palabra. Todavía se me clavan sus doloridos ojos de espanto.

Me recuerdo desvariando entre preguntas, absolutamente enloquecida en aquellas primeras horas en las que lo único que me importaba en la vida era ver a mi hija aquella noche; como fuera, pero verla. Llegamos a una venta que estaba al otro lado de la carretera donde tenían a mi hija. Hacía mucho frío, no sé ni cómo era el lugar en el que estábamos, solo recuerdo el sabor de mi boca después de cuarenta cafés en aquellas horas interminables en las que mi corazón se destrozaba a cada instante. Me sentí morir cuando Pepe, que había cruzado al lugar del accidente, volvió con el bolso de la niña y su maleta. No podía tocarla, no podía abrirla, tardé mucho tiempo en hacerlo: su barra de labios, sus ropas compradas en París, algún libro. A los pocos minutos, Manolo Sánchez, que estaba con nosotros a esa hora, cruzó la carretera, se fue hacia donde estaba mi hija; fue él quien lavó la cara y peinó el cabello de Rocío. Cuando Manolo entró en la venta para decirnos que ya podíamos pasar a verla, no pude. Fue escuchar sus palabras y perder el conocimiento; llevaba horas esperando ese momento, pero nunca pude verla. Me metieron en un coche y me trajeron a Madrid, al piso de la Castellana. Yo no pude decidir nada; cuando me recuperé, tenía nuevamente la carretera frente a mis ojos, pero ahora en otra dirección. Por primera vez desde 1968, mi hija y yo íbamos por caminos diferentes.

Ahora, tanto tiempo después, creo que fue mejor así, pero he vivido durante muchos años con la angustia de no haberla visto, echándome en cara no haber sido lo suficientemente fuerte como para tener una última imagen de mi hija. Es mejor así, porque la tengo, pero la última imagen es la de aquella mañana en la que llena de vida se marchaba a Málaga, la última fotografía en mi recuerdo es la de una niña que nunca imaginó que emprendería un viaje sin retorno.

En el velatorio, miraba a la gente como si no tuviera nada que ver conmigo; a través de mis ojos secos miraba pero no veía, había gente que me hablaba y no conseguía decirme nada. Sin embargo recuerdo a otras personas que me lo decían todo desde el silencio, sin una sola palabra, vi a mucha gente que vino por dolor y lamentablemente a otras que solo vinieron para salir en la foto. Pero qué me importaba a mí aquello; todos estaban allí excepto yo; mi cuerpo, mi imagen abatida, estaba con un pie en esta tierra, pero el otro lo tenía en un lugar lejano; no me enteraba de nada, ni siquiera de que mi hija estaba allí, en su velatorio: la habían traído a Madrid y en mi locura no me enteré hasta después de llevar mucho tiempo recibiendo el consuelo de mis amigos. Nadie podía creer lo que había pasado; todos conocían a Rocío, incluso alguno desde hacía muchos años.

Todo eran palabras susurradas en los rincones del velatorio, gente entrando y saliendo sin saber qué decir.

—¿Por qué hará Dios estas cosas, María?

—Porque existe y aunque tú y yo no sepamos para qué, necesitaba a Rocío a su lado —respondía.

—Pero es que, María, con lo que tú has pasado, ahora que ya la tenías criada, tú no te merecías esto.

—Mejor es que se la haya llevado que dejarla paralítica para toda la vida.

El entierro de Rocío es el recuerdo más inexplicable de toda mi vida. Me iba cayendo, me llevaban sujeta por los dos brazos, vencida por el dolor y la angustia. A Pepe le vi caer desplomado en los brazos de muchos de nuestros grandes amigos que nos acompañaban en ese trágico momento, a los dos, a él y a mí, porque los dos habíamos perdido a una hija. Sé que había fotógrafos por todos los sitios, pero yo no los veía. Hubo mucha gente en el cementerio de Villaviciosa de Odón, donde descansan los restos de mi vida, pero durante mucho tiempo no pude recordarles; sé que hubo un gentío enorme, que esperaba el último momento, el más terrible. Creo que fue entonces cuando me di cuenta de que no volvería a verla más; el cansancio, la noche sin dormir, la inesperada noticia que dio la vuelta a mi vida, me tenía como atontada, sin darme cuenta de lo que significaba en realidad todo aquello. Fue cuando vi el ataúd sobre la arena, cuando no quise admitir quedarme sin ella. Entonces como pude me solté de los brazos que me sostenían y gritando me abracé al ataúd con desesperación.

—¡Dejadme verla, por Dios que no se la lleven!

Me vistieron de luto. Yo no quería, porque aquel tremendo color podía conmigo. Me llevaron a la finca de Manolo Sánchez en la sierra de Aracena; él estaba recién operado y yo con el corazón sangrante. Los dos juntos vimos durante muchos días cómo resbalaba el agua por los cristales de la ventana. Hablábamos cuando me lo permitía el alma y callábamos cuando el recuerdo me golpeaba. Largos paseos entre encinas mientras sentía el aire frío de la sierra que muy poco a poco iba serenando mi ánimo. Aquella buena familia, con sus cuidados y la compañía, fue un bálsamo para mi dolor; no era fácil convivir conmigo, siempre les estaré muy agradecida. Decía y hacía cosas sin sentido como aquel día que toreé un toro grande con Manolito Sánchez hijo; ahora, al recordarlo, siento un escalofrío por todo el cuerpo. ¿Por qué hice aquello? Era una locura, me peleé incluso con Manolo porque no me dejaba. En el fondo conozco la respuesta: yo salté al ruedo buscando la cara del toro porque aquello era un símbolo, un símbolo de hacía ya muchos años… o quizá las ganas de que el toro hiciera conmigo lo que yo no tenía fuerzas para hacer.

Durante aquellos días pensé muy seriamente que sin Rocío yo no tenía nada que hacer en este mundo. Se me pasó por la cabeza abrir los grifos del baño y, con las venas cortadas, esperar el momento de reencontrarme con ella. Muchas noches miraba el bote de somníferos que me habían recetado para dormir, cosa que no conseguía, y pensaba en tomármelo entero para no tener que enfrentarme al día siguiente con una realidad que no podía soportar.

Siempre pensé en muertes no violentas, muertes serenas, tranquilas, pero cuando estaba a punto de hacerlo con la firme decisión de quitarme de en medio, la sonrisa de mi hijo Alejandro estaba ahí. Él, en mi mundo de sombras, era lo único que conseguía ponerme en pie y decirme a mí misma: «Adelante, María, adelante, que mañana será otro día».

A los pocos días de enterrar a Rocío, sonó el teléfono en mi casa de la Castellana. Era una de las muchas llamadas que se sucedieron durante aquel tiempo y a las cuales atendía dependiendo de la fuerza que tuviera. Era del padre de Rocío. Llamaba quince años después, pero no quise ponerme. ¿Para qué? Ya era muy tarde. Hasta hacía tres días Rocío había tenido un padre, su único y verdadero padre, Pepe Sancho. ¿Por qué iba a ponerme al teléfono? ¿Para qué hablar con un pasado que hacía tanto tiempo había muerto para mí? Mi hija se llevaba a la tumba el nombre de quien hizo aquella llamada.

11

El amor en tiempos de desamor

Tras la muerte de Rocío, huí de Madrid para refugiarme en Sevilla, al calor de los míos. Se me hacía insoportable vivir en el piso de Castellana. Me sentía terriblemente sola y atormentada por recuerdos abrasadores. Me marché casi inmediatamente.

Me fui a Corral del Rey, una calle de Sevilla en ese barrio de Triana que a mí me vuelve loca. No podía dejar de recordar el momento en el que, ya hacía tantos años, había salido de Sevilla para sobrevivir. A Sevilla volvía ahora, después de la tragedia, para seguir viviendo. ¡Qué cosas tiene la vida! ¡Cómo es el destino!

Era una casa árabe chiquitita con un precioso patio andaluz; tenía dos galerías y en cada una de ellas un dormitorio. Una casa para mí sola, con lo bueno y lo duro que eso tenía. Eran tres pisos pequeños, con unos azulejos brillantes que a mí me gustaban mucho. En aquellas paredes colgué en su momento varios de los cuadros que durante esa época de locura me dediqué a pintar, como terapia. Tenía una cocina muy agradable en la que pasaba todo el tiempo que no estaba en mi habitación. En aquella época me dio por comer continuamente. En tan solo tres meses llegué a engordar más de doce kilos. Me encontraba espantosa, como si en tan solo tres meses me hubieran caído treinta años encima. Me miraba a los ojos y me era imposible encontrar aquella mirada brillante con la que había conseguido no hacía tanto tiempo el éxito. Ahora mis ojos eran tan tristes que me descomponían la cara. Los párpados abultados casi no dejaban que se me vieran los ojos, antes tan vivos y ahora apagados como una noche en el mar. Tenía un aspecto enfermizo. El médico que me atendió aquellos días me explicó que todo lo que me estaba pasando era una respuesta de mi cuerpo al estado de ansiedad por el que estaba pasando. La comida era para mí como una salida o un refugio. Una forma de escapar de la soledad. Quizá tuviera razón, pero a mí lo que verdaderamente me ayudaba a escapar era la sonrisa de mi hijo, su cuerpecito aún tan pequeño y tan necesitado de protección. Mi niño Alejandro, que lo iba llenando todo de alegría, de carreras; como siempre, de vida.

Durante aquel tiempo recibí muchísimas visitas de buenos amigos que se acercaban a aquella casa para lograr lo que era imposible. Intentaban como podían levantarme la moral, recordarme una y mil veces la razón más grande por la que seguía viviendo. Los amigos que yo casi no oía en esa ausencia de todo en la que vivía, fueron los que estuvieron a mi lado. No querían dejarme sola porque tenían miedo de que me rompiera. Yo agradecí las visitas, aunque lo único que necesitaba mi alma era estar sola. De nada me valían sus palabras por mucho amor e interés que pusieran en ellas. No podía escuchar nada, no podía ver nada con claridad. Todo lo escuchaba lejos, como algo que no tenía que ver conmigo. Quería estar sola para escribir cosas para la niña, versos y coplas en su cuaderno de rayas del colegio.

Como mi hija, empecé a escribir un diario, un diario de cartas para ella, como si estuviera al otro lado de esta vida esperando mi carta escribí poemas, canciones, palabras llenas de amor. Sabía que mi hija llevaba su diario, en el que apuntaba sus cosas, sus poesías y sus pensamientos de adolescente. Lo tenía mi hermana y aún lo sigue teniendo; incluso yo misma he visto el librito, pero jamás lo he abierto. No quiero leerlo. Pensaba en las cosas que ella había escrito y en ese diario que mi hermana se había llevado a su casa. No podía leerlo. Si no escribía, me daba por los pinceles. Cualquier cosa con tal de estar haciendo algo, estar entretenida; si no, se me hacían insoportables las horas en las que tantas vueltas le daba a la cabeza. Todas las personas que me rodearon durante aquel tiempo me decían:

—María, deja de revivirlo. Deja de revivirlo que te vas a terminar muriendo tú.

Me hubiera gustado poder seguir el consejo, pero me fue imposible. No podía dejar de revivir el momento, por mucho que los demás me dijeran que no lo hiciera. Me venía a la mente una y otra vez el frío de aquella venta en la carretera, que me cogía todo el cuerpo al cerrar los ojos. La veía allí enfrente, mientras mi querido Manolo Sánchez la preparaba para una visita que nunca pude cumplir. Me martirizaba pensando en que no la había visto. Me echaba en cara no haber tenido fuerzas para entrar allí y verla. Al final no podía con los recuerdos, y entonces intentaba dormir para que las horas pasaran más rápidas. El agotamiento mental y el mal sueño de la noche me permitían pasarme el día adormilada, como sedada. En esta situación mi gran preocupación era que el pequeño Alejandro no se enterara de nada; no quería que me viera sufrir. Cuando él estaba delante, siempre me entretenía con sus juegos y aunque el recuerdo seguía estando presente, los movimientos de mi hijo me embelesaban. Nunca me vio llorar, porque llorar no pude. Me rompía por dentro, pero no podía echar una lágrima. Era imposible. Desde que mi hija murió he pensado muchas veces en el motivo que me impidió hacerlo. No podía desahogarme, no podía llorar por fuera y me estaba ahogando por dentro. Sopa de cocido andaluza en mi corazón. Andalucía de mi alma. Busqué el desahogo en otras cosas, como la pintura. Lo que fuera con tal de poder sacar de dentro lo que me estaba matando. Se trataba de una afición que acababa de descubrir y que ha conseguido llenar muchos momentos de soledad en mi vida.

Así que me compré un caballete. Mi primer cuadro representaba un maremoto; era una ola de espuma que se levantaba y, como una maldición, subía al cielo. Lo recuerdo de manera muy especial porque lo hice así, de pronto; fue en 1985, en Sevilla. Aquel día tenía invitados en casa. No había pasado ni una hora desde que lo había terminado, cuando al poner la tele nos enteramos del terremoto de México. Mi cuadro era aquello. La gente que había en mi casa se quedó helada. Ese cuadro debe de estar en mi casa de Chiclana. Lo pinté antes de que ocurriera lo de México, como un presagio de mi corazón. Aquello, aunque no he buscado la explicación, tenía que ver con la tortura que llevaba por dentro. Vivía en una angustiosa sensación de supervivencia, tenía que pelear, más que con la gente de fuera, con la gente que llevaba dentro, con la otra María Jiménez. Eso era más difícil.

Recuerdo que en mi locura de aquellos meses, de aquellos años, mi mayor deseo, el más grande de todos era tener otra hija y llamarla Rocío, aunque desde luego no era aquel el mejor momento para planteármelo, entre otras cosas porque la poca energía que me quedaba tenía que utilizarla para cuidar del único hombre que había en mi vida, mi hijo Alejandro, que pronto iba a cumplir tres años. El inmenso amor que sentía por él se convirtió en mi gran refugio y a la vez en el recuerdo de su padre en su ausencia. Pepe seguía muy dentro de mí y aunque algunos hombres en aquellos momentos se acercaron a mí con intenciones de amparar la soledad de una mujer marcada por la tragedia, yo no podía corresponderles. Lo agradezco, en silencio, como se tienen que hacer las cosas, pero ninguno consiguió avanzar ni en un solo metro en el camino que hacía tanto tiempo llevaba recorrido Pepe. En mi locura, durante aquellos días, siempre le esperé. Siempre pensé que volveríamos a unirnos, que aquella separación no era tal. Era imposible que pusiera interés en ningún hombre.

No lo necesitaba. No había más hombre en mi vida que Pepe y aunque no estuviera con él, yo seguía sintiendo que le pertenecía. Por las noches y para no sentir la angustia de una cama vacía, bajaba y subía a la cocina, para pasarme la madrugada entre pucheros.

Me empeñaba en luchar por salir definitivamente del pozo negro en el que caí al morir Rocío. A veces me dejaba ver valiente y temperamental, otras veces triste y desengañada, pero siempre luchadora. Me iba recuperando poco a poco; las depresiones se iban haciendo más cortas y comenzaban a distanciarse, Alejandro era mi tabla de salvación, mi única fuente de auténtica alegría.

En aquellos días hablé para una revista e hice unas declaraciones que la gente pareció no entender. Entre las fotos que la ilustraban, había una en la que yo aparecía vestida de luto y con una copa de champán en la mano brindando por mi hija y diciendo: «Mi hija, que era un ángel, está donde tiene que estar, al lado de Dios».

Nadie entendió nada. ¿Qué iban a entender? Para hacerlo había que conocer el mundo que mi hija Rocío y yo teníamos para nosotras solas. Cuando yo tenía problemas, ella se iba a comprarme marisco y las dos, mano a mano, nos bebíamos una botellita de champán. Entonces ella me acunaba como una madre a una niña perdida y desorientada diciéndome:

—A ti lo que más te gusta es la buena vida, muchacha…, solo deseas ser una niña mimada y aquí estoy yo para hacer que seas feliz.

Me gustaba, me gustaba tanto que me llamara chiquilla y me sentía tan protegida en los brazos de mi hija…

Yo no quería provocar pena; siempre me ha horrorizado la hipocresía de algunas personas o el daño que se hacen otras a sí mismas tocando ante el público el sensiblero palo de la lástima. Lo pensaba entonces y lo pienso ahora: María Jiménez es siempre igual, del derecho y del revés.

La de 1985 fue la primera Navidad sin Rocío; había pasado casi un año. Unas Navidades en las que me sentía enloquecida por el recuerdo. Las pasé en mi tierra, en mi casa de Sevilla, con aquella chimenea ardiendo despacio como mi propio corazón. Poco antes del día de Navidad me levanté con un terrible dolor de cabeza y una opresión en el pecho que me cortaba la respiración. Como siempre que me despertaba, pasaba unos minutos confundida. Aquella mañana aún me sentí más confusa; en sueños había visto a mi niña, pero no la había visto como siempre la recordaba, llena de vida, sino que el sueño había sido una repetición de la foto que vi en el atestado, con Rocío muerta. Durante días fui incapaz de recordar su rostro con vida. Fue mal comienzo para las fiestas, que aquel año se me clavaron como puñales. Sabía que era Navidad, pero no para mí. En realidad yo tampoco había tenido muchas Navidades, así que ese año con mucha menos razón. Por el pequeño Alejandro, que correteaba por la casa y miraba con esos ojos de alegría que ponen los niños cada vez que descubren algo nuevo, coloqué un portal que los dos juntos habíamos comprado en Sevilla y por él, únicamente por él, puse en el patio de la casa un árbol de Navidad. Cuánto me costó colgar cada uno de los adornos… porque aunque él tenía en aquel momento apenas tres años, que cumpliría en febrero, no sabía lógicamente nada del drama que estaba viviendo su madre y yo no quería que mi hijo encontrara Navidad en la calle y en su casa no. Aquellas Navidades las recuerdo especialmente frías en mi tierra. Un invierno muy metida para dentro, sin salir ni de Sevilla, ni de mi casa, ni de mí misma. A veces me preguntaban:

—Pero ¿no te parece que te has encerrado como en una cárcel? ¿No crees, María, que te has equivocado de sitio?

No, no me equivocaba. Como demostré años después, la casa siempre me ha tirado mucho. Soy, aunque pueda parecer raro, muy clásica, muy conservadora. Yo me casé para ser la madre de mis hijos y la mujer de mi marido, eso es lo que quería. Otra cosa es que al final las cosas hayan salido como han salido. En aquel momento yo sentía que allí en Sevilla lo que tenía era mi verdad, la verdad de mi pena con mi hijo y con mi gente, aunque no quisiera o no pudiera verla.

A ratos salía a la calle; intentaba obligarme, aunque solo fuera para pedir alguna cosa que me faltaba para la comida: perejil, ajos o un puñadito de lo que sea. La cocina se había convertido en otra de mis escapadas. Aunque me seguía costando ver a la gente, sabía que me hacía mucho bien encontrar a conocidos, gente de la calle, vecinos a los que ya ni siquiera conocía, pero que me devolvían por arte de magia a mi niñez. De esas Navidades recuerdo aquel árbol del patio puesto con desgana y lleno de paquetes con cosas dentro; en el belén pusimos a los tres Reyes Magos que caminaban hacia el portal; a Alejandro le recuerdo corriendo entre los perros a los que hacía ladrar. Le escuchaba aquella tarde mientras yo me dedicaba a pintar.

Aquella Nochebuena tendí el mantel para cenar con mi hijo en la soledad del recuerdo. Una noche en la que no dejé de mirarle a los ojos. Todo era su mirada, junto a otra que asomaba en las muchas fotos distribuidas por la casa, las de Rocío. Inevitablemente, mirara donde mirara, me encontraba con su sonrisa. Muchos de aquellos días yo hablaba con ella, o al menos eso es lo que sentí. Lo hacía en primera persona, como si estuviera presente, como poco antes, cuando la tenía frente a mí. Que Dios me perdone esta locura, pero es que esto me salvaba.

Sabía que todo lo que me estaba pasando, que lo que tenía tan dentro debería salir algún día por algún sitio. Las cosas no podían ser de otra manera: o eso o morirme. No me sentía capaz de aguantar durante mucho más la angustia en la que vivía. A veces me encontraba en un pozo oscuro y profundo como la muerte; sentía que no podía salir, pero cuando me llegaba el cieno a la boca, tocaba con la punta del pie una piedra y me iba hacia arriba, me salvaba. Esa piedra era la fe y los amigos que llegaban a mi casa y me abrían de par en par las puertas de la vida. También en aquel momento lo era el teléfono de Pepe, que sonaba desde cualquier rincón de España donde estuviera haciendo teatro.

Hacía solo un año Pepe, Rocío y yo habíamos estado los tres en Sevilla, en casa de mis padres; fue cuando Pepe llevó a la niña a Barcelona para pasar la Nochevieja. Eran recuerdos tan recientes, tan abundantes, que aquellas fiestas se convirtieron para mí en un maratón de dolor. Aquella Nochevieja no hubo uvas para mí y no las hubo porque no quería que fueran las uvas de la ira. Se aproximaba la noche de los Reyes Magos, una fecha tan cercana y tan lejana al mismo tiempo. Yo nunca había tenido Reyes Magos en aquella Sevilla de mi alma. Si pudiera pedir algo en una carta a los Reyes Magos, sabía que no me lo echarían. Cómo me iban a traer de nuevo a Rocío, aunque solo fuera para que pusiera los Reyes de su hermano.

Me vestí de Papá Noel para mi hijo e inevitablemente, allí en Sevilla, recordé otras Navidades ya muy lejanas en que éramos felices con un mantecado y una botella de anís. Fue aquella noche cuando aprendí que las Navidades tristes no son las del pobre, sino las del que está solo.

Aquella casa de Sevilla también empezó a pesarme y decidí reunir las fuerzas suficientes para volver a cantar; y lo hice. Volví a subirme a la carreta, a ir y venir a Madrid, empecé a levantar mi vida, pero con un dolor inmenso y un peso como de una losa de mármol sobre el corazón, los riñones y la cabeza.

En aquellos días, Pepe hablaba de mí en los periódicos, en las revistas; yo las compraba y las devoraba con los ojos, me gustaba lo que leía, pero al mismo tiempo sentía un tremendo peso en el corazón. Siempre era lo mismo: me marché a Sevilla para huir de él y me lo encontraba en cualquier lugar. Fue una época de cordial separación. Cuando yo hablaba de él, siempre lo hacía con sincero cariño y respeto. Eran otros tiempos: cuando alguien preguntaba a Pepe por María, él respondía algo bonito y cuando a María, servidora, preguntaban por Pepe, María decía lo que tenía que decir: cosas tristes pero hermosas.

Y por ahí andaba el pequeño Alejandro que nos ataba, aunque los dos lucháramos por lo contrario. En aquellos días y sin saberlo, la criatura iba dejando entre los dos un poso de cariño.

Alejandro fue creciendo en el amor a su hermana que yo siempre procuraba alimentar. Nadie muere mientras una sola persona siga pensando en ella. Necesitaba seguir viva y lo estaba gracias a un recuerdo y a una presencia: Rocío y Alejandro.

Cuando pasaron aquellas fechas, Pepe vino a buscar a Alejandro para llevarle con sus padres a Valencia. Si algo deseaba yo, era que terminara por fin aquel año de 1985. Solo quería que pasaran los días, que descolgaran las luces de Navidad; no quería seguir viendo en la tele alegres anuncios que a mí me hundían en la más profunda de las tristezas; quería que llegara 1986 espantando la soledad que me acompañaba, la que había elegido porque no quería que nadie compartiera conmigo mi pena, que era muy pesada, hasta para varios hombros. Entonces tenía treinta y cinco años y sabía lo que quería.

Pero, a pesar de mis intentos, no conseguía levantar cabeza. El trabajo empezó a ir mal. Mi contrato con la discográfica había acabado. Además, Manuel Sánchez (no mi amigo del alma que me acogió en su casa después de la muerte de mi hija, sino mi representante), me había hecho firmar la renuncia a los royalties de mis canciones anteriores. Como yo aún estaba tan afectada con lo de mi hija, no entendía nada, pero él me dijo que era mi mánager y que sabía lo que hacía. Yo entré allí como una imbécil y firmé la renuncia.

Ya sé que puede resultar un poco extraño, pero aquella actitud mezquina tuvo lugar mientras intentaba levantarme del duro golpe que la vida me había dado. En mi cabeza solo estaba mi hija, así que aprovechando ese momento de locura, le resultó muy fácil hacerme firmar aquella injusta renuncia. No es que yo no tuviera ni puta idea; en realidad yo sabía que no lo tenía que hacer, pero en ese momento de locura e inconsciencia pensé que mi mánager no se iba a equivocar y desde luego no me iba a engañar. Pues bueno, ahí está, así fue. Mi vida vilipendiada y manipulada por unos y otros, ahora sin mánager ni perrito que me ladre.

Una cosa fue detrás de otra. Cuando me di cuenta me había salido de la rueda y estaba en mi casa. Tampoco yo dejé los escenarios. Fueron las circunstancias. Parece que María Jiménez no interesaba en aquel momento. Hubo un mamoneo muy grande. Los que contrataban las actuaciones en cada zona de España, me vetaron, no querían trabajar conmigo. Alguien dijo que había que anular a María Jiménez y muchos le hicieron caso. Pero bueno, los ciclos de la vida son como son y yo no me arrepiento de haber estado donde he estado, que ha sido en mi casa a lado de mi hijo, al lado de mi marido. Mi hijo me necesitaba más que mi trabajo. Si hubiese sido por necesidad, hubiese tirado de donde fuera, hubiese llamado yo a los representantes, hubiese… pero no hubo necesidad.

Pepe y yo hablábamos por teléfono; al principio, de cosas relacionadas con el niño, que al final terminaban en largas conversaciones, yo diría que de enamorados. Eso sí, sin que ninguno diera su brazo a torcer. Como siempre, ese tira y afloja que aún no sé cómo no terminó estrangulándonos. Para mí, era un desgaste que me ayudaba poco a levantarme. Repetía una y mil veces las mismas cosas. Decía que las entendía y al día siguiente todo volvía a empezar. En mi tormento me di cuenta de que a Rocío la tenía presente en cada minuto de vida, pero que Alejandro me necesitaba entera y sobre todo viva.

Fue en esa época cuando empezó a correr el rumor por parte de gente mala y malintencionada de que en mi vida había otro hombre y que Pepe Sancho había quedado en el libro de los olvidos; muchos aseguraron que únicamente nuestro hijo, Alejandro, nos recordaba lo que había existido en nuestra vida. Se dijeron infinidad de cosas sobre este bulo, pero yo desafiaba a quien fuera para que mostrara alguna prueba de ello. Nunca ocurrió; en aquellos momentos no existía en mi vida más hombre que mi hijo y Pepe continuaba en mi corazón, en el centro de la esperanza. Yo y mi forma de cantar, la verdad, me hicieron declarar en aquellos días que, pese a que me había separado, Pepe Sancho era el hombre de mi vida. Estaba convencida de que si esa gente que se dedicó a poner etiquetas sin saber la realidad nos hubiera dejado en paz, Pepe y yo seguiríamos juntos, que era lo que realmente necesitaba.

Decidí volver a grabar, como una necesidad, como una terapia, creo yo. El álbum se llamaba *Para seguir viviendo*. El día anterior a meterme en el estudio de grabación, estaba en casa de Gonzalo García Pelayo:

—Me falta un tema, tenemos que conseguir uno.

Empezamos a buscar temas y en la voz de Amalia Mendoza escuché «En un rincón del alma». Al día siguiente grabé esa canción. Salió a la primera. Como si la hubiera ensayado mil veces. Cuando terminé la grabación, todavía sin haber salido del estudio, empecé a darme contra la pared porque no podía mantenerme de pie; me había quedado sin aliento. Aún recuerdo llena de emoción a Enrique Pantoja, el palmero, que viendo que me caía me dio aquel aliento que quedó en la grabación, que aún no puedo escuchar:

—¡María, hija!

En aquel trabajo había otra tema para el corazón «La estrella» con letra de Alfredo Jiménez. Un tema especialmente dedicado a mi hija que hasta el último momento no me decidí a cantar.

Para seguir viviendo salió a la venta en junio de 1986, y a fines de septiembre de ese mismo año inicié por Valencia una gira promocional con Espectáculos Benavent, que me hizo sentir una artista admirada por el público, a la vez que una mujer marcada por la desgracia, una desgracia que poco a poco iba superando con ese tesón mío de luchadora, arrastrando mi carne por los escenarios que es lo que entonces, al igual que ahora, me ha dado fuerza para seguir viviendo. Siempre me he sentido carne de escenario de raza desgarrada y sensibilidad a flor de piel.

Los de Valencia fueron tiempos en los que mi único objetivo cada día que me levantaba era seguir luchando, aunque tuviera el alma rota; no creo que ninguna persona pueda tener mayor desgracia que sobrevivir a un hijo. El mundo se le cae encima, se tienen ganas de morir, de acurrucarse en un rincón y no salir de él nunca más.

Los días, no obstante, iban pasando y la pena continuaba; así que un día me planteé que mi vida también pasaba a pesar de no quererla. Me moría por dentro y sacaba fuerzas de mi misma impotencia, la de no poder hacer que volviera a mi lado lo que irremediablemente se fue.

Salté otra vez a la palestra con rabia, con desesperación, aferrándome a las únicas cosas que me daban una razón para seguir viviendo: mi hijo Alejandro, al que me entregaba en cuerpo y en toda el alma que me quedaba, y el escenario, el trabajo. No sé, creo que no se puede expresar esto con palabras. A pesar de que lleven dentro de mí de manera permanente tantos años, pasan una y otra vez por mi mente todas las imágenes, todos los momentos. Es algo muy fuerte, muy profundo; pero yo sabía que tenía que seguir adelante, tenía un hijo maravilloso de tan solo tres años y medio que me necesitaba y que con su lengua de trapo me decía al verme marchar de casa para alguna actuación:

—Mamá, no te vayas, quédate conmigo.

Y yo siempre le contestaba:

—Mi alma, volveré pronto, voy a trabajar para ti, pero vuelvo pronto.

La ternura de mi hijo y la desgracia que había sufrido me hicieron más sensible si cabe a las penas del mundo, a la gente necesitada y durante aquellos días acudí a diferentes actos benéficos. Recuerdo uno muy especial en 1986 para un festival de sordomudos. Fue algo mágico; todo lo que yo llevaba dentro conseguí contárselo a toda ese gente maravillosa y lo hice con signos, con la carita y con el alma. Hablaba con ellos con una facilidad pasmosa, a través de las manos en ese lenguaje universal que emplea este tipo de disminuidos. Fue una experiencia que he recomendado a muchas personas; aún hoy recuerdo muchas de las señas de su lenguaje. Aquel día me quedé congelada, me puse a llorar y a temblar encima del escenario como algo irresistible y como algo maravilloso. Me han pasado cosas increíbles en mi vida y esa es una de ellas.

Yo me empeñaba en dar una imagen de mujer brava e irrompible, pero aunque yo no quisiera, dejaba entrever mi condición de persona sensible y quebradiza; en el fondo, siempre he sido como una porcelana fina, siempre expuesta a romperse ante cualquier contratiempo, pero a la vez, y me imagino que gracias a eso, he conseguido seguir viviendo. Tengo una fuerza que ni yo misma entiendo y que me mantiene e impulsa adelante, siempre adelante. Y en aquellos días, si de algo estaba segura, era de no querer dar nunca un paso atrás.

Rocío estaba presente a mi lado, vivía en mí como un hermoso recuerdo. Aquel 9 de septiembre de 1986, cuando Rocío hubiera cumplido diecisiete años, recuerdo que me fui a la carpeta azul, saqué un papel de escuela y lo puse en la máquina de escribir. Hice una canción para mi hija que nadie en el mundo podría escribirle jamás. Esa canción solo podía escribirla yo, pero no la hice para cantarla sino para leérsela muchas noches, cuando Alejandro ya estaba dormidito y el silencio hacía aún más dura la soledad.

Alejandro estaba lleno de vida, de vitalidad, era alegre e ingenioso; ya entonces observé a sus escasamente cuatro años que era muy felino como yo, muy libre.

Para seguir viviendo fue para mí un elepé muy especial. En aquel disco grabé temas que durante los momentos más duros de mi vida me sirvieron de punto de agarre para seguir viviendo. Recuerdo especialmente temas como «En un rincón del alma». Aquel fue un disco que llegó profundo y sin necesidad de haber encargado a ningún compositor que hiciera juegos con mi tragedia.

Pepe estuvo enfermo por aquella época. Me llamó y yo le arreglé todas las cosas del hospital y, lógicamente, fui a verle. Estuve con él no solamente porque era el padre de mi hijo sino porque le amaba más que a mi vida y sentía que aquello nuestro se iba cosiendo poco a poco. Allí, en la clínica, nos hicieron fotos, como si se fueran atando nuestros corazones. Pepe se recuperó y yo me sentí más cerca de él que nunca. La prensa empezó a especular con nuestro reencuentro.

Pero nosotros nos habíamos separado y el divorcio estaba en marcha aunque la Iglesia mantenía nuestro vínculo intacto y ninguno de los dos deseábamos romperlo. Yo supongo que no volvíamos juntos por nuestro orgullo, la cabezonería o el exceso de pasión que era por lo que firmamos la separación.

En aquella época Pepe llevaba una vida sentimental sencilla y clara. Le encantaba ir con su hijo a Valencia y le enseñaba a hablar valenciano, cosa que ha continuado haciendo porque Pepe es muy de su tierra. Yo estaba cada vez menos en Sevilla, todo me llevaba a Madrid, ya que yo quería volver a los escenarios y, además, quería estar donde estuviera Pepe.

Dejé definitivamente aquella casa en la que había engordado una barbaridad y en la que había vivido lo que entonces creí que era el fruto de mi soledad y me fui a Madrid. Durante algunas semanas viví en una buhardilla que Pepe tenía en la calle Segovia. Era una buhardilla pequeña, muy nuestra. Estuve allí poco tiempo pero siempre la he recordado con mucha ternura, con mucho amor. Así, poco a poco, se iban atando nuestras vidas, aunque ninguno de los dos lo dijera con claridad. Estábamos dándole muchas vueltas antes de tomar aquella decisión que yo llevaba siempre en el fondo de mi maleta y de mi alma.

Había peleado mucho con mis sentimientos en esos largos años de separación, años que a mí se me hicieron en muchas ocasiones eternos.

Pepe continuaba con su teatro y sus cosas, y yo con las mías. Vivíamos separados, pero el teléfono sonaba cada día con más frecuencia y, en mi caso, con la misma intensidad que latía mi corazón. Nos veíamos mucho, estábamos en un momento estupendo de nuestra relación. Juntos, pero separados. Muchas noches, cuando él estuvo haciendo teatro en la calle Fuencarral, iba a la puerta del teatro a esperarle. A veces llevaba al pequeño Alejandro y otras iba yo sola. Después solíamos cenar en algún restaurante y caminábamos por las calles de un Madrid que siempre ha representado mucho para los dos.

Pepe tenía una casa alquilada a las afueras y allí iba yo siempre que podía a refugiarme. Entonces ejercíamos de amigos, yo le contaba mis cosas y él a mí las suyas. Eramos dos escolares, dos niños chicos incapaces de dar el paso. El orgullo, lo de siempre. Aquello era como volver a ser novios, pero con la complicidad de haber pasado tanto juntos y tener ya un hijo en el mundo.

En aquellos encuentros le noté deseoso de volver conmigo y yo, la verdad, estaba ardiendo dentro de mí. Habíamos compartido tantas cosas... Habíamos pasado ratos muy buenos y otros muy amargos, habíamos vivido juntos los mejores y los peores momentos de la vida. Alejandro se sentía feliz entre los dos, él tan niño y tan grande. Por él, o mejor dicho, con él se fueron atando nuevamente nuestras vidas.

En aquella época Pepe esta rodando *El Dorado* y volvíamos a ser el uno para el otro, hasta que un día, poco antes de un viaje que tenía que hacer a Costa Rica, me dijo:

—Cuando vuelva, nos casamos de nuevo.

Esas eran las palabras que llevaba tiempo queriendo oír, segura de que sucedería. Conocía a Pepe desde hacía ya muchos años; habíamos pasado juntos muchas cosas, algunas muy buenas y otras terribles, pero las habíamos pasado juntos. Por un gesto sabía lo que pensaba y lo que sentía por su forma de comportarse. Cosas que él no notaba, pero que yo siempre le he visto. Se marchó y yo le preparé también mi sorpresa. No esperaría a que volviera. Nos casaríamos antes.

Me fui inmediatamente a Sevilla para ver a mi modista, Joan Cristian.

—Prepara en secreto un traje blanco —le dije.

—No me digas que te vas a volver a casar, María.

—Pues sí, me voy a casar otra vez.

—Pero ¿con quién?

—Lo sabrás en su momento, pero por lo pronto guárdame el secreto.

Y ahí quedó la conversación que Joan guardó con discreción. Eché el traje en mi maleta junto a un jamón de Jabugo, caña de lomo, vino tinto... En fin, contrabando de felicidad; busqué mi trenza, una nueva trenza de mi pelo rubio y tomé al niño por la cintura.

—¡Ea, hijo, que nos vamos a ver a papá!

Veía a Alejandro feliz. Sabía que estaba encantado de tenernos nuevamente a los dos. Yo amaba con tanta intensidad como no me siento con fuerzas de contar, pero la carita de mi niño, esa sonrisa húmeda que lo inundaba todo terminaba por convencer a cualquiera.

Días antes de viajar a Costa Rica, estuve en el rastrillo de Sevilla y bailé sevillanas con Manzanares y Espartaco. Mientras paseaba mi felicidad, saludé a la infanta doña Pilar y me dejé ver y fotografiar porque deseaba que todo el mundo viera esa alegría grande que yo tenía, aunque nadie conocía mi secreto, ni siquiera las personas más próximas a mí o mi propia familia. Un secreto, pero como ni el amor ni el dinero se pueden ocultar, aquella noche en Sevilla sospecharon lo que tardó muy poco en confirmarse.

Al llegar a Costa Rica, en San José, tomé un avión pequeño hasta Limón. Me recuerdo cargada de maletas y de alegría con el niño a través de aquel cinturón de nubes del Paso de la Palma.

Aquel día Pepe no pudo ir a esperarnos a San José porque tenía rodaje en el Parque Nacional Tortuguero. Cuando llegué, el aeropuerto estaba mojado, había llovido a mares. Al descender sentí un calor asfixiante que curiosamente no me molestó, al contrario, me gustaba mucho aquel aire y aquel color. Estaba deseando ver a Pepe.

Cuando vi a Alejandro abrazarse a su padre al llegar a Limón, entendí que estaba haciendo lo que debía, que «era lo que tenía que hacer». Se agarró al cuello de Pepe y no había forma que se soltara. Estuvo así durante un rato largo. Luego le miré desde el fondo de mis ojos, con aquella barba de conquistador de América. ¡Me tenía loca! Y me dije:

—Cuando una toma una decisión así, por segunda vez, se sabe que tiene que ser para toda la vida.

Pepe me miró, me abrazó con fuerza. ¡Qué bien se está cuando una se siente abrazada de esa manera tan difícil de expresar! Cogió inmediatamente al niño y Alejandro le agarró del cuello sin soltarle; le agarraba y le agarraba como si no quisiera dejarle nunca.

—¿A que no sabes lo que traigo en la maleta, Pepe, amor mío?

—Quién sabe lo que tú puedes traer, María.

—El traje de novia, Pepe.

Pepe se quedó mirándome en silencio y me besó en los labios.

Pocos días después, aprovechando un fin de semana en el que Pepe no tenía que ir al rodaje, nos casamos. Así sin más.

Aquel viernes 27 de febrero de 1987 amaneció con una lluvia muy fuerte, que había caído durante toda la noche en aquel lugar de la costa atlántica de Costa Rica. Había sentido bajo el mosquitero en el que dormía con el pequeño Alejandro un diluvio tropical que descargaba toda su fuerza sobre la casa en la que estábamos dentro de aquel bosque húmedo y caliente. Fue una noche en la que me desperté muchas veces: el nerviosismo, una cama que estaba muy lejos de ser la mía y, sobre todo, la ilusión de lo que iba a pasar al día siguiente, ya en muy pocas horas.

Aquel viernes fue un día más de trabajo para Pepe, que se levantó como siempre a las cinco de la mañana. Él también había tenido una noche inquieta y no había conseguido dormir bien, en parte también por el agotador rodaje del día anterior en los canales interiores, junto al río Toro. Aún de noche, recuerdo a Pepe duchándose con agua de lluvia; todo transmitía tanta paz, tanta naturaleza, yo tenía una sensación tan grande de plenitud, que podría decirse que en aquel instante, que aquella noche en la que todavía no habían llegado las claritas, fui feliz.

Alejandro dormía tranquilamente bajo el mosquitero. Él fue el único que descansó, como solo puede hacerlo un niño. Salí a despedir a Pepe al porche de madera verde, mientras veíamos cómo diluviaba. Los dos sabíamos que estábamos ante un día diferente. Si ya es emocionante casarse una vez, más aún es hacerlo por segunda vez y además, aquí está la cosa, con la misma persona. Pepe cumplió con su día de rodaje aguantando el sol, el cieno y la dura disciplina de un rodaje con más de doscientos extras y actores, pero la verdad es que cuando volvió, estaba en plena forma. Ni un signo de cansancio; regresó a Limón en canoa, pasado el medio día, bajo un sol terrible e implacable. Me trajo un lirio salvaje de color morado, que había arrancado de camino a casa. Yo había pasado toda la mañana en el mercado comprando flores y frutas con las que adornar la casa; qué hermosas flores y qué frutas tan brillantes había en aquel lugar. De camino a casa, Alejandro y yo cortamos algunas orquídeas para adornarme el pelo cuando cayera la noche, que era el momento. Nos tomamos todo el día para prepararlo todo, arreglarnos todo despacito, mientras Alejandro iba jugando de un lado a otro con ojitos de asombro; él sabía que algo estaba pasando, pero no tenía ni idea de qué era. Pepe se vistió de traje oscuro, que contrastaba fuertemente con su barba dura y negra, el cabello largo y esos ojos de acero que aquel día parecían más suaves, más tiernos. Yo me vestí con un traje de seda blanco, el que Joan hizo en Sevilla para mí. Mi querido amigo y gran periodista Tico Medina fue el testigo de la boda.

Bebimos champán y yo sentía que aquella boda era más mía, más nuestra, más íntima, quizá incluso más profunda que aquella otra en Sevilla en la que la gente que tanto nos quería estuvo a punto de machacarnos de cariño.

Aquella noche, mientras veíamos una luna grande que iluminaba nuestro mosquitero le dije al que nuevamente era mi marido:

—Pepe, ¿sabes a quién he visto como si estuviera entre nosotros, esta tarde cuando nos casábamos?

—¿En la silla vacía, quizá?

—Sí, en la silla vacía.

Aún puedo recordar el silencio bajo aquella noche estrellada.

—Estaba Rocío…

—Yo también la vi, María.

Tenía la mitad de mi vida por delante. Estaba enamorada de nuevo. Bueno, durante aquel tiempo nunca había dejado de estarlo. Además, podía darle un hermano a nuestro hijo. Una niña que se llamara como nuestra querida Rocío: Rocío de la Candelaria y yo me preguntaba: ¿Y por qué no va a ser la misma Rocío que partió mi vida en dos mitades? Sabía que ya no era la misma. Yo he sido muy feliz de joven y lo fui siempre, hasta el día en que perdí a mi hija. Pasé años de mi vida loca totalmente demente, y aunque he superado algunas cosas no he vuelto a ser la misma de antes.

A los cinco meses de habernos casado, el niño y yo fuimos a ver a Pepe a Mérida, donde estaba interpretando la obra de Plauto *Rudens* en el Teatro Romano. Fuimos para asistir al estreno y poder disfrutar los tres juntos de excursiones que hacíamos en la caravana que Pepe se había comprado. Creo que es de las pocas veces que se ha movido del jardín de casa, donde lleva aparcada años.

Hacía cinco meses que nos habíamos vuelto a casar en Costa Rica, yo estaba profundamente enamorada y sabía que el amor podía convertirme en alguien débil. El amor viene a través de la admiración y a mí Pepe me tenía admirada continuamente.

Fue entonces cuando decidí volver a cantar. Tenía que hacerlo porque sabía que era una razón que me ayudaría a vivir y a estar con mi hijo de la manera en la que él me necesitaba. Decidí reaparecer, armarme de fuerzas. Y en junio de 1987 me puse la careta de artista que ocultaba a la madre que sufría. La noche de mi reaparición en Montes Blancos, Zaragoza, fue inolvidable, emocionante; pude sentir cómo el público se estremecía ante mi presencia y yo canté con hondura y una fuerza escalofriante; aquella noche me sentí más mujer, más hecha, más fuerte. Estaba viva.

Alejandro cumplió por aquellos días cuatro años. Verle crecer era algo vertiginoso. Yo quise celebrarlo en mi Sevilla, donde tenía y aún tengo el corazón, aunque mi cuerpo, tanto entonces como ahora, viva en Madrid. Aquel día Alejandro estaba feliz, con esos ojos negros que me deshacían cuando me miraba. Le encargué una tarta enorme que tenía forma de coche. Lo celebramos en el restaurante que mi hermano tenía entonces en los alrededores de Sevilla. Vinieron muchos amigos míos, de mi casa, de mi hijo, de mi oficio. Mi madre también estuvo en la fiesta de su nieto. Allí estaba, sentada en su silla de ruedas. Estuvieron mis dos hermanos Isabel y Gabriel y sus primos, los primos de Alejandro, que eran muchos.

El cumpleaños fue el día 15 a las tres de la tarde. Yo me sentía muy feliz de ver que estábamos todos juntos en torno a aquella fiesta tan íntima, tan mía. Su padre le llamó por teléfono desde Costa Rica, donde seguía rodando *El Dorado*. Todos los recuerdos de aquel día son páginas muy bellas, que viví felizmente aun con la tristeza de la ausencia de Rocío.

En 1988, tres años después de morir Rocío, presenté en el programa de la desaparecida Encarna Sánchez mi nuevo disco que tenía por título *Rocíos*. Era un disco compuesto íntegramente por sevillanas, un estilo poco habitual en mi trayectoria. Abandoné temporalmente la rumba que siempre había interpretado. Me alejé de aquella imagen erótica y sexual que había marcado mi carrera hasta la desaparición de mi hija, pero aquel cambio no quería decir que María Jiménez hubiera perdido en fuerza y desgarro. Siempre he sabido cuál es mi imagen, un tanto primitiva y salvaje.

Me encontraba en un momento importante; no sabía si bueno o malo, pero sí que sería decisivo para mí. Me sentía muy consciente de lo que hacía y de lo que quería. Continuaba con unas tremendas ganas de luchar, de comerme el mundo, de pelearme con la misma vida, como siempre, con mis ilusiones renovadas. Me entregué en cuerpo y alma a ese disco en el que había puesto mucho de mí misma; de hecho, varias de las sevillanas las había compuesto yo, de modo que con aquel trabajo hice mi debut como compositora. Había trabajado intensamente durante cuatro meses en la preparación del disco, un tiempo que recuerdo muy duro. No oculto que en aquellos momentos, cuando el disco llegó al mercado, sentí miedo porque finalmente es el público quien tiene la última palabra; bueno, no sé si era realmente miedo, porque eso siempre ha sido una sensación desconocida para mí; era más un nudo en el estómago, ya que, afortunadamente, había llegado a un punto en que mi carrera no dependía del éxito de un disco y me sentía respaldada por mi trayectoria. Se me notaba la ilusión que había puesto en él. Analicé cada canción con lupa, recuerdo que las escuché una y otra vez de la forma más objetiva y fría posible, como si no fuera yo quien las cantaría. Compuse títulos como: «Hace Jesús el camino», donde situé a Cristo como un peregrino más en el Rocío o «Por un amor como el tuyo». Prácticamente todo el disco era un homenaje que quise hacer a las celebraciones rocieras y muy especialmente a la Virgen del Rocío, por la que siempre he sentido una especial devoción; quise recuperar la esencia de las sevillanas con algunos estilos que ya casi no se cantan. Sin duda, el tema más fuerte, el que más me costó cantar fue el dedicado a mi hija, titulado simplemente «Rocío», un nombre que llevo clavado en el alma desde hace más de diecisiete años. Todo mi dolor y mi sentimiento se reflejaban desde la primera estrofa:

> *Una salve te rezaba*
> *y aliviabas mi sufrir,*
> *mientras que yo recordaba*
> *aquello que yo perdí.*

Sabía que esta canción tenía que ir en el disco, aunque hasta el último momento dudé en incluirla precisamente para evitar las muchas preguntas que inevitablemente brotarían. No fue fácil; reconozco el tremendo esfuerzo que tuve que realizar para grabar esa canción. Era muy fuerte escucharla, yo había hecho la letra y también los arreglos musicales. Cuando terminé de cantarla dije:

—No sé cómo habrá quedado, pero no puedo repetirla.

Vi reacciones tremendas a esa canción, como uno que rompió una botella con la presión de la mano mientras la escuchaba. En aquel tiempo la primera depresión estaba ya superada y yo volvía a mirar a la vida con esperanza, me sentía nuevamente feliz junto a mi marido y mi hijo, aunque me era imposible pronunciar el nombre de mi hija sin sentir el estremecimiento de un dolor intenso y profundo que aún no puedo explicar.

12

Quince años de silencio

Los días de éxito y gloria parecían quedar lejos. La verdad es que desde la muerte de Rocío no levanté cabeza desde el punto de vista artístico. No quiero decir que la muerte de Rocío terminara con mi carrera, no sería cierto, pero cuatro años después de aquel accidente, la María Jiménez que había sorprendido, creo que básicamente por su fuerza, parecía que había dejado de tenerla. Mi imagen en 1978 de mujer independiente y libre por encima de todo, incluso de los hombres, quedaba ya muy atrás. Alguna vez, y supongo que no estoy muy equivocada, he pensado que mi matrimonio tuvo algo que ver con ese largo declive profesional. La gente estaba acostumbrada a verme como símbolo de libertad; me imagino que me hubieran permitido follarme cada día a cuatro y ahora, con el paso del tiempo, creo que a la rubia que exudaba pasión no se le permitía dormir más de tres noches con el mismo hombre. Es una cuestión de imagen, pero lo que realmente estuvo a punto de terminar con mi carrera, o mejor dicho, lo hizo durante muchos años, fue una extraña mano negra que me dejó sin trabajo.

En los últimos años de los ochenta el trabajo empezó a ir de mal en peor. No me salían galas, nadie me contrataba; al principio pensaba que era cuestión de una mala racha para todo el mundo, una época como tantas en las que hay menos trabajo. Aunque yo intentaba verlo así, la verdad es que me extrañaba; era un no detrás de otro, como si todas las puertas hubieran decidido cerrarse para mí. Uno de los representantes que me conocía me dijo un día: «Van a por ti, María, van a por ti». Y a por mí fueron. Como no puedo decir nombres, prefiero pensar que no fue así... Ya se sabe que las cosas son como dice el que manda; deja pruebas evidentes, pero en este caso lo evidente no hay que contarlo.

Aquella fue una de esas épocas en las que en muy poco tiempo, a la vuelta de tres, cuatro, cinco años, te das cuenta de que apenas queda nada de lo que habías conseguido construir; toda una vida luchando por ello. Entonces, unos cuantos años de fuegos artificiales y después, como una hermosa falla valenciana que ha tenido a la gente admirándola y aplaudiéndola, se queda reducida a cenizas, lo único que permanece es el recuerdo de lo que pasó. Tampoco yo luché mucho por ello. ¿Qué podía hacer más que rendirme ante las circunstancias? No había trabajo, pues me quedé en mi casa. Estaba agotada de manipulaciones y de gente con mala fe que se cruzó por mi camino.

Como el que no se da cuenta de las cosas, iba viviendo un día tras otro, una semana después de otra; parecía que aquel bache fuera cuestión de poco tiempo, pero, como después se demostró, fue de muchos años.

Me fue fácil entretener los días al lado de Pepe, con quien desde el principio de nuestra relación me pasaba la vida tocando el cielo con la punta de los dedos para después caerme en el infierno. Es ese desgaste con el que he vivido desde que le conocí.

Pepe y yo nos habíamos casado dos veces, pero tardamos casi diez años en tener una verdadera luna de miel. Recuerdo aquellos días con especial cariño. Era 1990, en la isla Mauricio. Diez años de retraso sobre la primera boda y tres sobre la segunda, la verdad es que los dos necesitábamos aquel viaje para estar unos días solos, alejados del trabajo, o mejor dicho de los problemas y de la casa.

Aquellos días sirvieron para desintoxicarnos. Hacía poco que Pepe había descubierto el golf y andaba como loco con los palos, yo pegada a él en todo lo que hiciera, comencé a acompañarle simplemente y al final terminé enganchada como él. Allí, en Mauricio, jugábamos a diario porque teníamos un campo de golf muy cerca de la casa, casi pegado. Días para nadar, para pescar e incluso para viajar en helicóptero; me encantó ver las cosas desde arriba: siempre me ha gustado, es una extraña sensación que hace que me sienta la persona más grande o, por el contrario, alguien insignificante. Siempre he sido una entusiasta de todo lo relacionado con la aviación, así que reconozco que en ese sentido disfruté yo más de ese viaje. Pepe es de los que dicen que si el hombre debiera volar, habría nacido con alas. Esta es una de las muchas cosas que Pepe y yo nunca hemos tenido en común. Uno de mis sueños, y no me moriré sin cumplirlo, es tirarme en paracaídas; me fascina cualquier tipo de transporte aéreo y de hecho, si en aquel momento yo no tenía permiso para volar, era porque Pepe no me dejaba ni siquiera intentarlo y yo, pues claro, lo que él dijera.

Donde Pepe se encontraba más seguro que en el aire era sobre los galápagos. Como muchas parejas de turistas, nos hicimos varias fotos sobre ellos que aún conservo. Aunque aquellas minivacaciones me estaban sentando muy bien, a mí y a mi relación con Pepe, no podía evitar pensar en el pequeño Alejandro, sobre todo cuando veía aquellos animales y me imaginaba la cara que pondría el niño si estuviera allí. Como cualquier crío habría disfrutado como un loco y, por esas cosas que tenemos las madres, que parece que nos echamos en cara disfrutar de algo cuando no pueden estar presentes nuestros hijos, de aquel viaje terminé disfrutando a medias. La verdad, era algo que nos pasaba a los dos: durante todo el viaje no dejamos de pensar y hablar sobre el niño. Aquella era la primera vez que nos habíamos embarcado en un viaje de tantos días y tan lejos de él. Los dos colgados del teléfono todo el día, pero conscientes de que las parejas necesitan unos días para estar solos y nosotros aún más, porque aunque la primera depresión grande se me había pasado y ya me había peleado con las posteriores, aún estaba muy lejos de encontrarme bien y eso, lógicamente, también afectó a mi matrimonio. Aunque me esforzaba y el ver a mi hijo, a mi marido, a la familia que por fin tenía, me daba mucha fuerza, no podía evitar momentos de recaída muy fuertes que también empañaron la felicidad de aquellos días.

Regresamos nuevamente a casa: Pepe a lo suyo, al trabajo, y yo al mío, en mi casa y con mi hijo. Entonces es cuando puede decirse que me puse la bata de estar por casa. Tenía un hijo al que estaba criando, un marido al que admiraba, valoraba y amaba con absoluta locura y muchos amigos con los que recordar los tiempos pasados. En ese momento me refugié donde me gustaba estar, en mi casa. Esta profesión mía no es para ir de puerta en puerta diciendo: «Oye, que quiero hacer un disco». No, no fui de puerta en puerta pidiendo trabajo a nadie, no tenía necesidad, al menos necesidad económica. Pepe iba trabajando y mal que bien salíamos adelante sin que tuviera que arrastrarme frente a algo tan injusto como lo que me había pasado. Todo colaboró para que mi mundo se centrara en mi hogar y en toda la ilusión que durante aquel tiempo le puse. A Pepe, por su forma de ser, le iba bien aquella situación, Pepe es de los hombres muy a la antigua, de los que quieren ver a su mujer en la casa, si es posible con la pata quebrada. Supongo que entonces ya lo veía, pero cuando se está ciega de amor como yo lo estaba, una siempre encuentra justificaciones para la actitud del otro.

Todos aquellos días están envueltos en el olor de las rosas y jazmines que yo empecé a cuidar en mi casa, al aroma con el que se queda impregnada la casa después de cinco horas en la cocina o a ese perfume especial que tienen los niños pequeños cuando después del baño de cada noche se ponen el pijama.

Una vez más el siete vuelve a aparecer en mi vida. A los siete años justos de la muerte de mi hija, en octubre de 1992, viajaba a Granada con un muchacho, el asistente que teníamos en ese momento. Acabábamos de comprar un magnífico Mercedes de segunda mano y aquel viaje era uno de los primeros que hacíamos. Yo iba conduciendo cuando le comenté al asistente:

—Hay que ver, Luis, cómo son estos coches, ¿eh? Fíjate, con la edad que tiene este y ni un fallo. Parece que acaba de salir de la fábrica en lugar de tener veinte años.

—El tiempo para estos coches no cuenta, María. Los Mercedes son muy fuertes.

No pasaron cinco minutos cuando el coche de repente se paró. Ninguno de los dos sabíamos qué había podido pasar. La inercia, porque yo no recuerdo que tuviera ninguna intención de moverme hacia ningún sitio me llevó hasta el arcén; sentí algo muy extraño dentro de mí, frío, una terrible angustia en la garganta y ganas de vomitar, como si estuviera revuelta por dentro. Llamamos a la policía para que avisara a una grúa, me bajé del coche y recuerdo que casi me ahogaba, me faltaba el aire, no podía ni hablar. Luis me miraba como sin saber qué hacer conmigo: allí, en ese mismo lugar, en ese mismo punto de la carretera se había matado mi hija exactamente siete años antes. Cuando me di cuenta perdí la noción del tiempo. Aunque era de día y otoño, fue como si todo se apagara; me recordé allí mismo: enfrente estaba todavía la venta en la que yo había pasado la más terrible de mis esperas. Empecé a recordarla con tal intensidad que no sé cómo en aquel momento no me volví loca. Cuando llegó la policía me atendió e hicieron lo que pudieron por tranquilizarme aunque los pobres estuvieron muy lejos de conseguirlo.

—Venga, desahóguese, métase en el coche y llore a gusto, eso ayuda mucho en momentos como este.

¿Cómo decirle a aquel agente que a mí no me había salido una lágrima por mi hija? ¿Cómo explicarle que eso, desahogarme, llorar, lo que él me recomendaba era lo que yo había intentado desde el 7 de enero de 1985 sin conseguirlo? El caso es que obedecí, me metí en el coche y comencé a llorar de manera imparable, como no lo había hecho desde aquel día. Mis lágrimas salieron a borbotones durante todo el tiempo que estuve dentro del coche. Cuando salí, Luis y los agentes se acercaron a mí con palabras que no escuché, pero se me quedaron los ojos como platos cuando uno de los policías me dijo que el año anterior, justo en ese kilómetro que dramáticamente para mí se había hecho famoso en la carretera de Andalucía, a mi hermano, también se le había parado el coche. La conclusión que saqué de todo aquello fue clara, inmediata: el espíritu de mi niña estaba por ahí vagando desde hacía años mientras sufría al verme a mí torturarme de esa manera. En ese momento, en mi locura, pensé que mi sufrimiento la tenía encadenada, no sé muy bien cómo explicarlo, pero a partir de entonces, en el mismo lugar en el que ella perdió la vida, yo empecé a salir adelante, empecé a ver las cosas con más claridad; por encima de todo, aquel llanto tan deseado en el coche me permitió vivir un poco más relajada. Son cosas difíciles de explicar y quizá más de entender, pero suceden. A mí, desde luego, me ocurrió.

A la vuelta de ese viaje entendí que debía seguir viviendo, pero no de la forma en la que me lo venían repitiendo todos aquellos que me conocían desde hacía años, sino de verdad, porque ahora era yo la que lo había decidido. Volvería a vivir y lo haría no solamente por mi hijo Alejandro sino por mí, por mi carrera, por la que estaba dispuesta a volver a luchar, y por mi vida, la de una mujer con cuarenta y dos años a la que todavía le quedaba mucho por vivir, tanto en lo profesional como en lo personal. En aquella década de los noventa que acababa de comenzar aún me casaría por tercera vez con mi marido.

De mi tercera boda, que tuvo lugar en el Nepal, mi memoria se ha quedado con el momento en el que Pepe y yo fuimos presentados al segundo Dalai Lama.

Mi marido por tercera vez iba traduciendo la conversación. No sé muy bien en qué momento, aquel hombre que tanto me impresionó me hizo una pregunta que no he olvidado en toda mi vida:

—Si usted me mira a la cara ¿qué ve?

Y yo vacilándole le contesté:

—Veo una cara muy redondita, muy gordita, unos ojitos achinaditos… Me recuerda a Juanito Valderrama.

Pepe lo suavizó un poco con la traducción y yo enseguida añadí que me gustaba mucho su aspecto. El segundo Dalai Lama se me quedó mirando con una sonrisa inmensamente serena y me dijo:

—Ese es el problema de vuestra religión y de vuestra cultura, que opináis a la primera.

Yo aprendí mucho de aquello y, como persona expuesta continuamente a la crítica de la prensa y del público en general, he podido comprobar que hay mucha verdad en aquellas sabias palabras. Nosotros vemos un punto de la cara, el punto de la nariz, el punto de las cejas, un ojo… Pero no vemos la cara; a pesar de ello juzgamos. Fue una gran experiencia, el resto de la boda y los motivos que me llevaron a ella no tienen importancia.

En lo profesional, pronto empecé a preparar un nuevo disco con algunos contactos que tenía en Sevilla y grabé *Átame a tu cuerpo*, con Senador, una discográfica de mi tierra. Al menos a mí, el tema que más me agarró fue «Ojo por ojo, diente por diente», pero la discográfica era muy pequeña, había poco dinero y, ya se sabe, un cantante, aunque sea el mejor, si no tiene apoyo, ni hay cantante ni hay nada, así que seguí con lo que desde hacía tiempo era mi única vida.

Pepe presentaba en aquel momento un programa en Canal Sur, *Mar, Mar*. Mi hijo Alejandro ya tenía ocho años y era un niño espectacularmente guapo, pero sobre todo, siendo ya tan pequeño, se le veía una buena persona, un ser ya muy reservado, generoso y limpio. En aquel momento Pepe y yo vivíamos uno de esos momentos dulces de paz y de tranquilidad tan escasos en nuestro matrimonio. Formábamos una gran familia en la que por supuesto siempre incluíamos a Rocío; los tres la llevábamos en el recuerdo y sus fotografías repartidas por toda la casa la convertían, tal y como yo deseaba, en el cuarto miembro de una familia que desde su marcha siempre estuvo coja. Aquel verano lo pasamos en Málaga, descansando sin otra preocupación más que la de cuidar de Alejandro, jugar, estar con y para él. Mientras que mi carrera iba dejando de serlo, la de Pepe se mantenía. Le fueron llegando oportunidades que yo compartía con él desde la alegría; sus triunfos eran los míos porque yo estaba ahí, esperándole a la vuelta de los ensayos, con la comida preparada, su ropa dispuesta y su hijo cuidado, la vida que él buscaba en su familia para, mientras tanto, llevar otras vidas en solitario.

Aunque a Pepe le iba bien el trabajo, en aquella época tuvimos un bache económico importante; tanto es así que tuvimos que alquilar la casa que habíamos comprado en Villaviciosa de Odón para conseguir algún dinero, algo que me entristeció porque era una casa que se puede decir que estaba hecha con mis manos. Durante aquellos años me había dedicado a pintarla, a cuidar cada rincón del jardín, a diseñar y a sufrir muchas de las obras que allí se hicieron. Alquilar aquella casa fue muy duro para mí: me lo tomé como un fracaso, pero bueno, las cosas, ya se sabe, son como son y tocan cuando tocan, y en ese momento lo que tocaba era coger a mi hijo e irme a vivir con él a mi casa de Chiclana. Pepe llevó sus cosas al apartamento de Gran Vía y se quedó a vivir allí con la disculpa del trabajo.

Fue entonces cuando Alejandro hizo la comunión; muy a mi pesar, se puso el traje de un amigo, un traje prestado.

Habían cambiado mucho las cosas; mi hijo en Chiclana iba a un colegio del pueblo, del estado, cuando anteriormente yo le tenía en un magnífico colegio de pago enfrente de mi casa.

Aquella fue una mala época que pasamos buscando trabajo los dos; incluso al ver que las cosas cada vez iban a peor, estuvimos buscando una venta en la carretera para montar un negocio; mil vueltas le dimos. Al final no salió nada y continuamos viviendo separados, no solamente por la distancia. Recuerdo que Pepe, que hablaba mucho de lo solo que se encontraba en Madrid, me pidió que fuera para estar con él en el apartamento una semana. Llegué, me fue a buscar a la estación y de allí a Gran Vía. No pasaron veinticuatro horas cuando, en medio no recuerdo de qué conversación, me dijo:

—Tú te querrás ir mañana a Chiclana.

Y yo con una rabia que me comía por dentro, le contesté:

—No, mañana, no, me quiero ir ahora mismo.

Cogí las cuatro cosas que me había llevado y me fui por donde había venido. Llevábamos mucho tiempo dándole vueltas a lo nuestro, queriendo terminar con una historia que al menos a mí, me estaba haciendo sufrir de manera muy cruel. Su comportamiento conmigo aún me hacía más daño porque me sentía débil a su lado. Yo no tenía otra cosa por la que luchar que no fuera él o mi hijo; pero nosotros solo éramos una pequeña parte en la vida de mi marido: para él el trabajo o la falta de él se había convertido en el centro de su vida.

Nunca olvidaré el día que cumplí cuarenta y cuatro años porque ese es un número redondo en una vida. En la mía, sin embargo, estaba perdiendo la forma. Aquel 3 de febrero, Pepe tuvo uno de esos gestos que me dejaba enganchada durante días: organizó para mí una fiesta de cumpleaños preciosa; como siempre he estado enamorada de él como una burra, por mil desprecios que notara que Pepe tenía conmigo, un solo gesto de ternura, de interés, de cariño, me hacía estremecer y olvidar las novecientas noventa y nueve humillaciones. No me cuesta ningún trabajo reconocer que en aquella fiesta yo estaba tan nerviosa como si hubiera vuelto a casarme con el mismo hombre; me recuerdo como una niña y no como una mujer de cuarenta y cuatro años. Entre los amigos que habían acudido para celebrar conmigo un año más de vida estaban Alfonso Santisteban, Manolo Zarzo y su hija Flavia, Juan Carlos Naya, Valentín Paredes y María Kosti. Me da un escalofrío por el cuerpo cuando recuerdo que una de nuestras invitadas era Lola Flores, que al final la pobre no pudo asistir porque estaba ya muy enferma. Fue una noche de felicitaciones que compartí con Pepe, al que felicitaron durante la noche por el premio Jorge Fiestas que ganó por su trabajo en *La Lola se va a los puertos*, curiosamente ofrecido por la misma peña Primera Plana que en 1980 nos habían concedido a Pepe y a mí el premio Limón. Todo parecía muy lejano. Aquella fiesta era una de las pocas ocasiones en las que salíamos. Pepe hacía cada vez más vida fuera de casa y cuando llegaba era, en la mayoría de las ocasiones, como si no estuviera.

Seguí viviendo en Chiclana con el niño cuando a Pepe le salió un papel junto a Ana Belén en la película *Libertarias*. Durante todo el rodaje, él estuvo solo en Madrid; quiero decir, él estaba allí mientras nosotros estábamos en Chiclana; con quién o con quiénes, era otra cosa en la que no quería pensar.

Fue en 1994 cuando hice un nuevo intento de enderezar mi carrera grabando un nuevo disco, el último antes del fabuloso reencuentro que tendría lugar seis años después. Grabé con Dibucsa, una discográfica de Barcelona, *Eres como eres*. Lamentablemente como la anterior ocasión en Sevilla, la discográfica no hizo ningún tipo de promoción; en realidad, no pretendía otra cosa que sacar al mercado fondo de catálogo, así que seguí en mi casa viendo cómo iba pasando el tiempo.

El 1 de junio de 1995 celebramos nuestro decimoquinto aniversario de boda. Fue un día de acercamiento en el que los dos comprobamos que ya habían pasado muchos años; a los dos se nos notaba en la cara y también en el alma. Habíamos pasado por la vida, pero la vida también había pasado por nosotros dejando sus huellas. Recuerdo que hicimos una fiesta con nuestros amigos más íntimos, una fiesta pequeñita para celebrar las bodas de bronce a las que yo, por todo lo bueno y por todo lo malo que habíamos pasado juntos, llamaba bodas de alambre.

Como tantas veces en ese tira y afloja de mi amor o de mi obsesión por él, sentirme a su lado en aquel momento me hacía profundamente feliz. Siempre un «a partir de ahora todo cambiará», siempre intentando aprovechar la siguiente oportunidad, toda la vida poniendo parches. De aquella fiesta recuerdo unos gemelos de oro con la fecha de nuestro aniversario grabada que yo había ido a comprarle con la misma ilusión que lo hubiera hecho aquel otro 1 de junio en Sevilla. Él fue un poco más práctico y lo que hizo fue regalarme un cochecito de esos pequeños para desplazarme cuando jugábamos al golf.

Nuevamente se habló en la prensa de mi imagen erótica. Después de aquellos años reconozco que fue un regalo; no me molestaba en absoluto que me consideraran una cantante que ponía caliente al personal: ya iban unas cuantas generaciones disfrutándolo. Seguí haciendo lo que había hecho siempre, cantar con sentimiento, enseñar las piernas como hice cuando comencé y cantaba la copla con minifalda y botas hasta la rodilla. Con bata de cola o con plumas de pavo real, qué más da, es algo instintivo, necesito moverme, darle aire a todo el cuerpo. Siempre recordaré que Jesús Amilibia, tras verme en una actuación, escribió que yo era el erotismo jondo, un juego de energía que ni se puede provocar ni se puede fingir.

Pepe se tomó ese nuevo disco *Eres como eres* como un entretenimiento para mí, sin darle demasiada importancia, como a quien se le deja un juguete para que se entretenga. Pero inevitablemente yo seguía amándole tal y como yo entiendo el amor, que no es de otra manera que la entrega total. Es posible que el amor y el sexo puedan ir por separado, pero no era mi caso ni entonces ni ahora: siempre he hecho el amor con amor. De lo contrario, se convertiría en un trabajo, algo parecido a cuando se hace sin erotismo. Siempre me ha gustado cantarle al amor y al sexo, a las relaciones entre el hombre y la mujer, que no dejan de ser puras fórmulas. En ese universo de pasiones la que siempre ha seducido es la mujer; lo que pasa es que lo ha hecho con tanta habilidad que los hombres, no todos pero sí la gran mayoría, se han creído que los que conquistaban eran ellos. Siempre he mantenido que es la mujer la que liga, antes, ahora y supongo que siempre, porque somos nosotras las que tenemos el poder, la llave del placer, y la manejamos como si fuera la de un grifo: ahora te doy y ahora no te doy. Esa ha sido siempre nuestra fuerza, y el hombre, ya se sabe, cuanto más sediento, más dependiente. Así es como actuamos con la cabeza fría; el problema está cuando nos enamoramos, porque entonces, la llave del placer, como la del corazón, está en mano de la otra persona, que puede abrir y cerrar nuestra vida a su antojo; eso, exactamente eso, es lo que Pepe hacía conmigo.

Hacía ya tiempo que mi matrimonio se me había escapado de las manos; hacía mucho tiempo que dormía sola en la cama de agua y eso es señal inequívoca de que en la pareja han dejado de ser dos. Ya entonces me tiraba todo el día sola hasta que Pepe llegaba a las once y media o a las doce de la noche; habitualmente yo ya había cenado porque me gusta hacerlo más temprano. Cuando aparecía, normalmente estaba puesta la televisión, la echaba un vistazo, que ya me hubiera gustado que me echara a mí, comía algo y con el bocado en la boca me decía:

—Bueno, cariño, me voy a la cama, que tengo sueño.

Y yo claro, después de pasarme todo el día más sola que la una esperándole, le decía:

—Pepe, por favor, ¿no vamos a hablar? ¿No te das cuenta de que llevo todo el día esperando?

—Cuando tú tienes sueño, ¿no te acuestas? —era la respuesta cortante.

No me quedaba otra que cerrar el día diciendo:

—Sí, claro, por supuesto que sí.

Él subía a la habitación y al día siguiente, vuelta a empezar.

Se levantaba, se vestía, se afeitaba y hala, a la calle, y yo a observar el silencio. Desde esta casa rodeada de naturaleza he visto palomas torcaces que bajaban a comer en mi mano; sabía dónde vivían, su hogar estaba en una de las encinas del jardín. En otro árbol muy cerca, en la dársena, vivían los caretitos, unos pájaros con una especie de antifaz; en las arizónicas estaban los ruiseñores y justo detrás, en la hiedra, los mirlos. Aprendí el lugar en el que vivía cada bicho de aquella casa que durante tanto tiempo ha sido parte de mí. Allí donde todos los árboles, pequeños o grandes, tienen su historia, curiosamente este año echó flor un árbol que jamás había tenido ninguna en los dieciséis años que aquí llevo viviendo, no sé por qué ha podido ser, pero qué más da, es hermoso, a las cosas no hay que buscarles demasiada explicación; este año se ha muerto el árbol que yo más amaba, el que estaba más cerca de la casa, un pino que se ha helado esta primavera con las nevadas de marzo. Veinte años llevaba aquí. Tampoco le busco explicación, porque se entiende que a los pinos no les afecta para nada el frío; pero a este, al pobre, le cogió por sorpresa. No estaba adaptado a las nevadas en esas fechas y después ese sol que lo achicharra todo terminó matando al pobre árbol.

La naturaleza ha sido para mí muy importante durante todos estos años. Cuántas veces me he quedado embelesada mirando cómo se aparean las lagartijas; tienen solo un mes para hacerlo y son un auténtico espectáculo que recomiendo a aquellos que no hayan tenido oportunidad de verlo. Se pasan horas jugando, haciéndose el amor, enrollándose una con la otra, mientras saltan y saltan hasta caerse de donde están. Cuando parece que ya no pueden continuar ni un minuto más, se recomponen y continúan como si no se hubieran dado cuenta de la caída, y así una y otra vez hasta que se quedan rendidas.

Aunque las ausencias de Pepe eran cada vez más numerosas, yo prefería hacer ver que no me enteraba de nada, hacerme la tonta, la que no se entera. No exactamente porque lo fuera: lo hacía para protegerme, como autodefensa; si callaba, se evitaban broncas y la verdad es que ya había suficientes sin que yo dijera nada. Vivía en un sin saber, un estar bien antes de que se marchara y un sentirme temerosa de cómo serían las cosas cuando volviera. Pepe es escorpión y los nacidos bajo este signo generalmente son de un carácter muy difícil; cuando están al lado de alguien, especialmente de su pareja, quieren tener siempre el poder, necesitan ser siempre ellos, se pasan la vida atacando. Una locura, una ceguera; ellos, al menos por lo que yo conozco, no controlan absolutamente nada y terminan agotando; son ilógicos, se contradicen continuamente, te dicen, «esto es blanco», y tú por agotamiento, contestas, sí es blanco, y entonces para buscar bronca dicen «no, es negro». Al final te tienes que reír o pegarte un tiro. Vivir con un escorpión, o al menos vivir con Pepe es una locura; él no habla, siempre pregunta y tú tienes que contestar; en cambio, él no siente que tenga la obligación de dar ninguna respuesta. Años y años atacando, poco a poco, pero arrinconando y si un día le haces «plas» y le gritas, entonces él se clava el aguijón solo. En mayor o en menor medida, supongo que esto pasa en todas las parejas; habitualmente siempre hay uno que domina y otro que se deja dominar; no quería enfrentarme a Pepe porque sabía que lo que había detrás era un dolor muy grande.

No sé si fue a causa de tantos gritos, pero curiosamente en los últimos años había notado que a finales de febrero, siempre después de mi cumpleaños, me quedaba ronca. No era un dolor especial, pero sí una molestia con la que ya llevaba años, así que me decidí a ir a ver a Antonio Muñoz Cariñano a Sevilla. Desde hacía años era no solo mi médico, sino también mi amigo, mi padre, mi todo. Recordarlo en estos momentos hace que la pena se me suba a los labios al saber que ya no está porque alguien decidió un día quitarle la vida. Antonio era hasta que le asesinaron el cuidador de la garganta de grandes figuras de la canción. Tras una exploración me diagnosticó unos pólipos en las cuerdas vocales sin importancia pero que según me dijo era recomendable extraer. Como para mí la palabra de Antonio era palabra sagrada, allí mismo fijamos el día de la intervención; todo salió perfecto, como no podía ser de otra manera en las manos de aquel magnífico médico y extraordinario ser humano. Aquellos días de absoluto silencio sin poder hablar ni una sola palabra me vinieron realmente muy bien. Me obligaron a pensar mucho. Reflexioné sobre muchas cosas; mi relación con Pepe fue una de ellas. Cuando volví a hablar, ingenua de mí, estaba convencida de que envejeceríamos juntos; como pude comprobar, estaba muy equivocada.

Fue entonces cuando a Pepe le concedieron el Goya por su interpretación en *Carne trémula* de Pedro Almodóvar. En ese momento él sentía que ya había triunfado, que ya no necesitaba a su mujer, a María Jiménez, porque él ya era una estrella. Su actitud me dolía porque ese Goya también significaba mucho para mí: yo había estado detrás mucho antes de que se lo concedieran. Se ha embriagado mucho con su profesión, creo que desde que le concedieron el Goya tiene una especie de borrachera de éxito, se siente el rey, con un trono que no quiere compartir con nadie.

Me fue arrinconando y abandonando. Durante este último año le estuve diciendo: «Pepe, esto no es así, Pepe, qué está pasando, Pepe, por qué me estás haciendo esto, te estás cargando el matrimonio, Pepe, que esto va mal…». Y Pepe me decía que estaba loca. En ese momento, evidentemente.

Con el nuevo siglo cumplí cincuenta años, una fecha que al menos a mí me dio mucho que pensar; llevar sobre este mundo medio siglo hace que se le echen cuentas a la vida. Me sentía derrotada y, pese a que muchos de mis amigos llevaban tiempo insistiendo en que volviera a cantar, animándome a que volviera a los escenarios, cosa que nunca hacía Pepe, yo siempre decía que no, que no era el momento. No es que tuviera muchas ofertas, pero las que tuve las fui rechazando sin saber muy bien por qué. Recuerdo que más o menos por esa fecha me llamó Peret, al que conozco de toda la vida, desde que trabajamos juntos en El Duende, una persona a la que adoro y me encanta como artista. Me propuso grabar junto a él una canción que se llamaba «Un lunar en el pie», pero aunque el proyecto me gustaba, le dije que no. ¿Por qué? No lo sé. La intuición o qué sé yo. En realidad en aquel momento casi había decidido quedarme en casa con mis cosas, aceptando que el tiempo había pasado y el mejor lugar quizá era ese, en un letargo que yo nunca elegí, pero que tampoco hice nada para alejar.

Hacía ya mucho que Pepe no tenía en cuenta mi carrera; me imagino que él, como muchos, la daba por perdida y nunca colaboró en lo más mínimo para ayudarme a salir del letargo. Con un hijo adolescente, una cama inmensa en la que se hacía más evidente mi soledad, quince kilos de más, me enfrentaba desde la desgana a dejar pasar la vida. Salía muy poco, no solamente porque me había cansado de pedirle a mi marido que me sacara de aquellas cuatro paredes, sino además porque no encontraba motivos. Fui abandonándome, como suele pasar, casi sin darme cuenta; me imagino que a él le venía estupendamente tenerme en casa, dejando que me hinchara poco a poco mientras vivía volcada en él, ayudándole, estando detrás, haciendo todo lo posible para que triunfara, para que fuera el mejor. A eso he dedicado gran parte de mi vida, aunque él, todo hay que decirlo, es un currante y siente pasión por su profesión. Pero, claro, cuando se antepone el trabajo a la familia, malo. Siempre ha metido sus papeles, sus personajes, en casa, siempre me recuerdo diciéndole:

—En lugar de meter el trabajo en la casa, mete la felicidad. ¿De qué me vale que ganes tanto dinero, si no lo disfruto, si yo para comer no necesito trabajar todos los días?

Daba igual, Pepe ya tenía lo que quería, no me necesitaba.

13

«Yo que soy tan guapa
y tan lista»

Poco después de mi cumpleaños me fui a Sevilla a pasar unos días. Solía ir a mi casa de Chiclana; allí siempre he encontrado mucha paz. Además, en aquellos días las escapadas a mi tierra, aunque eran pocas, me renovaban por dentro. Allí, donde hacía tantos años había empezado todo, me ofrecieron algo que significó empezar de nuevo: participar en la promoción de canciones que ya pertenecían a un recuerdo lejano.

Fue Pepe quien me dio la noticia. El director de mi antigua compañía discográfica Gustavo Santalalla me había llamado a Madrid para hablarme del proyecto. Tenía previsto sacar al mercado una recopilación de canciones mías que habían sido éxitos en su momento y quería saber si yo participaría en la promoción. Desde el primer momento me lo tomé con mucha ilusión. No solamente era algo que necesitaba para ayudarme a salir de la situación en la que estaba viviendo, sino también la oportunidad de volver a recuperar letras magníficas, que en su momento no se terminaron de entender. Había tenido mala suerte con los dos últimos discos, a veces pienso que sin razón. Estar delante de una campaña como aquella era muy importante. El álbum tenía un nombre que le sentaba como anillo al dedo: *Canciones arrebatadas*, e incluía temas como «Al alba», «Libre te quiero», «Gracias a la vida», «Háblame en la cama». Esa también fue mi oportunidad de echar cuentas con el pasado. La promoción era con la misma discográfica con la que en el año 1985, había firmado la carta de renuncia a mis royalties. Ahora, después de quince años había pasado el tiempo suficiente para poder ver con claridad la jugada tan ruin que me hicieron en aquel momento. Aclaramos el asunto y comprobé una vez más que el tiempo es el único que consigue poner a las personas y a las cosas en su sitio.

La vida al final termina siendo justa. En aquel momento yo no lo sabía pero, a partir de entonces, empezaron a pasar cosas que han terminado cambiándome la vida. Aquello, en principio, fue para mí un regalo al que no le pedí nada; ni siquiera pensé en los discos que podrían venderse. Lo único que hice fue disfrutarlo, sin esperar mucho de aquello. Las cosas salieron mucho mejor de lo que imaginaba; fue el principio de un largo camino de sorpresas en el que todo empezó a salir bien. La promoción fue bastante fuerte, incluso se hizo campaña en televisión, lo cual ayudó mucho; ya se sabe que lo que no sale en la tele parece que no existe. Se vendieron muchísimos discos y eso fue para mí una inmensa palmada en el hombro. En marzo de 2000, cuando salió el disco, yo casi era una desconocida para personas que ya eran adultas y que en muchos casos habían sido producto de una noche de amor al calor de mis canciones.

Fue ahí cuando empezó a suceder lo que no me había atrevido a soñar: todo comenzó una tarde cuando me llamó el representante de un tal Lichis, que al parecer lideraba un grupo, entonces absolutamente desconocido para mí: La Cabra Mecánica. El hombre me contó que esos chavales estaban muy interesados en grabar conmigo, incluso me dijo que tenían un tema compuesto especialmente para mí. La verdad es que, así de entrada, me extrañó, no entendí nada. De todas formas le dije que me enviaran algo que tuvieran grabado los chicos, y que después de escucharlo volveríamos a hablar. Casi me había olvidado del tema cuando una mañana, a los dos o tres días, mientras yo estaba arreglando cosas por el jardín, llegó un mensajero con los dos discos que tenían grabados, una maqueta de la canción que querían que cantara y una fotocopia de una foto del grupo que se veía fatal. Mi hijo Alejandro abrió la puerta, cogió el paquete y sin decirme nada puso la maqueta para escucharla. Sentí algo de fondo, pero seguí con mis cosas, hasta que de repente Alejandro me gritó:

—Mamá, mamá, ven; escucha esto.

Ponemos la canción desde el principio, y ya de entrada, del primer verso no entiendo absolutamente nada. Creo, me parece, que es una carta que le manda una chavala a un chaval. Y después de leerla muy bajito, muy íntimo, todo el tema es: «Que te follen, que te follen, que te follen». Me quedé alucinada y dije:

—Yo grabo con este tío ahora mismo, seguro.

Y sin escuchar el tema de «La lista de la compra», acepté sin pensármelo dos veces. ¿Por qué le dije que no a Peret cuando le conocía de toda la vida y a quien admiraba muchísimo, y en cambio dije sí a un grupo de desconocidos cuya música no tenía que ver nada conmigo? Yo qué sé, la intuición supongo. Y no me equivoqué, porque aquello fue mágico desde el principio. Incluso antes de que me llamaran ya había magia. Según me contó después el propio Lichis, andaba componiendo el disco que terminó incluyendo «La lista de la compra» y, bueno, por esas cosas que tiene la creatividad, se quedó estancado en uno de esos momentos tontos en los que a uno no se le ocurre nada. Después de darle varias vueltas, y en lugar de seguir en su casa esforzándose con algo que parecía no llegar, decidió dejarlo de momento y bajar a tomarse una cerveza en un bareto de la calle de Lavapiés, cerca de su casa.

Llegó, se apoyó en la barra, pidió una caña y así, de repente, como sucede con las cosas que tienen embrujo, se quedo atrapado en un viejo afiche mío que vio por detrás del camarero.

—Esta es. Esta es la que tiene que cantar «La lista de la compra».

Una foto mía de un póster le inspiró para seguir trabajando y esa tarde compuso el estribillo «yo que soy tan guapa y tan lista, yo que me merezco un príncipe, un dentista». A veces las cosas salen así, es increíble.

Cuando me planteé hacerlo, era consciente de que se trataba de una mezcla extraña: La Cabra Mecánica y María Jiménez. Lo comprobé con el actual director de mi discográfica. Cuando por primera vez le puse la canción, y le di la letra para que pudiera seguirla, no se enteró de nada. No entendió prácticamente nada. Eso le pasó a otras personas; sin embargo yo sí la entendí, incluso podía verla. Todo aquello me resultaba muy divertido y además desde el principio, quedó claro que me gustaba su forma de provocar. Definitivamente, a unos tíos que son capaces de pasarse una canción diciendo ¡que te follen!, no se les puede decir que no. Me ofrecieron cantar el estribillo de «La lista de la compra» y me pareció estupendo, al margen de lo que pensara la inmensa mayoría de las personas que en aquel momento me rodeaba.

Ni ellos ni yo pensábamos que aquello iba a tener la respuesta que tuvo. Quizá por eso, porque no teníamos grandes expectativas, salió tan bien. Nos lo tomamos como un juego, tanto ellos como yo.

Conocí al grupo en el mismo estudio de grabación. Charlamos un poco, nos echamos un cigarrillo y me metí en la cabina. Cuando salí, diez minutos después, ya estaba grabada; todo se hizo en diez minutos, no nos lo podíamos creer. No sé, todo fue muy especial. Recuerdo que cuando salí de la grabación, vi llorando a la chica de un compañero de Lichis. Pensaba que le había pasado algo.

—¿Qué té pasa, hija?

—*Na*, que me he emocionado.

Después de la grabación, nos metimos en un bar y allí nos tiramos horas y horas hablando. Significaba mucho para mí, era el otro lado de mi vida. Me recuerdo divertida, entusiasmada al sentirme nuevamente cerca de lo que ya creía perdido; estar en compañía de gente tan joven y que hubiera tan buen rollo me dio seguridad. Les tomé mucho cariño a todos, son como mis niños, siempre les llamo así. Son además de muy buena gente, personas muy interesantes, Lichis me parece que es uno de los nuevos poetas de este siglo.

Estar con ellos ha sido muy enriquecedor en todos los sentidos.

Durante meses la canción no dejó de sonar en las emisoras de radio. Yo estaba todo el día alucinada, sin entender nada de lo que estaba pasando, incluso mi hijo Alejandro, que siempre ha estado tan alejado de mi música, me pedía continuamente discos dedicados para sus colegas. La chavalería estaba como loca, me paraban por la calle y me gritaban desde las motos: «Tú que eres tan guapa y tan lista», y yo: «Olé, olé». Llevaba tantos años pensando que ya no valía la pena nada, que sentir el calor de la gente y el tremendo éxito de aquel estribillo fue una caricia para mi alma. El sabor dulce para compensar la amargura de mi matrimonio. En ese momento esperaba que Pepe, al ver todo lo que estaba pasando, me empujara, me animara, pero no encontré apoyo en ninguna parte; al contrario, siempre frialdad. El día que me trajeron el videoclip de promoción, demostró que todo lo que me estaba pasando le era absolutamente indiferente. Yo, lógicamente, estaba muy ilusionada, me había pasado todo el día esperando que él llegara para enseñárselo. Era la primera vez en muchos años y quería que me dijera qué le parecía, cómo lo veía…, qué sé yo. Aunque había escuchado otras opiniones durante el día, la que realmente me importaba era la de él. Aunque las cosas entre nosotros fueran tan mal, yo no podía evitar sentir unos deseos tremendos de compartir con él todo lo que me estaba pasando. Él llegó tarde, como siempre; yo, sentada en el sofá frente al enorme ventanal, mirando la noche. Nada más escuchar la puerta, cogí el vídeo que estaba entre mil cosas en una mesita baja y me fui hacia el televisor para preparar la cinta. Entró serio, se acerco a mí, con esa desgana horrorosa con la que lo hacía en los últimos años y ni intención hizo siquiera de sentarse. Terminó viendo el vídeo de pie y sin hacer un solo gesto. Cuando terminó dijo:

—Eso está muy bien.

Y según había dicho la última palabra se fue a su cuarto sin más. No sé, yo esperaba que me dijese: «Oye, cariño, pues esto está estupendo, pues ya era hora, pues mira qué bien». Pero nada en absoluto. En el fondo no sé de qué me extrañé, porque Pepe no ha entrado nunca en mi mundo, ni antes ni ahora. Yo en el suyo sí, con interés y con amor, pero él en el mío jamás. Pero claro, hay cosas que aunque se sepan siguen haciendo daño. A partir de entonces, justo desde ese día, empezó a decir que estaba con depresión. ¡Qué casualidad! Yo grabo el disco, empiezan a pasarme cosas, consigo algo después de muchos años y él se deprime. No podía entender nada, realmente con aquella actitud estaba consiguiendo volverme loca. No sé a qué venía que me hablara de depresión si todo le iba estupendamente. Le ofrecían más trabajo del que podía coger, estaba ensayando *Medea*, que le tenía entusiasmado, tenía un hijo maravilloso y una mujer imbécil que le esperaba cuando a él le apetecía llegar. Hacía lo que le daba la gana y tenía a su disposición todo lo que necesitaba para cuando él quisiera cogerlo. La verdad, no veía que tuviera razón alguna para estar deprimido. Además, que yo sepa, él, en su vida no ha tenido una depresión de verdad; otra cosa es que siempre haya tenido esa palabra en la boca con el fin de hacerme uno de sus muchos chantajes emocionales. Como he podido comprobar después, no estaba deprimido, pero a partir de ese momento la casa no fue más que broncas y broncas. Me he sentido absolutamente despreciada. Menos cuando a él le interesó. Pasó de mí durante semanas, pero cuando llegó el estreno de *Medea* me pidió que estuviera allí.

Después de ver cómo han sido las cosas y de saber todo lo que pasó durante los meses que trabajó en la obra de teatro, la verdad, me siento utilizada. Pero eso lo contaré más tarde. Yo fui como siempre para apoyarle. Para estar con él en sus momentos importantes aunque él no quisiera estar en los míos; pero a él lo único que le interesaba era la prensa que María Jiménez podía llevarle al teatro. Así de frío.

Cuando llegó el mes de mayo, el ambiente en la casa era tremendo. Aquel año cogí el camino del Rocío con más ganas que nunca. Fue una liberación que empecé a pagar nada más llegar a Madrid. Pepe me recogió en la estación y desde allí hasta mi casa, y hay unos cuantos kilómetros, empezamos a discutir por una tontería, como siempre, hasta que no pude más y, claro, exploté y vuelta a empezar. Es muy difícil vivir en ese permanente estado de nervios y que aún queden fuerzas para luchar por una carrera.

Pero en esas condiciones surgió el tercer golpe de buena suerte. El momento en el que junto a Gonzalo García Pelayo y su hijo Iván como productores, nos embarcamos definitivamente en un proyecto precioso: ponerle voz a las letras de Sabina. Desde hacía años Sabina solía decir que cuando se emborrachaba lo hacía por María Jiménez. Muchos compañeros y amigos comunes me contaban que él tenía dos deseos: ver sus letras interpretadas por Bambino o por mí, y como a mí siempre me han dicho que soy como Bambino pero con tetas, decidí que había llegado el momento de demostrarlo y, además, ahora tenía discográfica. Este momento era muy diferente a aquel otro en el que Sabina incluso me propuso que cantara sus canciones, pero entonces yo no tenía casa de discos y preferí esperar.

Todo se empezó a preparar con la compañía discográfica Muxxic. A partir de ese momento tenía una nueva meta. Desde aquella tarde en la que firmamos el contrato, este proyecto empezó a llenar mi vida y a convertirse en lo que meses después sería el disco *Donde más duele*.

Pepe se marchó con su gira de *Medea* y yo me quedé con las letras de Sabina. Decidí no hacer galas y quedarme estudiando, preparándome para un proyecto en el que ya, antes de empezar, me había refugiado. Durante aquel verano solo hice una actuación y fue con La Cabra Mecánica. Fue extraordinaria. Algo increíble. Aquella noche la reacción de ese público tan joven fue una inyección de vida, de fuerza; me emociono al recordarlo. Cuando salí al escenario, escuché a miles de personas cantando la canción que yo estaba a punto de interpretar. Les veía con una alegría muy grande, como locos, estaban como locos. Canté con ellos y para ellos, sobre el escenario convertí en positivo todo lo negativo que estaba viviendo, le di la vuelta a todo y ellos, sin saber, parece como si estuvieran enterados de todo, como si supieran lo mucho que necesitaba todo lo que me estaban dando. Después de mi salida escuchaba cómo el público adolescente, pedía a gritos a Lichis, el líder del grupo, que me cogiera en brazos y me sacara al escenario. Todo me emborrachó, me emocionó, allí subida delante de aquel público entusiasmado y entregado, me hizo sentir como si, sobre aquel escenario me llevaran los ángeles, era como flotar sobre nubes de alegría. ¡Qué éxito tan brutal! La que se montó solo con un estribillo. Ellos lógicamente quitaron mi parte para su gira, y también les funcionó muy bien. La relación con los chicos fue buena desde el principio, una relación muy bonita. Después de terminar el trabajo y lo que significó para todos, han quedado unos lazos de cariño muy sincero entre nosotros. No hace mucho, desde Valencia, desde Manises, donde estuvieron cantando, me llamaron y me dedicaron una canción, o sea, la canción. Me decía Lichis emocionado:

—María, donde vamos te reclaman, ¡esto ha sido un bombazo!

Para mí es una satisfacción muy grande y me parece maravilloso que estos chavales, que el año anterior tenían un *puñaíto* de galas con muy poco dinero, al año siguiente hicieran doscientas galas. Me siento orgullosa, feliz de que les vaya tan bien, me siento un poco responsable de su éxito. Ellos dicen que soy su hada madrina. Ha sido algo recíproco. Ellos me han metido en su público y yo les he metido en el mío. Una simbiosis perfecta.

Pepe siempre vio con recelo a los muchachos; creo que cuando él se dio cuenta de que milagrosamente iba a salir del letargo con La Cabra Mecánica, pensó: «Esta va a salir otra vez y me va a eclipsar mi éxito...». Entonces se acojonó porque todo lo que tiene detrás de su imagen de duro es una inseguridad que no le deja vivir. En realidad, a Pepe nunca le ha gustado mi gente. Le molestaba incluso que vinieran a mi casa, seguramente porque como él no tiene amigos, nunca ha soportado que yo los tuviera.

Gracias a ellos, a toda mi gente, he salido adelante y en aquel caos de vida pude seguir trabajando en el proyecto del disco.

Las grabaciones tenían que empezar, Joaquín seguía liado con mil cosas y yo con la discográfica preparada desde hacía meses. Necesitaba hablar con Sabina. Así que, desde el programa *Sabor a verano* de Ana Rosa Quintana, que me había citado para una entrevista en la que íbamos a hablar de mi vuelta a la música después de tantos años y del éxito con La Cabra, aproveché un momento para quedarme mirando a cámara y decirle:

—Joaquín, coño, llámame de una vez que ya tengo discográfica y vamos a grabar el disco.

Funcionó. Aquella misma noche del 19 de agosto me llamó. Hablamos, nos ilusionamos... pero horas después de nuestra conversación tuvieron que ingresarle con un infarto cerebral. Su enfermedad y recuperación impidió que pudiéramos trabajar juntos. La discográfica y yo decidimos tirar hacia adelante con el proyecto con la intención de que Joaquín se incorporara más tarde o incluso al final. Después, aunque ya teníamos el compromiso de Joaquín, lo difícil fue encontrar fecha para la grabación.

Al final la coincidencia hizo posible que la voz de Sabina estuviera en este disco. Un día me invitaron a la presentación en Madrid del último disco que acababa de grabar Caco Senante, y allí, después de mucho buscarle me encontré con Joaquín. Y como esto ha tenido duende desde el principio, de allí nos fuimos derechos al estudio de grabación. Fue una noche para guardarla en una cajita de cristal: inolvidable. Por allí, en el polígono industrial de Coslada donde están los estudios Sonoland, estuvimos grabando hasta las seis de la mañana cuando ya no nos quedaba cuerpo *pa na*.

Las grabaciones empezaron a primeros de año, aunque en vísperas de Navidad la situación familiar era ya insoportable. Fue entonces, poco antes de las fiestas cuando Pepe me planteó marcharse de casa. Ahora sé que esa era la salida razonable a aquel infierno, pero cuando Pepe dijo «Me voy», yo creí que me moría. Recuerdo que me caí redonda al suelo, como si estuviera muerta. La convivencia era una tortura, pero la vida sin él, lo era más. Se me vino el mundo abajo. ¿Qué pasa? Me decía a mí misma. ¿Se ha enamorado de otra mujer? Pero mis preguntas no tenían contestación, no decía nunca nada, no había manera de sacarle una palabra, todo lo negaba hasta hacerme dudar de mí misma.

—Tú no ves más que fantasmas, María, te estás volviendo loca. —Y desde luego no le faltaba razón.

Creo que tan solo durante un par de semanas se suavizaron un poco las cosas. Dos semanas para respirar un poco, para coger fuerzas para la próxima caída. Siempre era igual, empezábamos de nuevo y al poco tiempo, otra vez la bronca. El intento, en aquella ocasión, duró hasta final de año; entonces todo estalló otra vez, aunque yo continuara en la misma situación frente a él.

Por duro que resultara todo, Pepe era parte de mí; no se trataba solo de una pareja, sino de la persona con la que había compartido los mejores y los peores momentos de mi vida, con quien había hecho planes para cuando fuéramos viejos, con quien tenía un hijo que aún nos necesitaba a los dos unidos. Después de veintidós años se me hacía insufrible pensar que todo se acababa. Me sentí como Juana la Loca. Me reconocí en la película que Vicente Aranda acababa de estrenar; esa fue una de las últimas salidas antes de separarme de Pepe. En aquella película me vi reflejada en la locura de amor; me he visto loca, desquiciada, descentrada, no podía ni entender ni comprender. No poder soportarle y necesitarle tanto al mismo tiempo me estaba mortificando. Es inútil, una se puede pegar contra las paredes pero no puede matar un sentimiento que decide seguir viviendo. Lo que necesitaba era que dejase de torturarme, que me dijera la verdad de una vez por todas; llegué incluso a decirle que si estaba enamorado de alguien, que fuera feliz, que no pasaba nada, pero que por Dios, dejara de marearme arriba y abajo; le pedí que me dijera la verdad, que dejara de volverme loca. Estaba dispuesta a perdonarle, pero él lo negó todo, que no, que no y que no hasta hacerme creer que tenía alucinaciones. Estaba muy afectada, todo me costaba mucho trabajo. Desgasta una barbaridad estar pendiente de una persona veinticuatro horas al día dando amor, atenciones y cariño sin recibir nada. Aunque Pepe nunca ha sido un hombre cariñoso, sino más bien seco, durante aquel tiempo me lo pareció más que nunca. A veces me quedaba asombrada de su sangre fría: cómo podía verme muriéndome por los rincones por su causa y darse la media vuelta y marcharse. Yo me quedaba descompuesta, pero él conseguía lo que quería; no necesitaba inventarse ninguna mentira para marcharse. Simplemente montaba una bronca por cualquier cosa, nos cabreábamos y él cogía la puerta y se iba.

Los dos tenemos un carácter fuerte. Chispas han saltado desde que nos conocimos, la convivencia con él nunca ha sido fácil, ni en los mejores momentos; yo también tengo un carácter fuerte, pero me levanto alegre; él por el contrario siempre se levanta discutidor. Es una de esas personas que tienen que estar dos horas para asentarse, para empezar el día. Tiene un carácter muy desagradable como pareja, cuando coge la vena horrorosa es lo más parecido a un martirio chino. Y esto, y esto y esto y esto y al final esto por cojones.

Como marido siempre ha sido muy absorbente, tanto cuando nos casamos, como durante todos los años que me ha tenido arrinconada. Verme hecha un adefesio, hinchada como un globo le hacía reafirmarse. Cuanto más vieja y más gorda, mejor. Menos tenía que preocuparse de nada, lo cual era ridículo porque yo le he sido fiel, y puedo decirlo sin ningún temor a que nadie lo contradiga, todos y cada uno de los días que he pasado junto a él. Pero él, siempre con esa desconfianza, con ese a ti que no te mire nadie, ha conseguido hacerme la vida imposible.

Cuando le dije que estaba pensando en operarme las bolsas de los ojos, su comentario fue:

—¿Tú qué quieres? ¿Seguir siendo siempre joven y yo que siga envejeciendo? Y al final, ¿para qué? ¿Para marcharte con uno más joven? Pues muy bien, haz lo que quieras.

¡Qué absurdo! Cree el ladrón que todos son de su condición. Si yo quería operarme esas bolsas es porque al verme en las fotos de una revista me quedé asombrada de la buena cara que tenía. Después me enteré de que estaba retocada y además de llevarme un disgusto, sirvió para que me planteara hacer lo mismo que habían hecho ellos: borrarlas.

Acabo de encontrar el dominical de un periódico con una entrevista que, vaya casualidad, es del domingo 17 de diciembre de 2000. Fue una entrevista que recuerdo con mucho cariño; la realizó el periodista Arcadi Espada. Mientras paso las páginas y me miro una y otra vez en las fotos apenas puedo reconocerme. Estoy gorda, tengo la cara hinchada y el peso de la tristeza en los párpados. Estas fotos me hacen recordar aquellos días de espera y de soledad. De infinita tristeza y de pensar que todo se había terminado, que todo lo que tenía que ocurrir en mi vida ya había pasado. Todo estaba ya muy lejos, sentía que no quedaba nada. Quizá por ello me veía tan avejentada: las penas hacen que la cara se descuelgue. El amor y el centrarme tantos años en alguien que después ha demostrado ser rastrero, llorar, implorar, suplicar… ¿para qué? Para después seguir siendo un miserable y un ruin, eso es lo más doloroso. Mirando dos años más tarde aquel reportaje, lo que me parece más cruel es que el hombre con el que creía haber construido un hogar, una pareja más fuerte según pasaba el tiempo, después de tantos problemas, haya dejado que me fuera muriendo poco a poco sin hacer nada para evitarlo. En las fotos parece que tengo diez años más, estoy horrorosa, me doy lástima. Por entonces intentaba volverme loca a base de disgustos y de broncas. Me provocaba durante horas y horas. Yo intentaba apaciguarlo:

—Venga, Pepe, por favor, vamos a comer.

Bueno, pues comemos, se echa la siesta, se levanta «bordeando», dando vueltas hasta encontrar la menor excusa para montar el lío; después de estar aguantando, cuando ya no puedo más, termino diciendo:

—¡Vete al carajo, vete a la mierda y déjame tranquila!

Y se va, que era lo que pretendía, irse a la calle. Ese era el fin que Pepe perseguía con cada una de las batallas campales que organizaba. Yo me quedaba hecha polvo, volvía a pensar que aquello no podía ser, que me estaba destruyendo y, entonces, llegaba siempre la misma llamada:

—Yo te quiero mucho, estoy enamorado de ti, María, perdóname, tú no me comprendes, estoy muy alterado, tengo mucha presión…

¡Mentira! Eso es lo que decía después del escándalo que había montado porque quería volver y no quería perder; es triste pero después de veintidós años, lo que no quería perder era esto, mi casa, vivir bien, estar atendido, lo que necesitan la mayoría de los hombres, para poder hacer sus vidas fuera. Es una persona ruin y egoísta que me ha estado utilizando durante todo este tiempo. Si he podido verlo es porque él mismo se ha ocupado de quitarme con sus propias manos la venda de la fe en el amor. Cuando alguien ama limpiamente, cuando confía en la otra persona, es muy fácil volverla loca. Es un juego fácil, de personas egoístas e inmaduras, un juego muy masculino. Al final una termina descubriendo que el hombre es un cazador furtivo que nunca da la cara ante lo que es la verdad y, lo que es aún peor, se niega a reconocerla. Cuando todo se termina descubriendo, porque al final siempre pasa, en general lo que hace el hombre es abandonar su casa para vivir una nueva vida en la calle sin acordarse de la que ha sido su pareja durante tantos años, la que ha criado a sus hijos, la que le ha ayudado a ser gran parte de lo que es hoy.

Él y su egoísmo, él por encima de todo, su vida por encima de las de los demás. No quería perderse nada, quería tenerlo todo. Él era el único que valía. Estos años de soledad y tiranía me han provocado no querer vivir, encerrarme en mi casa cada vez más. No dormir, no comer. Era horrible…

14

Con dos camas vacías

Las Navidades de 2001 es mejor olvidarlas. No voy a decir que fueron las peores de mi vida porque estaría mintiendo, pero sí uno de los finales de año más desquiciados que he pasado. Sin duda el peor momento de la crisis matrimonial se desató al tiempo que empezaron las grabaciones de *Donde más duele*. Este es un disco totalmente visceral, que he hecho con las entrañas, por el momento tan particular en el que me llegó. En él me han salido cosas de muy dentro. Este disco consiguió sacármelo todo; eso es lo que tienen las buenas canciones, que consiguen sacar lo mejor y lo peor de nosotros mismos. *Donde más duele* es posiblemente el disco más importante de toda mi carrera; es algo que me parece increíble: todas las letras de alguna manera resumen exactamente lo que ha ocurrido durante mi existencia. En él no hay ni una sola canción que me deje indiferente; desde la primera a la última han sido letras que me han atrapado. Todas me motivan, aunque lógicamente siempre hay alguna especial. En este caso la letra que más me ha agarrado es la de la única canción inédita de este disco, «Con dos camas vacías». El mejor regalo que un autor como Sabina podía hacerme, parecía que estaba escrita para mí, como si Joaquín, sabiendo el momento que estaba atravesando, decidiera escribirme una canción a la medida. De hecho, muchos piensan que mi tormentoso matrimonio ha sido una buena inspiración a la hora de componerla, pero no fue así ni mucho menos. Joaquín nos había dicho que escribiría alguna canción especialmente para el disco, y una noche, en la cena que organizó en su casa como contestación a mi mensaje en la tele, se levantó, así como es él, y desapareció del salón dejándonos allí, sin decir una palabra; al rato, volvió con una hoja en las manos, se sentó a mi lado y me dijo:

—Mira, María, esto lo escribí hace ya unos meses y tiene que ver con una situación muy similar a la tuya. La tenía guardada desde entonces y la verdad es que no sabía cómo cantarla ni con quién. Ahora pienso que tenemos que cantarla los dos, como el dúo Pimpinela.

Recuerdo que me partí de risa, pero la idea me encantó. Me pareció muy divertido cantar a dúo con él, como discutiendo en el escenario, aunque como después se ha podido comprobar no ha quedado exactamente como Pimpinela. «Con dos camas vacías» es otra historia; al final se ha quedado como tenía que quedar, aunque Joaquín tenía esa intención: cuando se dio cuenta de todo lo que tenía que cantar, que era más que mi parte, dijo que no, porque la historia era demasiado personal y que él prefería quedarse con un trozo más pequeño de la canción para que después yo siguiera insultándole.

> Maldita sea la tinta
> que empapa mis papeles,
> maldita la tercera
> persona del plural,
> las uñas que se clavan
> ahí donde más duele.
> Si se me corre el rímel
> cuando me haces llorar.

La voz de Joaquín es un regalo en esta canción, que además siempre me trae el recuerdo de aquella noche mágica en la que la grabó.

Cantar las letras de Sabina ha sido una experiencia grandiosa. Me parece que es un autor que refleja exactamente la realidad que vivimos; él no se inventa nada: coge pedazos de cada rincón que ha ido descubriendo y viviendo y tiene la habilidad de hacer con ellos canciones; es auténtico, las siente y con ellas toca el punto exacto donde más le duele a cualquier persona que las escucha. Es un retratista urbano genial. Desde siempre, desde que escuché su primera canción, me ha parecido que sus letras están llenas de vida porque no están alejadas de lo que sentimos y soñamos la mayoría de nosotros. En todas las canciones de este disco he encontrado el hechizo: «Ruido a ritmo de rock» me vuelve loca, por los maravillosos arreglos y por lo que dice. Cuatro de las canciones arrancan con bulerías, «Esta noche contigo», «Noches de boda», «Y nos dieron las diez», y «Una canción para Magdalena». Esta se resistió, tuvimos que grabarla varias veces, se hicieron varias versiones, tanto por tangos, como por rumbas, y al final acabó por bulerías. Esta me parece una canción que llega a todas las mujeres: de alguna manera, todas somos María Magdalena, mujeres que tienen que salir de casa para trabajar y se sienten fastidiadas porque al final trabajan en casa y fuera. El resto del disco son rumbas muy a lo María Jiménez, una mezcla de estilos que a más de uno le pareció imposible, pero el resultado ahí está. Como he dicho muchas veces el público es el que siempre tiene la última palabra.

El estilo de Joaquín y el mío son diferentes, claro, pero en lo de verdad, en lo que importa para estas cosas, que es el fondo de las personas y el duende que cada uno tenga, ser como somos, los dos tan especiales, nos ha facilitado la relación. Los dos somos acuario, tenemos puntos muy, muy afines. Somos muy transparentes, muy auténticos; no tenemos que escondernos de nada. Todo lo hacemos con naturalidad. Los dos somos muy trabajadores, muy almas gemelas. Tengo como él mucho de canalla, mucho del mundo de los trasnochadores, los dos tenemos una forma parecida de bebernos la vida.

La verdad que encierran sus canciones se convirtieron durante aquellos primeros días del año en letras que se me clavaban como pinchos. Llegaba al estudio después de haber pasado toda la noche sin dormir, con broncas que me dejaban afónica. Las condiciones en las que me metí a grabar este disco son muy fuertes, no sé cómo lo hice. Pepe estaba en mi cabeza como un tortura antes, después y durante cada grabación; cuando terminaba empezaba el martirio en mi casa y durante ellas no dejaba de pensar en él; las letras me provocaban continuamente:

> *que ser valiente no cueste la vida,*
> *que ser cobarde no valga la pena.*

Desde hacía seis meses, ocho antes de separarnos, yo intuía lo que estaba ocurriendo en mi matrimonio, aunque como siempre fue el tiempo el que se ocupó de dar la razón a quien se la tiene que dar, y no fue hasta febrero cuando me enteré de todo. Sobre el mes de junio, más o menos, cuando empezó el verano Pepe, con ese descaro y esa poca vergüenza con la que ha actuado en tantas ocasiones, me pidió que hiciera una comida para la compañía de *Medea* con la que estaba trabajando porque quería invitarles a pasar el día aquí, en casa. Y yo, estúpida de mí, la hice. Empezó a llegar la gente al mediodía, una cervecita por aquí, un pinchito por allí y mi marido pegado todo el tiempo a una de las bailarinas. Y como, después de tantos años, yo conozco y sé lo que quieren decir cada uno de sus gestos, me di cuenta de que allí había algo. Yo, con la comida para los invitados de mi marido, a su gusto. A las tres de la tarde Nuria Espert, que según me había dicho Pepe, vendría con el resto de la compañía, llamó para decir que le había surgido un compromiso y que lo sentía, pero le era imposible venir. Mentira, eso se lo inventó Pepe para justificar una comida y traer a su casa, que es la mía, a una mujer con la que me mosqueé desde que la vi entrar por la puerta. Después no me parece que él se tomara tampoco mucho trabajo por hacerme cambiar de opinión, sino todo lo contrario. Allí estaba, con su actitud de rey de la selva en medio de sus dominios diciéndole a su invitada especial:

—¿Ves, Carmen? Como esta casa tienes que tener tú una el año que viene.

Me dieron ganas de empujarle a la piscina, aunque lo que intenté, no sé si lo conseguí, es hacer como si no hubiera escuchado nada.

Cuando llegó la hora de comer, nos sentamos a la mesa que ya había preparado en el porche. Pepe se colocó exactamente enfrente de ella y durante aquella comida, cosa rarísima, estuvo todo el tiempo diciendo lo bien que cocinaba, lo estupenda que era, lo bien que lo hacía todo... Todo muy bien; ese día, delante de sus compañeros decidió hacerlo bonito. Incluso hasta habló de mi música, hizo algún comentario de mis canciones al que se unió el resto de la mesa. Pero, mira por dónde, la que al año siguiente tenía que tener una casa como la mía dijo:

—A mí me gusta mucho una canción de María: el «Me muero, me muero».

—Se folla bien con esa canción, ¿verdad, hija? —contesté como si me hubieran pinchado en mitad del estómago.

Se hizo un silencio absoluto. No recuerdo ahora quién sacó otro tema y la cosa quedó así. Por la tarde cuando todos empezaron a marcharse, Pepe muy amable, se ofreció a llevar a Carmen y a una amiga a la parada del autobús, que está a diez minutos de mi casa andando. Regresó a la media hora porque las había llevado hasta el pueblo para que cogieran el tren. ¡Qué generoso! Él, que no regala nada.

No tenía más prueba que la que me estaban dando mis tripas. Aquella comida me mortificó durante toda la grabación, continuamente me daba vueltas en la cabeza. Sabía que ahí estaba la clave del infierno en el que estaba viviendo pero

Pepe lo siguió negando hasta que su propio hijo lo descubrió en febrero. Pero eso pasaría más tarde. Aún quedaban muchas mentiras por escuchar y muchas lágrimas por verter.

Todo lo que no encontré en él lo obtuve de personas maravillosas que en ese momento me rodearon y que participaron en mi proyecto con tanta ilusión como lo hacía yo. Lichis, el líder de La Cabra Mecánica, quiso poner su voz en el tema «Medias negras»; lo bordó desde el principio. Incluso personas a las que no conocía, como los hermanos Estopa, que son un amor de criaturas, participaron por una maravillosa casualidad como ha habido tantas en este disco. Los chicos estaban grabando en los mismos estudios que nosotros cuando escucharon «El diario no hablaba de ti»; se acercaron, dijeron que les gustaba y en diez minutos estaban metiendo la voz. Así, simplemente porque sí, porque surge en el momento. Estoy segura de que si lo hubiera planificado, no hubiera sido posible contar con ellos; hay cosas que no se pueden forzar porque entonces dejan de ser mágicas. Simplemente hay que dejar que surjan, es algo parecido a las ideas; una no puede sentarse un día y decir quiero tener una idea rompedora; sin embargo puede soñarla y eso fue lo que me pasó a mí cuando soñé con la imagen que quería tener para el lanzamiento de mi nuevo disco.

Había quedado con María, una buena amiga mía desde hace años, para pasar la tarde en mi casa. Hacía tiempo que no nos veíamos y teníamos muchas cosas que contarnos. Unas horas antes de la cita, María me llamó para decirme que no podría venir a casa, que le había surgido un compromiso en Lisboa y que había tenido que salir para Portugal aquella mañana. No se cómo surgió pero de repente me dijo:

—¿Por qué no pasamos la tarde aquí? Vente a Lisboa.

Aunque era muy precipitado, en el momento decidí que sí. Ahora no recuerdo muy bien dónde estaría Pepe porque no tuve la necesidad de consultárselo. No caigo, ¿dónde estaría? Desde luego en casa, en Madrid, no; si no, yo no hubiera podido tomar la decisión libremente, tendría que haberle consultado. Con Pepe en casa yo no podía ir a ningún lado. El caso es que en esa ocasión sí me fui.

Después de un golpe de suerte con el billete de avión, que conseguí gracias a una cancelación, me planté aquella misma tarde en Lisboa. María fue a recibirme al aeropuerto, donde nos pasamos media hora buscándonos hasta que al llamarla por teléfono nos dimos cuenta de que estábamos a medio metro. Después de pasar por el hotel, nos fuimos a la inauguración de los almacenes El Corte Inglés en Lisboa. Recuerdo que fue una fiesta con muchísima gente, donde María y yo nos divertimos mucho, después nos fuimos a cenar y al día siguiente regresamos a los mismos almacenes para comprar los billetes de vuelta. La casualidad hizo que al lado de la sección en la que vendían los billetes estuviera la sección de tejidos. Ni María ni yo teníamos intención de comprar nada allí, teníamos prisa, mi avión salía a las dos horas y aún tenía que recoger mis cosas del hotel, pero unas telas colocadas en unos rollos encima de una mesa nos llamaron la atención a las dos.

—María, ¿has visto esas telas?

No le dije nada, le cogí de la mano y la llevé hasta donde estaba aquel tejido tan espectacular: eran plumas auténticas de pavo real sobre una seda natural transparente, algo maravilloso. Nos quedamos con ellas en la cabeza y de camino al hotel empezamos a fantasear ideando las cosas que haríamos con esa tela. Yo incluso ideé el cabecero para una cama. Después de reírnos un rato, ahí se quedó la cosa.

A las pocas semanas estaba durmiendo en mi cama, sola como siempre, y no sé qué pasó pero me di un porrazo que me despertó. Nada más abrir los ojos me vi vestida con aquella tela que había visto en Lisboa; me vi como un pavo real y supe lo que quería. Aún estábamos con los preparativos de la portada y en la fase de aportar ideas; no se había tomado ninguna decisión pero yo acababa de tomarla: quería que mi nueva imagen fuera la de un pavo real. Aquello era más que la idea para un vestuario, era algo que tenía que ver más conmigo desde dentro que desde fuera. Yo me sentía un ave fénix; detrás de todo lo que había pasado, para mí era una necesidad resurgir. Volví a quedarme dormida con la fotografía en mi memoria, lo veía, lo veía, lo veía, toda la campaña iluminada por los brillantes colores de uno de los animales más hermosos de la naturaleza. Aquel mismo día, al llegar al estudio encontré a Gonzalo García Pelayo, mi productor; me acerqué a él con el entusiasmo de una niña chica cuando ha descubierto algo y le dije:

—Gonzalo, tenemos la portada. Está todo previsto, sé hasta dónde puedo comprar la tela, porque la he visto. La portada tiene que ser un pavo real.

Con ningún convencimiento me dijo:

—Venga, María, déjate de pavos que ahora estamos con el disco.

—Vale, vale. —Y me puse a grabar pero con la idea en la cabeza.

Al cabo de una hora llegó el director musical de la compañía, Santi Ricart. Tan pronto como le vi entrar me fui hacia él para contarle mi idea con pelos y señales. La verdad es que con Santi tuve más suerte que con Gonzalo; le gustaba la idea; decía, y con toda la razón, que sin ninguna duda aquella imagen sería llamativa, que conseguiría llamar la atención. Estábamos de acuerdo pero entonces, junto a otras personas del estudio que se habían sumado a la conversación, se empezó a especular con que el pavo real da mala suerte. Así que, por superstición, no querían que lo pusiéramos en la portada. A mí eso siempre me ha parecido una tontería que no va a ningún sitio; al contrario, la gente que piensa en lo negativo atrae el mal. Además un ave tan bella no puede dar mala suerte: la naturaleza no puede dar mala suerte. Me recordaban a Pepe, que siempre estaba diciendo que las conchas que yo había puesto alrededor de la piscina daban mala suerte; el que da mala suerte es usted, oiga. Bueno, el caso es que con la tontería nos pasamos una hora discutiendo sobre el tema. Al final como aún no había hablado con el diseñador de la portada, Rafa Sañudo, Santi Ricart se encargó de preparar una reunión con Rafa, quien iba a encargarse de las fotos, el vídeo y la portada.

La cita fue a los pocos días. Quedamos en un restaurante de la calle Jardines de Madrid en el que, por cierto, se come muy bien; me encanta ir ahí a comer hígado de oca, así que la reunión empezaba estupendamente. Creo que no pasaron ni cinco minutos desde que nos sentamos cuando le dije:

—Rafa, te voy a decir la idea que tengo; solo tengo una, pero creo que es la idea, es algo espectacular.

Se lo conté y él se entusiasmó tanto como yo lo estaba. En cuanto terminé me dijo:

—Bien, María, sin duda tienes razón, es espectacular, me gustaría que escucharas mi idea, yo también traigo una, solo una. Se trata de una borrachera de risa durante muchas horas, hasta que caigas agotada, llorando de risa y con el maquillaje corrido de la borrachera, la alegría, el cante y el agotamiento.

Su idea me pareció magnífica.

—Fantástico, mezclamos las dos ideas.

Como cuando las cosas están de Dios, todo va rodado, dos días después y de una manera casual, mediante mis amigos María Rivera y Carlos Ochando, conocí a la persona que podría encargarse de hacer uno de los puntos más complicados del vestuario, el casco, y esa persona era Joaquín Blanco. Las piezas iban encajando como por arte de magia: le conté a Joaquín lo que quería hacer, nos reímos, vacilamos un rato, nos tomamos una cervecita y nos fuimos; ya lo teníamos. Tres días después y en una nueva reunión con Rafa Sañudo, le dije:

—Tengo la persona que me va a hacer el casco. Joaquín ha dibujado mi idea, justo como yo la tengo en la cabeza y queda perfectamente.

Una vez conseguido el lío del casco, ahora necesitaba que alguien se encargara de hacer el traje exacto o al menos muy parecido al que yo vi en mi sueño. Inmediatamente pensé en la modista que siempre me hace la ropa, Cachi. La llamé por teléfono, se lo expliqué todo y cuando terminé me dijo:

—Vale, muy bien, María, lo veo, lo tengo claro; ahora, ¿cómo lo hago?

—Eso es otra cosa, Cachi, déjame un ratito y mañana te llamo.

Tenía la idea pero no sabía, nunca mejor dicho, cómo levantarla. Ni a mí ni a nadie que estuviera a mi alrededor se le ocurría; todo el mundo tenía una respuesta parecida. Aquellos días, en una de las pocas conversaciones que Pepe y yo manteníamos, le conté la idea y tampoco me sacó de dudas.

—Muy bien, muy bonito; ¿cómo lo vas a hacer?

Después de darle muchas vueltas, me doy cuenta, empiezo a ver cómo hay que hacer el arnés, ponerle la cola y meterle las varillas. Cogí el teléfono y se lo expliqué todo a Cachi. Desde ese momento hasta que conseguí hacer realidad el diseño de un sueño, no pasó mucho tiempo pero en cambio pasaron muchas cosas.

A finales de febrero cuando empezábamos a preparar la campaña de lanzamiento del disco, se confirmaron mis sospechas.

Pepe tenía en aquel tiempo el despacho en el apartamento de la Gran Vía. Allí pasaba, según decía, la mayor parte del tiempo que no estaba en casa y en esa ocasión no me mintió. Efectivamente, allí pasaba mucho tiempo en los últimos meses, pero ni trabajando ni solo. Una tarde mi hijo Alejandro se pasó por allí para recoger algo y como llevaba las llaves entró sin llamar. Al llegar al salón se encontró el bolso de una mujer y escuchó ruido en el dormitorio. Durante días guardó silencio; no me dijo ni una sola palabra pero, viendo cómo estaba sufriendo a causa de su padre, me contó lo que había visto. Y claro, o estaba follando o era la señora de la limpieza. Ya no podía inventarme nada para seguir engañándome, y yo decidí terminar con todo. Era necesario que nos separásemos, porque yo sabía que no podría olvidar una jugada tan sucia, que nunca más podría fiarme de esa persona: si me había engañado durante un año, podía haber estado haciéndolo toda la vida.

Nunca imaginé la vida sin Pepe, pero tampoco pensé que podría caer tan bajo; en mi propia casa, en mi cama y entre mis sábanas. Sentirme tan humillada, y tan decepcionada, me dieron fuerzas para ver, en esta ocasión sin caerme al suelo, cómo Pepe salía a finales de febrero de la casa en la que habíamos compartido dieciséis años de nuestra vida.

Ese día se fue, aunque sus cosas se las ha ido llevando poco a poco. Y de esa forma, muy lentamente y arropada por la gente, el éxito y el follón de trabajo de aquel momento empecé a aprender a vivir sin él. Sentirme abandonada me dejó la autoestima por los suelos. En ese estado se me hacía cuesta arriba remontar la pendiente que tenía por delante. Me encontraba hecha una mierda y sabía que tenía que empezar de cero desde dentro y desde fuera. Desde dentro porque tenía que volver a encontrar en mí la mujer libre que siempre he sido y desde fuera porque en la imagen que veía en el espejo, después de tantos años de sufrimiento, no me reconocía.

Así que al final, después de darle muchas vueltas, me animé a pasar por el quirófano para quitarme las bolsas de debajo de los ojos. Ahora que no estaba Pepe para decir tonterías, era un buen momento.

Aproveché el puente de marzo para operarme. No me dio ningún miedo, al contrario, si quedaba como me había visto en la foto de la entrevista que me dio la idea, me sentiría con más fuerzas, al menos eso es lo que creí en su momento. Me hubiera operado igualmente si Pepe y yo no nos hubiéramos separado, pero creo que al hacerlo, al coincidir con ese mo-

mento de ave fénix, me sentí más impulsada a ello. Era algo
así como prepararlo todo a mi alrededor o prepararme yo
misma para estar en las mejores condiciones. Pronto graba-
ríamos el videoclip y no quería verme esos colgajos en los
ojos.

La presentación también estaba cerca, era un momento
que yo esperaba con ilusión pero en el que también tendría que
pasar el examen. Decidí que antes de que todo eso ocurriera, yo
ya estaría operada y así fue. Recuerdo que cuando se lo dije a la
compañía de discos se pusieron nerviosísimos. No entendían
que lo hiciera y menos aún cuando quedaba tan poco tiempo
para la campaña de prensa y la grabación del vídeo; les dio
miedo que no estuviera recuperada para ese momento. Yo prefiero no pensarme las cosas, siempre lo he dicho, lo que está de
Dios, está de Dios, y yo salí de aquella operación estupendamente. A los pocos días, estaba delante de la cámara.

Con una mirada renovada y mi sueño hecho realidad,
grabé el vídeo de «Con dos camas vacías». Se hizo a media
tarde en la Gran Vía de Madrid. Aquello estaba de coches
hasta arriba; a esa hora no hay quien pase por esa calle. Me
puse unas botas rojas con unos tacones de vértigo y con ellos
me recuerdo cruzando el paso de cebra que une ambas aceras entre carcajadas, muerta de risa. Me senté en una parada
de autobús llena de gente con una botella de whisky en una
mano y un porro en la otra. Aquella tarde, como en tantas
ocasiones, lo que intentaba era jugar con la niña que llevo
dentro. Me recuerdo con la gente, grabando el vídeo, sí, pero
sobre todo con la gente. Respondiendo a tantas personas que
al verme se acercaron a saludarme; a alguno incluso le escuché un jaleo. El entusiasmo del público anónimo de las calles
fue un bálsamo para mi alma, me dio ánimos para continuar
hacia delante. Me encontraba bien, diferente, cómoda, pero
sobre todo había conseguido lo que quería: así, vestida de
pavo real, no tenía nada que ver con la mujer que se había
levantado aquella mañana. Como siempre, con los ojos hin-

chados después de una noche de bronca y el gesto como congelado mientras bajaba a la cocina. Siempre empezaba el día temblorosa, acelerada, nerviosa; sin embargo, en ese momento, sentía que lo controlaba todo, hasta el nerviosismo que sentía era positivo.

El día no había empezado bien. Además de mi imagen habitual esa mañana me había levantado con un ojo rebelde que no dejó de llorarme casi hasta que empezó la grabación; estuve ocultándome detrás de mis gafas negras con todo el día; creo que cualquiera que me haya conocido durante este invierno, me identifica con ellas. Todo lo bueno y lo malo pasó en este invierno, tan duro y tan triste, en el que yo por fuerza tenía que estar alegre. Sé, he podido comprobarlo, que a nadie le gusta la gente que está todo el día quejándose; si acaso, eso se lo puede permitir una con alguien muy íntimo. Así que, aunque no lo conseguí en muchas ocasiones, yo intenté estar alegre, echarle salsa cuando había que ponérsela. Alegría con gafas negras, sí, podíamos llamarlo así; con ellas me sentía protegida, una forma de no enseñar tantas noches de gritos y sinsabores; aquella tarde me gustaba lo que veía alrededor, incluso empezaba a gustarme yo: había perdido once kilos, y aunque muchas personas me decían que estaba excesivamente delgada, que tenía que cuidarme, yo me sentía bien; cuanto más delgada, mejor. Como escribe Sabina, «tenía el corazón en los huesos». Yo bromeaba riéndome de mí misma y cuando me encontraba a alguien, antes de darle tiempo a que me dijera nada, era yo quien le decía:

—Mira, fulano, cómo me he quedado, de verdad, hazme caso, el mejor régimen, son los disgustos, déjate de lechuga, esto es mucho más rápido y además sale gratis.

Aunque es cierto que físicamente me encontraba débil, tampoco sabía muy bien a qué achacarlo, si al no dormir o al no comer. Durante aquellos días, como aquella tarde, yo me alimentaba del cariño de la gente que continuamente demostraba que no me habían olvidado. Fotos, fotos y más fotos mientras me pavoneaba orgullosa, nunca mejor dicho, con aquel casco armado con bisutería y plumas naturales. Jugaba y jugaba con el traje, lo hacía una y otra vez sintiéndome qué sé yo... Sí lo sé, me sentía un animal, algo tan grandioso como un animal de la naturaleza, cubierta de aquella seda con plumas de pavo bordadas hacía que me sintiera especial. La cola del vestido fue algo realmente espectacular, Cachi lo consiguió: llevaba una estructura de cinco barras interiores, algo así como un ala de murciélago; recuerdo que yo puse mucha atención en ese detalle, porque quería hacer con él lo que vi en mi sueño; quería que la cola pudiera moverse, era necesario que yo pudiera elevarla completamente por encima de mi cabeza para hacer formas y dejar volar mi fantasía.

Todo salió como en mi sueño. El pavo real es también una cosa mágica en mi vida porque vestirme de ese majestuoso animal ha significado recuperarme a mí misma en un corto espacio de tiempo; sentir el mensaje del ave fénix me ha ayudado a defenderme como un gato panza arriba. Algún día haré que le construyan al traje una especie de urna para conservarlo por todos los momentos emocionantes que he vivido con él, como aquella tarde en la grabación del vídeo. Tiene como dos partes, una en la Gran Vía y la otra, en la calle Montera que sube desde la Puerta del Sol hasta la misma Gran Vía. Allí la gente empezó a rodearme; fue algo espectacular, sentí el cariño de la gente que se paraba para darme un beso, para felicitarme y otros para decirme que ya iba siendo hora de que volviera. Incluso recuerdo que siempre había alguien que me tarareaba una de esas canciones que años atrás yo había puesto en mi boca. Me recuerdo nuevamente volando, como me había pasado aquella noche en la actuación con La Cabra Mecánica, exactamente igual, como si no sintiera en mis pies los tacones infernales que llevaba; no me daba ni cuenta, estaba embobada, mirara donde mirara siempre había gente, hasta en los balcones, me encantaba caminar por la calle Montera vestida de pavo real. Para muchos quizá es una forma de provocar, para mí algo natural; por extraño que pueda parecer, me siento cómoda vestida así, no lo estoy más con una bata de ir por casa, pero entiendo lógicamente que llamara la atención. Hasta las prostitutas que habitan esa calle, tan acostumbradas a sentir la mirada de la gente, me miraban sorprendidas. Como yo siempre voy con un cigarro en la mano, fueron varias las que se acercaron a darme fuego.

Al final de la tarde, hice con el traje exactamente lo que había soñado, con la armadura totalmente levantada comencé a batirla mientras caminaba nuevamente por la Gran Vía, sentí que si seguía haciéndolo podía salir volando.

El día 24 de abril presentamos el disco en la sala Pasapoga de Madrid. Todos los asistentes recibieron el disco de promoción en un envoltorio de plástico transparente con papel de fumar, un preservativo, tiritas y una pastilla de Alka-Seltzer con el lema «el no follar se va a acabar».

Según se dijo después, aquella fue una fiesta como las de antes; yo, la verdad, me enteré de poca cosa; me refiero de lo que estaba pasando alrededor. Yo estaba por lo que tenía que estar, por mi salida al escenario, me aguardaba la puesta de largo de muchos meses de intenso trabajo. La presentación la hizo un buen amigo a quien conocía desde hacía tiempo e incluso había participado en el vídeo, el periodista Ricardo Cantalapiedra. Recuerdo el momento en el que salí al escenario, la sala estaba hasta arriba. Ya había escuchado el murmullo de la gente desde los camerinos.

—Vengo así, discreta, como para ir al mercado. —Esas fueron mis primeras palabras cuando por fin vi todo el sueño hecho realidad. Miraba al público pero no veía nada, no me dejaba la emoción.

Cuando llegó el momento de cantar, pedí una bombilla para iluminar el atril porque entre mi estado y que no me sabía del todo las canciones, aquello podía ser un desastre.

Pero no lo fue. El público me acompañó en todo momento, incluso cuando perdí el hilo de uno de los temas, sentí la complicidad de todas aquellas personas que estaban allí. Creo que esa noche no pisé el suelo del escenario, como en los grandes momentos de mi vida, sentí que me llevaban los ángeles, pienso en aquello y me parece una locura, no puedo entender cómo en aquel escenario tan sumamente pequeño, yo pude desplegar la cola del vestido, no sé cómo pude hacerlo, pero sí sé lo que provocó, un ¡oh! entre el público que todavía no he olvidado. Con aquella cola de un metro setenta de largo, llegué a bailar. En aquel cuadrado tan chico, en el que además, no sé cómo pero estaban los músicos, jugué con aquel aparatoso vestido, pero no toqué a nadie. Me recuerdo cogida con todas mis fuerzas al vestido y levantando la cola sin parar. Aquello fue una borrachera emocional, no entendía nada, lo único que sabía es que me sentía en la gloria, estaba en una nube, no sentía el suelo.

Vi a muchísima gente, aunque solo reconocí algunas caras: las de Lolita, Massiel, Charo Reina y María Kosti. Sé que vinieron mis amigos como las Azúcar Moreno y El Fary con su mujer y su hijo Javi Cantero, y Carlos Ferrando con quien siempre me he reído tanto, pero de todo eso me enteré después. A quien realmente veía era a Sabina, que ya estaba allí; había llegado justo en el momento en el que comenzó la presentación. Estaba tan enloquecido con todo lo que estaba sucediendo como yo. Él tampoco entendía nada, se asomaba desde entrecajas y me decía bajito:

—María, ¿qué es lo que ves? ¿Qué es lo que hay?

—Es magia, es magia, todo es mágico —le respondía a Joaquín.

—¿De verdad, María?

—Totalmente, Joaquín; es una cosa que no se puede explicar, solo se puede ver, mira a tu alrededor.

La magia de la que hablaba tenía que ver con la sorpresa que para todos estaba representando el disco. Todas eran situaciones espontáneas, nada ensayadas, como la salida de Joaquín a cantar en el escenario; no estaba previsto, pero él sintió que quería estar allí. Aquello tenía que ver mucho con él.

—No sé si eres mi hija, mi madre, mi hermana, mi amante o mi mujer, lo que sí sé es que me has robado las canciones, que te las has apropiado, pero canalla, yo las cobro y te quiero con locura.

Todos estábamos asombrados de la cantidad de gente que había allí; desde siempre, en la presentación de un disco hay que triplicar las invitaciones porque la mayoría de la gente nunca va o le da la invitación a la portera de su casa, a la criada o a la tía. Pero aquella noche todos los que tenían invitación estaban allí. Ellos y gran parte del público que había estado en la sesión de tarde, gente madura que al enterarse que después del baile presentaba el disco María Jiménez no se quiso ir. Yo feliz, pero todo esto junto a la prensa tan numerosa que había venido, creó un problema. Me parece que no se puede tener hasta las diez de la noche abierto un local para una cosa y a partir de las diez hacerlo para otra, eso es imposible. Aquello al final se convirtió en un caos; no cabía nadie, incluso amigos míos muy íntimos que habían ido a verme se tuvieron que quedar en la calle. Según me contaron, vino prensa incluso de fuera de Madrid, más prensa que nunca en un acto así, y los periodistas tuvieron muchos problemas para hacer su trabajo. Las televisiones y los fotógrafos no tenían espacio para colocar las cámaras.

Esa es la única cosa negativa de la fiesta. Yo no sabía nada de lo que estaba ocurriendo. Tampoco en ese momento podían decirme nada, pero fue una lástima. Si yo hubiera sabido que la prensa tenía problemas para verme, hubiera salido por la puerta de artistas y allí mismo hubiera cantado para ellos. La prensa se molestó y terminaron haciendo un plante; aunque al día siguiente todos los medios hicieron alguna referencia de la fiesta. Ellos sabían que María Jiménez no tenía nada que ver con eso y, la verdad, les estoy muy agradecida, dijeron cosas maravillosas. Ese fue el único detalle que enturbió el recuerdo al día siguiente. Aquella había sido una noche grande en la que Pepe no había estado.

El disco salió a la venta el mismo día de su presentación. Con los «top manta» en su apogeo, se nos ocurrió luchar de manera simbólica contra la piratería sacando al mercado el disco por debajo de su precio y durante toda la semana se vendió a seis euros. *Donde más duele* no nos hizo sufrir ni siquiera un poquito: las ventas se dispararon nada más salir. Ante mi absoluto alucine, el disco se colocó en una semana en los primeros puestos de la lista oficial de ventas. Se vendieron más de 80.000 copias. En mi vida he vivido un momento así, yo nunca he sido disco de oro en una semana. Todo seguía siendo tan sorprendente que no me lo podía creer; lo vivía como si le estuviera pasando a otra persona. Todo han sido emociones muy fuertes. El Día del Orgullo Gay también lo fue. Para mi fue casi como un cuento. Me recuerdo desfilando en la caravana que recorrió parte de Madrid hasta llegar a la Casa de Campo donde se había organizado la fiesta y un concierto en el que participaron también Laura Granados, Mercedes Ferrer, Cristina del Valle y Fangoria. La carroza era un trailer con tres pisos. Yo iba en el segundo y ver a tantísima gente gritándote, jaleándote, diciendo: te quiero, te queremos, hizo que me sintiera rodeada de amor. Me sentí, cómo diría yo, como Cleopatra entrando en Roma, fue algo impresionante. Me hizo mucha ilusión que me nombraran musa de aquel día, siempre he pensado que los gay tienen mucho arte. Cuando era pequeña, en mi casa de vecinos había muchos y yo disfrutaba mucho con ellos: todos cantaban, todos tenían arte, el que no decoraba, pintaba y el que no cantaba, pero todos tenían algo. ¿Quién viste a las estrellas? ¿Quién las maquilla? ¿Quién viste a las vírgenes? Pues ellos.

Este recuerdo de últimos de junio me llevó directamente a un verano enloquecedor, lleno de tensiones. Fue el momento de las discusiones en los acuerdos económicos de la separación, un trago muy desagradable, el último que hay que pasar para terminar con todo. Cuatro meses después, con la cabeza más fría y el alma más abrigada, peleé por lo que consideraba justo: quedarme con los dos hogares por los que siempre había luchado. Después de todo lo que había pasado no podía soportar que Pepe viniera diciendo que tenía problemas con su vivienda. ¿Cómo que no tenía un lugar donde vivir? Él no había contado conmigo cuando decidió marcharse con otra. Él no había contado conmigo para meterla en el apartamento por el que peleaba. Él no había contado conmigo para tomar ninguna decisión. Bien, ahora me tocaba a mí. Durante veintidós años las decisiones las había tomado él y yo siempre había estado a su servicio con amor, con infinito amor, con la pasión más grande de que puedo hablar porque yo soy mujer de un solo hombre y ese hombre se ha llamado Pepe Sancho. El mismo que con su miserable actitud me empujó a contar públicamente la verdadera razón que había terminado con nuestro matrimonio.

A partir de ese momento entramos en un círculo de declaraciones que expuso, frente a las cámaras de televisión, la intimidad de nuestra relación ante millones de personas. Mientras ordenaba mi vida en la discreción de mi casa y cobraba por algunas entrevistas en las que me limitaba a contestar a Pepe, la prensa especulaba y hacía sus quinielas sobre un futuro que ni siquiera yo conocía. Todo el mundo suponía que Pepe y yo, que hablábamos con frecuencia, íbamos a volver juntos y estábamos tramando vender la exclusiva a una revista. Incluso llegué a escuchar que nuestra separación era un montaje para que yo vendiera más copias de mi último CD. Pero mi vida, sinceramente, vale mucho más que un disco. Ya me hubiera gustado hacer pública nuestra vuelta, pero yo tengo tanto que olvidar y él tiene tanto que aprender…

Mi hijo Alejandro, lógicamente, lo ha pasado muy mal con todo esto, porque a los dos nos quiere con locura y la situación en la que se ha visto envuelto no ha sido fácil. Durante este tiempo he sufrido por él, sé lo que es estar entre la espada y la pared. Así he vivido durante años, volando como una pluma de un lado a otro, entre el niño y el padre sin saber que hacer. Alejandro es lo mejor que me ha pasado en la vida; es noble, humilde, cariñoso y sensible. Cuando le veo reírse con su carcajada transparente y limpia, me siento compensada por todo.

15

¡Se acabó!

En mi vida entra quien quiere entrar. Mis puertas las tengo siempre abiertas: se va quien no tiene que estar. Yo no echo a nadie; ni de mi casa ni de mi alma. Sigo enamorada, independientemente de sus sentimientos, porque para amar no es necesario que el otro lo haga. Sigo enamorada, a pesar de todo lo que ha sucedido, por encima, incluso, de todo lo que he contado, porque el amor, el mío, el que yo siento, vive en mí. No tengo poder sobre él. Ni para el amor, ni para el desamor. Puedo decidir si perdono o no, pero no puedo decidir si amo o dejo de hacerlo. No he dejado de quererle pero, sin embargo, como sí depende de mí, le he perdonado.

Todo aquello que no perdonamos se convierte en un lastre que nos termina poniendo enfermos. En algún sitio leí que en el origen de la mayoría de las enfermedades siempre hay algo que no hemos perdonado, y yo no tengo ningún interés en morirme pronto. Pero perdonar no quiere decir aceptar el maltrato. Perdonar no significa volver a empezar. No tiene nada que ver. El papa Juan Pablo II fue a la cárcel para ver al hombre que quiso matarle y allí mismo le perdonó; sin embargo no pidió su libertad. Así de fácil.

Es sorprendente que, después de casi un año, muchas mujeres que no me conocen, con las que nunca he hablado, me siguen mandando mensajes mediante amigos o conocidos: «María, no vuelvas con tu pareja». Incluso cenando en un restaurante, no hace mucho, se me acercaron dos señoras algo mayores para decirme, exactamente, lo mismo: «María, haznos caso; no vuelvas con Pepe». A mí me han llegado a parar por la calle personas que han visto a Pepe con otras mujeres y me han dicho hasta el sitio en el que estaba. ¡Ha sido increíble!

Podría poner mil ejemplos. Me alucina, la verdad, que tantísimas personas, especialmente mujeres, se hayan volcado conmigo.

Con lo único que yo contaba, y no ha sido poco, era con un disco al que me aferré, como si en él se me fuera la vida, aunque cada una de sus letras me removiera por dentro. Cantarlas ha sido una tortura, porque son muchos años para olvidarlos en unos meses. El amor, cuando es de verdad, permanece incluso por encima de lo que no se entiende o no se puede explicar. Ni yo ni nadie podemos dirigir los sentimientos, porque si pudiéramos imponerles nuestra voluntad, dejarían de serlo. El amor dura siempre, se esconde dentro de un cajón, pero si es de verdad, el amor perdura.

A los cincuenta y dos años, se puede actuar y analizar las cosas con más frialdad porque, aunque la pasión sigue existiendo, la calentura en el coño se tiene a los dieciocho, a los veinte o a los treinta. A los cincuenta es otra cosa; no se deja una arrastrar con tanta facilidad. Es una pasión que deja pensar con un poco más de claridad. Creo que es algo que nos pasa a todos. Y al hombre le ocurre exactamente igual, lo que pasa es que cree que porque tenga una muchacha más joven al lado se le va a poner la polla gorda antes. No, no es un problema de cara o de juventud, es un problema de sentimiento y si usted no lo tiene, es que no lo ha tenido nunca. Así de fácil lo veo.

Ahora, como cuando tenía treinta años, me sigue gustando agotarme entre sábanas empapadas en sudor, pero el sexo son diez minutos, máximo una hora, y después quedan muchas otras que hay que cubrir. Por eso busco el amor, que tiene más cosas que ofrecer; complicidad, deseo, respeto y cariño. Ya no me valen noches de locura, sino días de serenidad y armonía, que nada tienen que ver con lo que ha sido mi matrimonio.

Son las circunstancias, la convivencia que desgasta, obstáculos que Dios te va poniendo; si los superas, llegará el premio: pienso que es así. Siempre he sabido que Dios escribe con renglones torcidos, pero ahora estoy más convencida que nunca. Todo lo que me ha pasado en el último año tenía que ocurrirme. Si no hubiese vivido esta experiencia, si Dios no me hubiera puesto ante un momento así, tan jodido, quizá yo no hubiese podido defender este último disco como lo he defendido. Cuando mejor se canta con las entrañas es teniéndolas en carne viva. No sé cómo hubiera contado este disco en un momento feliz. No lo sé.

He sido sincera y clara al lado de un personaje como Pepe. Si él hubiera seguido viviendo en esta casa, eso hubiera sido imposible, porque continuamente tendríamos bronca: «Por qué has dicho esto». «Por qué has dicho lo otro...». Pues lo he dicho porque me da la gana, porque quiero y porque así es como lo siento. Y ahora no tengo que dar explicaciones a nadie.

Estoy más tranquila. Va a hacer un año de todo, aunque a mí me parezca que han pasado muchos más por la cantidad de cosas increíbles que he vivido y por tantas otras que, a golpes, he ido aprendiendo. Sé que no hay malvados en mi entorno ni en mi vida. Hay gente torpe y equivocada que todavía no ha crecido, nada más. Pero ahora lo que importa es que todo está por venir. En estos momentos solo veo lo maravilloso que tengo por delante. Solo quiero disfrutarlo, hacer que esto me dure cuanto más, mejor. Y si ahora las relaciones con mi, hasta este momento, marido son cordiales, muchísimo mejor. Ya se sabe que las cosas con el tiempo se tranquilizan aunque no consiga borrarlas. Entiendo que él no puede hacer más de lo que ha hecho, pedirme perdón públicamente, pero para mí ese no es el final de todo. No se trata ahora de lo que yo quiera que él haga o deje de hacer, no es eso. Aunque sí me gustaría que dejara de mentir, o lo que es lo mismo, de decir que todo lo que ha pasado entre nosotros se debe a su tendencia a ir picando de flor en flor, que también. La historia, como él sabe muy bien, se escribe en singular. No fue un asunto de muchas mujeres, sino el de una sola. De todas formas, que haga lo que le dé la gana, repito que no se trata de eso. Simplemente ahora estoy bien como estoy.

Después de muchos años estoy jugando, sacando la niña que llevo dentro y eso para mí es mucho, porque creo que nunca hasta ahora me lo he podido permitir. De niña, porque tuve poco tiempo para serlo, de adolescente porque fui madre, después, porque tuve que pasar mucho y en los últimos veintidós años porque siempre estaba él para decirme lo que tenía que hacer, cómo tenía que hacerlo y, por supuesto, lo que de ninguna manera podía hacer. Hoy, después de muchos años soy libre. Hago lo que me da la gana en todo momento, nadie me riñe, gano dinero y encima lo disfruto, porque siempre he dicho que no quiero ser la más rica del cementerio. Creo que no se puede pedir más. Bueno, sí: que dure, que no se rompa la magia.

Cuando se marchó, la soledad me atormentaba. Sin embargo, ahora encuentro un gran placer en ella, he aprendido a disfrutar de lo que significa poder hacer lo que quiero en cada momento del día dentro y fuera de mi casa. Ahora ya no estoy dispuesta a perder ni un ápice de mi independencia, de la libertad recientemente conquistada.

Ahora puedo disfrutar más de las cosas porque soy capaz de verlas desde diferentes ángulos y, sobre todo, porque es ahora cuando estoy viviendo realmente mi vida. Las cosas, algún motivo habrá, se han dispuesto para que así sea. Mi hijo Alejandro ya es mayor, no me necesita como antes. Tiene casi veinte años, que cumplirá el próximo 16 de febrero. Desde hace meses me habla de sus planes; quiere vivir solo.

El tiempo ha pasado y parece que va llegando el momento de marcharse. Lo sé, es lógico: es ley de vida. Mi hijo comienza su vida al tiempo que yo estoy decidida ha comenzar la mía, otra, diferente. Y lo hago sin ataduras, con el deber y la devoción cumplidos con mi hijo, que es, en este mundo, el único que puede pedirme explicaciones. Todo está bien. Todo está como tiene que estar, aunque a veces, no puedo evitarlo, pienso en el momento, supongo que cercano, en el que Alejandro se lleve sus cosas de casa y la verdad, me da mucha tristeza; pero no me dejo llevar por ella: enseguida me recompongo y lo entiendo. Tengo que hacerlo, sobre todo yo, que durante tantos años, he tenido tiempo más que suficiente para pasarme horas observando la naturaleza. Allí se encuentran muchas respuestas. La naturaleza, lo que nos rodea, nos enseña a comprender muchas cosas, quizá las más importantes de la vida.

He visto cómo las golondrinas enseñan a beber agua en la piscina de mi casa a sus polluelos, la madre lo hace cuatro o cinco veces, se cansa, entonces lo hace el padre, después lo hace el polluelo; a la primera, lógicamente no lo entiende. El polluelo, que se agota antes, vuelve a descansar y la madre que ya ha descansado vuelve a explicárselo otra vez. A la tercera, el polluelo está bebiendo solo en la piscina. A los hijos no se les puede tener amarrados en casa toda la vida. Por egoísmo de madre no se les puede poner un bocado y decirles: «De aquí no te vas».

Creo que es mejor empujarles. Yo le digo a Alejandro: «Independízate y vive tu propia vida». Porque la libertad es buena para el ser humano. Eso no quiere decir que su madre lo abandone, al contrario, la madre está ahí, siempre.

No conozco a ningún animal que tenga un hijo de veinte años a su vera. Los hijos son hijos de la vida, eso es lo que tengo entendido. Le doy alas para que vuele su propia vida, como hemos hecho todos, y lo que intento es que sea amigo de su madre. Pongo todo mi empeño en decirle que si le pasa algo, que le consulte a su madre antes que a un chaval de su edad. Su madre, por lógica, siempre tendrá más experiencia y un amor más grande y sincero. Así empecé a hacerlo con Rocío y así llevo casi veinte años haciéndolo con Alejandro. Siempre he querido que mis hijos me tuvieran confianza. Creo que he sido una madre comprensiva, aunque a veces tengo dudas de si mi hijo lo ha entendido así: como comprensión o como egoísmo por mi parte. No es así, todo tiene dos lecturas; creo que con el tiempo mi hijo se ha ido y se irá dando cuenta de las cosas. Cuando llegue ese momento, espero que esté todo impregnado de amor y que mi hijo venga a casa cada vez que le dé la gana, que tenga sus propias llaves, que entre y que salga con libertad. A mí no tendrá que llamarme por teléfono para aparecer por mi casa, en absoluto, porque, como ahora, será también la suya. Yo la respetaré; pediré permiso para entrar en ella, como tiene que ser, pero mi hijo no tendrá que pedir permiso para entrar en la mía. Ver las cosas así me hace feliz.

Me siento una mujer renovada, dispuesta a vivir, dispuesta a cambiar de vida. Me ilusiona, quiero vivirlo y solo espero a cambio paz, tranquilidad, buen ambiente. Ya sé que es mucho, pero eso es lo que deseo, lo que le pido a la vida. Eso es lo que de verdad me he propuesto. Quiero volver a ver en mis ojos la misma paz interior que tengo en las viejas fotografías de cuando era niña. Quiero volver a tener aquel mundo interior tan grande que por circunstancias de la vida he ido perdiendo, como tantas otras cosas que he perdido en el camino. Volver a encontrarlo va a ser fácil porque, de alguna manera, siempre ha estado ahí, creciendo, aprendiendo poco a poco. Ha sido como una gotera que ha ido calando en un lugar de ese mundo, una gotita de conocimiento, otra gotita de experiencia… Con el tiempo me he dado cuenta de que todo ha servido, que no ha sido tiempo perdido; he estado madurando, y ahora, ha llegado el momento de recoger la siembra, muy superior a la que yo hubiera imaginado.

Nunca, ni en el mejor de mis sueños, habría vivido algo parecido a lo que me está pasando en los últimos dos años. Lo mejor ha comenzado a los cincuenta, justo cuando muchos piensan que casi todo ha terminado, o que lo mejor que les tenía que pasar ya había sucedido. Mentira, en mi vida no he pasado un momento como este y tengo cincuenta y dos años. Ni con mi fantasía me hubiera atrevido a soñarlo. Mi realidad está muy por encima de un sueño. Dios lo tenía programado así; a todos nos sorprendió, menos a Él. Yo lo he entendido, quizá gracias a este duro ejercicio que ha significado para mí recordar. Tirar de archivo, con lo poco que me gusta, ha sido una especie de terapia para mi alma; incluso he conseguido en alguno de estos capítulos hacer las paces conmigo misma. Todo lo que he contado en esta casa, primero desde el porche, en pleno verano, y ahora, en otoño, desde este sillón frente al ventanal por el que he visto pasar la vida durante tantos años, me ha demostrado que todo ha sido parte del aprendizaje; no lo interpreto de otra manera.

Haber estado tanto tiempo sola me ha ayudado a meditar mucho. Tener ratos para ver cómo follan las lagartijas, que Pepe me traicionara, que yo sintiera toda la rabia que he sentido, que perdiera quince kilos, que pensara que me iba a morir, hasta que tuviera ganas de suicidarme. Todo para que yo grabara este disco como lo he hecho y la gente me respondiera como lo ha hecho. Mis ideas sorprendentes, todo lo que tengo ahora en la cabeza, han tenido que salir de algún sitio, y creo que una parte muy grande se fue gestando en aquellos años de silencio obligado. Ahora, meses después, desde este mismo lugar en el que he contado mi vida, veo lo que quiero ver, simplemente. Quiero ver felicidad en mi casa, quiero que todo tenga armonía, que todo sea relajado. Quiero por encima de todo que el hogar sea el hogar, no un sitio que a una se le cae encima o de donde estás deseando marcharte por todas las cosas malas que pasan en él. Un hogar tranquilo y lleno de amor, que es por lo que he luchado durante toda mi vida y que en algún momento creo que conseguí. Luego, cuando las cosas se han roto porque alguien ha decidido partirlas por la mitad, me he tenido que rendir ante las circunstancias.

Ahora es cuando veo muchas cosas desagradables que han pasado, que antes, sin embargo, las veía llenas de amor. Con el tiempo he ido colocando las piezas en su sitio y en este momento le estoy dando un giro completo a todo lo negativo, pero sin renegar de ello, porque de lo negativo han salido muchas cosas positivas. Estoy viviendo mi mejor momento profesional y la vida me está situando en lugares donde puedo disfrutar; por eso, ahora, solo quiero jugar, sacar la niña que llevo dentro, la que en el fondo ha salido tan poco a pasear. ¡Quiero divertirme! He pasado muchos años de sometimiento. Quiero cogerme con fuerza a este momento mágico para disfrutarlo; sé, por experiencia, que todo, lo bueno y lo malo, termina pasando.

Quizá lleguen momentos peores, pero ahora juego con ventaja. Afortunadamente, sé que tengo una capacidad impresionante para recuperarme y regenerar ilusiones. No me asusta volver a caerme; seré rápida levantándome. No hay más remedio, porque si no, entre caída y caída, se le va a una la vida. Y eso no puede ser, porque tiene muchas sorpresas que surgen cuando menos lo esperamos, como me ha pasado a mí, como le puede pasar a cualquiera. Y lo digo yo, que sé lo que es quererse quitar de en medio, por agotamiento, por no sentirme con fuerzas de seguir arrastrando el peso de la vida. Ahora es cuando sé que yo no quería dejar de vivir, que lo que necesitaba era vivir de otra manera, lo mismo que la inmensa mayoría de las personas que alguna vez han pensado en suicidarse.

A fin de cuentas, a todo este juego que es la vida hay que echarle alegría, que es lo que he intentado ponerle toda mi vida; y huevos, muchos huevos para tirar hacia adelante: huevos con papas revueltas, con frito, con tomate, con pimientos, con todo; a veces con exceso, pero eso también es bueno. El exceso es bueno para amar, odiar, trabajar…, a mí me parece que más vale pasarse que no llegar. La vida es aventura y riesgo, quien no se moja el culo pasa por ella de visita, sin enterarse de nada.

Siempre desde chica he sido muy espiritual. Eso me ha ayudado mucho. Soy una persona profundamente creyente aunque no practicante. Mi fe no necesita intermediarios para hablar con la Madre, que es a quien yo habitualmente me dirijo. Cuando tengo alguna duda le digo: «Virgencita, échame una mano, ponme una guía, dame una señal». De verdad, casi siempre me la pone, más o menos clara pero ella, la más grande, me da lo que le pido, aunque en muchas ocasiones las señales han sido mensajes que hubiera preferido no conocer. Pero eso es otro asunto. La seguridad de tenerla a mi lado me ayuda a vivir. Agarrada a su imagen parí a mi hija y con ella en el alma inicio mi nuevo camino. No se dónde me llevará. Ni siquiera me lo pregunto; sigo mi camino sin dobleces, observando pero sin juzgar, más sintiendo que escuchando, porque la opinión de los demás, sinceramente, me importa poco. Respeto todo y a todos. A partir de ahí puedo hacer lo que me dé la gana conmigo; no ofendo a nadie. Esta es mi filosofía, simple, sencilla: vive y deja vivir. El pasado está ya escrito y el futuro será tal y como decida luchar por él.

Ahora, en este momento, estoy enamorada del presente y de todo lo que me está ofreciendo.

Después de vivir todo lo que he vivido, ¡con eso tengo bastante!

«Para viajar lejos no hay mejor nave que un libro».

EMILY DICKINSON

Gracias por tu lectura de este libro.

En **penguinlibros.club** encontrarás las mejores
recomendaciones de lectura.

Únete a nuestra comunidad y viaja con nosotros.

penguinlibros.club

Penguin
Random House
Grupo Editorial

 penguinlibros